# PORSCHE
# 911

# *Die technische Dokumentation*

JÖRG AUSTEN
SIGMUND WALTER

# PORSCHE 911

MOTORBUCH VERLAG
STUTTGART

# Impressum

Einbandgestaltung: Johann Walentek, unter Verwendung eines Dias von Tobias Aichele

Bildnachweis: Tobias Aichele, Porsche-Archiv, Jörg Austen, Christoph Bauer, Reinhard C. Mutschler, Dieter Röscheisen, Joachim Stahl (fact) und René Staud-Studios

Für ihre Unterstützung möchten wir uns bedanken bei: Tobias Aichele, Wilfried Holzenthal, Horst Marchart (Vorwort) und Klaus Parr

*Gewidmet Prof. Helmuth Bott, gestorben am 14. 5. 1994*

ISBN 3-613-01689-3

1. Auflage 1995

Ein Unternehmen der Paul Pietsch-Verlage GmbH & Co.

Satz: Service-Center Schwabenverlag AG, 73760 Ostfildern.
Druck: studiodruck, 72622 Nürtingen-Raidwangen.
Bindung: E. Riethmüller, 70176 Stuttgart.
Printed in Germany.

# Inhalt


Zu diesem Buch 7

Zum Geleit 9

911-Prototypen 1963/1964 10

Modelljahr 1965 13

Modelljahr 1966 18

Modelljahr 1967
der Targa 22

Modelljahr 1968
(A-Programm: die Sportomatic) 27

Modelljahr 1969
(B-Programm: Mechanische Einspritzung) 33

Modelljahr 1970
(C-Programm: Hubraum 2,2 Liter) 40

Modelljahr 1972
(E-Programm: Der erste Frontspoiler) 49

Modelljahr 1973
(F-Programm: Carrera RS) 54

Modelljahr 1974
(G-Programm: Bleifreie Kraftstoffe und Sicherheitslenkrad) 61

Modelljahr 1975
(H-Programm: Der Turbo) 69

Modelljahr 1976
(I-Programm: Mit verzinkter Karosserie) 77

Modelljahr 1977
(K-Programm: Mit Bremskraftverstärker) 84

Modelljahr 1978
(L-Programm: Turbo mit Ladeluftkühler) 90

**Drei Jahrzehnte im Bild** 97

Modelljahr 1979
(M-Programm) 105

Modelljahr 1980
(A-Programm: Lambda-Sonde für die USA) 109

Modelljahr 1981
(B-Programm: Langzeitgarantie) 113

Modelljahr 1982
(C-Programm) 118

**Felgenchronik** 122

**Werkszubehör** 124

Modelljahr 1983
(D-Programm: das Cabriolet) 125

Modelljahr 1984
(E-Programm: 3,2 Liter Hubraum) 130

Modelljahr 1985
(F-Programm: Technologieträger 959) 136

Modelljahr 1986
(G-Programm: Langzeitgarantie) 142

Modelljahr 1987
(H-Programm: 911 Turbo als Cabriolet und Targa) 148

Modelljahr 1988
(I-Programm) 156

Modelljahr 1989
(K-Programm: mit Allradantrieb, ABS und als Speedster) 161

Modelljahr 1990
(L-Programm: Tiptronic) 171

Modelljahr 1991
(M-Programm: Airbag für alle) 178

Modelljahr 1992
(N-Programm: Carrera RS) 186

Modelljahr 1993
(P-Programm) 195

Modelljahr 1994
(R-Programm: die nächste Generation) 205

Modelljahr 1995
(S-Programm: Tiptronic S und ein neuer Turbo) 216

Modelljahr 1996
(T-Programm: Neuer Targa, breiter Carrera) 227

# Zu diesem Buch

Dieses Buch, als technische Dokumentation zusammengestellt, beschreibt die Änderungen an den Porsche Serienfahrzeugen 911, 912 und 911 Turbo vom Serienanlauf 1963 bis zu den aktuellen Fahrzeugen des Modelljahres 1996.
Die Einteilung von »Motor« bis »Elektrik« und »Sonstiges« entsprechen den Kapiteln in den Porsche Kundendienst-Reparaturleitfäden, den Teile- und Arbeitszeitkatalogen sowie den Technik-Informationsblättern.
Um möglichst lückenlos die Änderungen dokumentieren zu können wurden neben den Veröffentlichungen des Porsche-Werkes auch die persönlichen Aufzeichnungen von Jörg Austen genutzt, der viele Jahre im Porsche-Vertrieb für die Technik-Literatur, speziell für Schulungen, verantwortlich war.
Grundsätzlich beginnen die Modelljahre bei Porsche ab August des Vorjahres. Die Zuordnung der Änderungen und Neuerungen zum jeweiligen Modelljahr ist aber nicht immer leicht, da oft Änderungen schon vor dem neuen Modelljahr eingeführt wurden oder aber, teilweise ländergebunden, verspätet eingesetzt haben.
Besonderes Augenmerk wurde bei der Dokumentation auf das jeweilige Porsche-Modell für den deutschen Markt gelegt, doch werden auch Änderungen für einzelne Länder genannt, wenn diese später richtungsweisend für die Weltproduktion wurden.
Folgende Elfer-spezifischen Kriterien stehen im Vordergrund:
- die Entwicklung der luftgekühlten Boxermotoren,
- die Abgasentgiftung der Motoren weltweit,
- die Entwicklung vom Viergang-Schaltgetriebe über die Sportomatic zur Tiptronic,
- Räder und Bereifung, vom Blechrad zum dreiteiligen Leichtmetallrad und zur Hohlspeichentechnik durch Reibschweißung,
- der Korrosionsschutz und die daraus resultierende Langzeitgarantie,
- die passiven Sicherheitsmerkmale,
- die Entwicklungsstufen der Fahrzeugheizung und der Klimaanlagen,
- die Elektrik: vom Gleichstrom zum Bordcomputer und
- die einzelnen optischen Modifikationen.

Die technischen Daten sind zusammengetragen aus einer Vielzahl von Werksunterlagen, zum Beispiel aus den jährlich erscheinenden Service-Informationen und den Broschüren »Typen, Maße, Toleranzen« und aus den Betriebsanleitungen der entsprechenden Fahrzeuge.
Besondere Beachtung wurde den Füllmengen und den Spezifikationen für Motor- und Getriebeöle geschenkt, da diese beispielsweise für den Elfer der »frühen Jahre«, heute oft durch modernere Produkte ersetzt werden müssen.
Generell kann gesagt werden, daß moderne Mehrbereichs-Motorenöle mit weitem Viskositätsbereich auch für die etwas betagten Fahrzeuge geeignet sind. Selbstverständlich sind die damals freigegebenen Einbereichsöle – wenn noch erhältlich – noch immer verwendbar. Vorsicht ist geboten, wenn ein älteres Fahrzeug, das mit unbekanntem Motorenöl betrieben wurde, auf ein modernes Öl umgestellt werden soll. Die modernen Öle haben Eigenschaften, vorhandene Ölkohle und Verschmutzungen im Motor zu lösen und zu binden. Dies kann bei einem Oldtimer zum »Ölinfarkt« nach einem Ölwechsel führen und durch Verstopfung von Kanälen und erhöhtem Verschleiß an bewegten Teilen im Motor durch schmirgelnde Ölkohle zum Motorschaden führen. In einem solchen Fall sollten mehrere Öl- und Filterwechsel während den ersten 1000 Kilometern erfolgen.
Bei Getriebeölen ergibt sich eine etwas andere, aber ebenfalls kritische Situation, wenn moderne Getriebeöle in älteren Fahrzeugen verwendet werden. Beim Porsche 911 befindet sich das Schaltgetriebe mit den Synchroneinrichtungen und der Achsantrieb mit den hochbelasteten Kegelrädern in einem gemeinsamen Gehäuse. Etwa ab 1970 lieferte die Ölindustrie ein hochlegiertes Getriebeöl, das an kritischen Schmierstellen (hochbelastete Zahnflanken) ein wesentlich besseres Lasttragevermögen besitzt. Die Reibung wird

durch Additive im Öl stark vermindert und die Lebensdauer hochbelasteter Zahnräder steigt deutlich an. Die besseren Gleiteigenschaften führten jedoch an den Reiboberflächen der Synchronisierung zu einer chemischen Glättung und damit zum Ausfall der Synchronisierung, ohne daß ein meßbarer Verschleiß festgestellt werden konnte. Porsche reagierte auf diese neue Getriebeölgeneration sehr rasch und stimmte die hauseigene Synchronisierung auf die verminderte Reibung neu ab. Beginnend mit dem Modelljahr 1972 wurden die Getriebe mit dem neuen hochlegierten Getriebeöl GL 5 (nach US-Norm MIL-L 2105 B) befüllt. Bis Ende Modell 1973 sind im Service noch beide Ölspezifikationen zulässig, ab Modell 1974 ist nur noch die neue, hochlegierte Ölgeneration freigegeben.

Bei Bremsflüssigkeiten sollte auch für ältere Fahrzeuge immer die neueste Generation verwendet werden, da gerade in den letzten Jahren Fortschritte hinsichtlich Hochtemperaturverhalten und Unempfindlichkeit gegen Altern erreicht wurden.

Die Aufstellung der Fahrgestell-Nummern, die später in Fahrzeugident-Nummern umgetauft wurden, erfolgt genau nach vorliegenden Porsche-Werksangaben.

Auffallend sind teilweise abgeänderte Nummernbereiche für USA- und Kanada-Fahrzeuge. Hier werden Modelle, bedingt durch den oft späteren Serienanlauf gegenüber den sogenannten »Restwelt Fahrzeugen« in das folgende Modelljahr eingereiht. Ab 1970 wurde eine neue Regelung bei Porsche eingeführt.

Dabei werden die eigentlichen Zählnummern am Ende der Fahrgestell- bzw. Fahrzeug-Ident-Nummer folgendermaßen vergeben:

die Nummern ... 0001 bis ... 0050 sind für Versuchsfahrzeuge,

die Nummern ... 0051 bis ... 0060 für Sonderfahrzeuge belegt.

Die Serienproduktion beginnt entsprechend mit der Nummer ... 0061.

Die Autoren, Sommer 1995

# Zum Geleit

## Der Porsche 911 setzt Maßstäbe im Automobilbau

Als junger Ingenieur kam ich 1960 zu Porsche in die Motorenentwicklung und hatte das Glück, bei der Grundsteinlegung des luftgekühlten Sechszylinder-Boxermotors mitzuarbeiten.
Dr. Ferry Porsche, damals selbst voll mit dem zukünftigen Sechszylinder-Fahrzeug beschäftigt, entschied, diesem Triebwerk ein zukunftssicheres Konzept mit auf den Weg zu geben, das sich bis zum heutigen Tage als richtig erwiesen hat: Trockensumpfschmierung, obenliegende Nockenwellen und die weitgehende Verwendung von Leichtmetallen. Doch nicht nur beim Motor wurden Maßstäbe gesetzt, auch das Getriebe mit fünf Vorwärtsgängen, selbstverständlich mit der hauseigenen Porsche-Synchronisierung, das Fahrwerk mit McPherson Vorderradaufhängung, die Zahnstangenlenkung und die geteilte Sicherheits-Lenksäule waren Merkmale, die seinerzeit nahezu bahnbrechend waren.
Der Neunelfer war schon beim Serienanlauf ein Sportwagen, der den modernen Stand der Technik darstellte, jedoch auch ein enormes Zukunftspotential besaß, das durch eine Vielzahl von Änderungen und Verbesserungen bis heute aktuell geblieben ist. Auch das schlichte und zeitlose Design von Ferdinand Alexander Porsche war entscheidend für die Erfolgsstory dieses Fahrzeugs.
Im Laufe der Jahre entwickelte sich aus dem Zweiliter-Auto ein Fahrzeug, das heute mit zwei Turboladern und bis zu 3,8 Litern Hubraum zu einer Legende wurde, die es nicht ein zweites Mal gibt.
Die heutige Modellpalette des 911 umfaßt, ohne USA-Varianten, neun Varianten in 28 Ausführungen. Von den derzeit täglich produzierten 104 Neunelfern gibt es an einem Tag kaum ein zweites, identisches Fahrzeug, das den Produktionsort Stuttgart-Zuffenhausen verläßt. Auch das ist einmalig in der Automobilindustrie.
Es freut mich, daß ein Buch entsteht, das durch Systematik und gezielte Bildauswahl chronologisch den Erfolgsweg des Neunelfers mitgeht und durch die Vielfalt der technischen Angaben mithilft, Änderungen und Verbesserungen der einzelnen Modelle nicht nur zu erfahren, sondern auch die Hintergründe und Ursachen der Modifikationen zu verstehen.
Die Tatsache, daß von über 400 000 produzierten Neunelfern noch über 70 Prozent erhalten sind, zeigt den Bedarf an einem solchen Buch.

Horst Marchart
Porsche-Vorstand für Forschung und Entwicklung

# 911-Prototypen 1963/1964

## Porsche 901

Insgesamt gab es bis bis zur Serieneinführung des Elfers im November 1964 13 Prototypen mit den Fahrgestellnummern 13 321 bis 13330, 13 352, 300001 und 300 002. Die Modelle mit den Nummern 13 330 und 13 352 waren die Vorläufer der Vierzylinder-Version 912. Keines der Fahrzeuge glich dem anderen. Sie wurden teils für Ausstellungen und teils als Versuchsfahrzeuge eingesetzt, wurden ständig modifiziert und wichen noch in wichtigen Details von der Serie ab. Die Internationale Automobilausstellung IAA im September 1963 in Frankfurt/Main zählt als die Geburtsstunde des Elfers.

### Motor

Die Sechszylinder-Boxermotoren wurden Anfang 1960 unter der Typenbezeichnung 745 entwickelt. Bei dieser Version handelte es sich noch um einen Stoßstangenmotor, vierfach gelagert mit zwei über Keilriemen von der Kurbelwelle angetriebenen Axialgebläsen. Die nächste Entwicklungsstufe hatte die Bezeichnung 821 und kam der Serienversion schon sehr nahe. Der Hauptunterschied war, daß die Triebwerke noch keine Trockensumpfschmierung hatten.

Ferry Porsche entschied nach ausgiebigen Probefahrten mit dem 911-Vorläufer T7, der den Motorentyp 745 montiert hatte, keine Stoßstangenmotoren mehr zu bauen.

### Kraftstoffanlage, Zündsystem

Schon beim 745 übernahmen Fallstrom-Solex-Vergaser die Gemischaufbereitung. Bis zur Fertigstellung der Serienversionen 40 PI verwendete man Ausführungen aus Lancia-Fahrzeugen (Typ 40 PBIC).

Die Solex-Überlaufvergaser wurden mit enormem Aufwand entwickelt, gleichzeitig wurde mit italienischen Weber-Vergasern experimentiert.

### Kraftübertragung

Es wurden mit Vier- und Fünfgang-Schaltgetrieben Versuche gefahren. Um dem erwünschten Fahrkomfort gerecht zu werden, entschied man sich für fünf Vorwärtsgänge. Die Anordnung der Gänge sollte auch vorteilhaft für den Rennsport sein. Deshalb wurde der erste Gang links hinten, der Rückwärtsgang links vorn angeordnet.

Die Getriebeentwicklung war unproblematisch, da Porsche als Erfinder der Sperrsynchronisierung und bei der Auslegung leistungsstarker PKW-Getriebe ein enormes Know-how besaß.

### Fahrwerk

Schon mit dem 356 experimentierte Porsche mit einem neuen Fahrwerk. Die beiden 901-Prototypen hatten vorne noch einen Fahrschemel und hinten Achsen des 356 montiert. Erst im letzten Moment entschied man sich, auch hinten ein neues Achssystem zu verwenden. Der Tankinhalt wurde auf 62 Liter maximiert, um den Charakter eines Reisewagens zu unterstreichen.

Ohne die zahlreichen Fahrversuche mit den Modellen 356 schon Mitte der fünfziger Jahre hätte kein komplett neues Fahrwerk für den 911 entwickelt werden können.

### Karosserie

Die ersten Entwürfe mit der Typenbezeichnung 695 entstanden 1957 zum größten Teil von Graf Goertz. Ferdinand Alexander Porsche kreiert 1959 den Typ 754 T7

Prototyp
Nummer 7,
genannt
»Barbarossa« …

… mit Stahlschiebedach
und zwei
Auspuffendrohren.

Im Interieur des Prototyps Nummer 7 dominierten zwei große Rundinstrumente und das Lenkrad des 356.

mit leicht abgesatteltem Heck. Von Karosserie-Entwicklungschef Erwin Komenda stammt eine überladene Version mit der Bezeichnung 754 T9. Der 901 entwickelte sich schließlich aus dem F.A. Porsche-Entwurf 644 T8, bei dem noch mit dem Radstand variiert wurde. Die Prototypen hatten noch keine Stoßstangenhörner, keine seitlichen Schwellerleisten jedoch eine Abgasanlage mit zwei Endrohren.

Man konnte sich kaum einen anderen Porsche als den 356 vorstellen. Dementsprechend kritisch wurde das neue Styling beurteilt.

## Ausstattung

Der neue Porsche hatte große Fensterflächen und war ein echter 2+2-Sitzer mit umklappbaren Rücksitzen wie bei seinem Vorgänger, dem 356. Anfangs kamen noch die zwei großen Rundinstrumente vom 356 zum Einsatz, die Kombination aus fünf Rundinstrumenten mit grün bedruckten Zifferblättern wurde erst kurz vor der Markteinführung 1964 fertiggestellt.

Das Interieur des auf der IAA 1963 gezeigten Prototyps wich noch sehr stark von der nachfolgenden Serie ab.

## Verkleidung, Sitze

Porsche wollte das neue Modell serienmäßig mit einer Ganzlederausstattung anbieten, tatsächlich aber wurde Kunstleder mit Textilstoff kombiniert. An der Sitzhöhe wurde besonders viel experimentiert.

Auf eine angenehme Sitzposition legte Porsche für den sportlichen Reisewagen besonders großen Wert.

## Heizung

Da das Heizsystem geschwindigkeits- und lastabhängig wärmte, führte man parallel Versuche mit einer benzinbetriebenen Zusatzheizung durch. Diese kam später als Sonderausstattung in die Aussparung im Kofferraum rechts vor der Rückseite des Armaturenbretts. Das war der ursprünglich für die Batterie vorgesehene Platz.
Die Prototypen hatten sehr lange noch keine von der Motor-Abwärme betriebene Heizung, weil die Wärmetauscher erst sehr spät fertig entwickelt waren. So hatten einige Versionen nur eine Zusatzheizung im Kofferraum montiert.

## Elektrik

Für eine leistungsfähige 12 Volt-Anlage hatte man sich sehr früh entschieden. Der Generator hatte noch 360 Watt, die spätere Serie schon 490 Watt.
Über die Anordnung der Scheibenwischerarme wurde viel diskutiert. Die ersten Versionen hatten die Wischerarme schließlich rechts angelegt, um das gewischte Sichtfeld zu vergrößern.

# Modelljahr 1965

## Porsche 901
## Porsche 911

1965 erfolgte der Serienanlauf des Nachfolgers des 14 Jahre gebauten Porsche 356 mit gleichem Grundkonzept: luftgekühlter Boxermotor, eine kompakte Einheit mit Kupplung, Schaltgetriebe und Achsantrieb. Einbauort Fahrzeugheck. Die Bezeichnung 901 mußte noch vor der Modelleinführung im November 1964 in 911 abgeändert werden. Der Porsche 901/911 war die logische Weiterentwicklung der Porsche Typenreihe, die mit dem VW Käfer begann. Lufgekühlter Boxermotor, weitgehende Verwendung von Leichtmetallen, Aggregateeinbau im Heck, Federung durch Drehstäbe an beiden Achsen, bewährtes Getriebeprinzip mit der hauseigenen Sperrsynchronisierung, Kofferraum und Tank vorn.

Auf der IAA 1963 hieß der Elfer noch 901 und hatte noch keine vorderen Stoßstangenhörner.

### Motor

Sechszylinder-Boxermotor 901/01 mit 1991 $cm^3$ Hubraum. Luftkühlung mittels Kühlgebläse, welches auf der Antriebswelle des Generators montiert ist. Trockensumpf-Umlaufschmierung,mit separatem Öltank, Motorleistung 130 PS (96 kW) bei 6100/min, Bohrung 80 mm, Hub 66 mm. Verdichtung 9,0:1. Kurbelgehäuse aus Magnesium im Druckguß-Verfahren hergestellt, Zylinderwerkstoff Grauguß. Kolben aus Leichtmetallguß. Kurbelwelle achtfach gelagert. Je eine Nockenwelle auf jeder Zylinderseite. Nockenwellenantrieb durch zwei Steuerketten.

Der Sechszylinder-Boxermotor wurde von Anfang an auf zukünftige Leistungssteigerungen ausgelegt. Das von der Kurbelwelle angetriebene Kühlgebläse besorgte nicht nur die Kühlung der Zylinder, und Zylinderköpfe sondern auch des Motoröls in einem separat montierten Ölkühler. Die obenliegenden Nockenwellen, (Bauart OHC), erlaubten von Serienbeginn an hohe Drehzahlen, die für die nachfolgenden Renn- und Sportmotoren unerläßlich waren. Interessant auch die zukunftsweisende Trockensumpfschmierung, die Panschverluste durch den Kurbeltrieb besonders bei hohen Drehzahlen völlig ausschloß.

### Kraftstoffanlage, Zündungsystem

Sechs Solex-Überlaufvergaser 40 PI mit einem Schwimmergehäuse für drei Vergaser. Zündfolge 1-6-2-4-3-5. Zündverteiler Marelli S112 AX.

Eine sehr kurzlebige Lösung stellten die beiden Solex Vergaser-Batterien dar, die nur schwer synchronisiert werden konnten. Die Zündung erfolgte als herkömmliche Spulenzündung mit Unterbrecherkontakt im Zündverteiler.

## Kraftübertragung

Serienmäßig Fünfgang-Schaltgetriebe Typ 901 mit Ausgleichgetriebe in einem Gehäuse. Schaltbild: erster Gang links hinten, Rückwärtsgang links vorn, federnde Sperre bei Schaltung 1 – 2. Vorwärtsgänge mit Porsche-Sperrsynchronisierung. Achsantrieb: spiralverzahnte Kegelräder. Kegelrad-Ausgleichgetriebe, Sonderausstattung Sperrdifferential System ZF.
Antrieb der Hinterräder durch Nadella-Gelenkwellen. Das äußere Kreuzgelenk hatte die übliche Form, das innere »Nadella«-Gelenk hatte zum Längsausgleich eine schwingenförmige Verbindung der beiden Gelenkteile. Porsche hatte beim 901/911 ein weiter verbessertes Synchronsystem verwendet, das weltweit patentiert auch in allen Fahrzeugen von Alfa Romeo, Simca und AUDI, je nach Modell auch bei Fiat, Ferrari, Maserati und Lamborghini eingebaut wurde. Für Lkw wurde die Porsche-Sperrsynchronisierung bei Fiat-OM, Unic, Berliet und bei verschiedenen dieselbetriebenen Hubstaplern bei deren Wendegetriebe eingesetzt.

## Fahrwerk

Geschweißter Stahlblech-Kastenrahmen, mit dem Aufbau verschweißt. Radaufhängung vorn: einzeln an Federbeinen und Querlenkern aufgehängte Räder. Hinten einzeln an Längslenkern befestigte Räder. Federung vorn je Rad durch einen längs eingebauten Drehfederstab, hinten je ein runder Drehfederstab, quer eingebaut. Stoßdämpfer: vorn als doppelt wirkende Stoßdämpferbeine System Mc Pherson, ausgebildet, hinten doppelt wirkende Teleskopstoßdämpfer. Spur und Sturz waren im ersten Modelljahr noch nicht einstellbar. Geteilte Sicherheits-Lenksäule serienmäßig. ZF-Zahnstangenlenkung, noch Feinverzahnung Lenkübersetzung 1:16,5 Räder: Stahl-Lochscheibenräder, als Sonderausstattung auch verchromt, Tiefbettausführung 4,5 x 15, Bereifung 165 HR 15. Bremsanlage: Einkreis-Bremsanlage, hydraulisch. Bremsscheibendurchmesser vorn 282 mm, hinten 285 mm. Feststellbremse als Trommelbremse mechanisch auf beide Hinterräder wirkend.

Porsche hatte schon bei der Konstruktion des VW Käfer die Bauweise der selbsttragenden Bodengruppe gewählt. Beim Porsche 356 war der Kastenrahmen stabil genug, um ohne Karosserie Fahrversuche durchführen zu können.

Neu beim 901/911 war auch die ZF-Zahnstangenlenkung. Porsche war hier bahnbrechend für die übrige Automobilindustrie, dort wurde noch mit Spindellenkung und Einfingerlenkungen gearbeitet. Beibehalten wurde das von Porsche entwickelte Prinzip der Drehstabfederung. Dabei war völlig neu der Einbau eines runden Drehstabs in Längsrichtung zur Federung der Vorderräder. Vier Scheibenbremsen am 901/911 waren in den sechziger Jahren noch nahezu ein Luxus. Verwendet wurden jedoch nicht die von Porsche entwickelten innen umgriffenen Scheibenbremsen, die im damaligen 356 Carrera 2 und im Porsche Formel 1 erprobt waren, sondern außen umgriffene Scheiben. Verwendet wurde ein Einkreis-Bremssystem, das auf alle vier Räder wirkte.

## Karosserie

Gebaut wurde ausschließlich ein Coupé in Ganzstahlausführung, ein Schiebedach war noch nicht lieferbar. Vorbereitung für Sicherheitsgurt-Einbau. Reichhaltige Instrumentierung, erstmals Ölstandsanzeige bei laufendem Motor. Gegenüber Modell 356 deutlich mehr Koffer- und Innenraum. Die Ruhestellung der Scheibenwischerarme war rechts.

Auch beim Karosserie-Styling wurde die Porsche-Linie beibehalten: schrägstehende Scheinwerfer in den vorderen Kotflügeln, Lufteinlaßgitter im hinteren Deckel und vorne in der kurzen Gußausführung neben den Blinkereinheiten. Äußere Merkmale dieser auch Nullserie genannten Modellreihe sind ein vergoldeter 911-Schriftzug auf dem Heckdeckel, verchromte Stoßstangenhörner ohne Gummipuffer und seitliche Türschwellerleisten.

Der 911 des Jahrgangs 1995 untersteuerte zunächst und neigte sich bei schneller Kurvenfahrt sehr stark, da er noch keine Stabilisatoren hatte.

## Ausstattung

Verbundglas-Windschutzscheibe, runde Außenspiegel. Gebogene Verbundglasscheiben waren 1963/1964 noch weitgehend unbekannt, Porsche hatte dieses Sicherheitsmerkmal vom Serienanlauf an verwendet.

## Verkleidung, Sitze

Völlig neue Innenverkleidungen und Sitze. Reichhaltiges Angebot, die Innenausstattung und die Sitze waren in Teil Kunstleder ausgeführt. Holzlenkrad und Instrumententafel mit Edelholzauflage, silberfarbener Schriftzug (rechts). Türschweller im Bereich des Einstiegs mit Gummi belegt.

## Heizung, Klimaanlage

Serienmäßige Heizung durch Motor-Abwärme. Das Motorgebläse förderte Frischluft durch die Motor-Wärmetauscher und führte die erwärmte Luft in den Fahrgastraum. Zusätzlich war eine benzinbetriebene Webasto-Standheizung (Typ P1018) lieferbar, die nicht sonderlich zuverlässig war.

Bei diesem bereits 1964 ausgelieferten Ur-Elfer ist der Schriftzug „911“ falsch montiert.

Die gegenüber den Porsche 356 wesentlich verbesserte Heizung genügte den Ansprüchen und Gesetzesauflagen der sechziger Jahre. Eine Klima- bzw. Kälteanlage war bei Serienanlauf noch nicht lieferbar.

## Elektrik

12 Volt Bordspannung. Asymmetrisches Abblendlicht. Drei Wischergeschwindigkeiten. Elektrische Scheibenwaschanlage

Mit dieser fortschrittlichen Elektrik-Ausrüstung war der 901/911 eines der modernsten Fahrzeuge.

## Sonstiges

Ursprünglich war eine Luxusversion des Elfer geplant, dieses Vorhaben wurde zunächst jedoch wieder verworfen. Anfangs standen nur sehr wenige Sonderausstattungen zur Verfügung.

| Typenbezeichnung | Listenpreise 4/65 | Produktionszahlen |
|---|---|---|
| Porsche 901 | DM 21.900,-- | 13 |
| Porsche 911 | DM 21.900,– | 230 |

| Modellbezeichnung | 911 |
|---|---|
| **1. Motor** | |
| Motor-Typ Schaltgetr. | 901/01 |
| Zylinderzahl | 6 |
| Bohrung (mm) | 80 |
| Hub (mm) | 66 |
| Hubraum ($cm^3$) | 1991 |
| Verd.verhältnis | 9,0:1 |
| Motorleistung (kW/PS) | 96/130 |
| bei Drehzahl (U/min) | 6100 |
| Drehmoment (Nm) | 174 |
| bei Drehzahl (U/min) | 4200 |
| Literleistung (kW/l) | 48,6 (65PS/l) |
| Höchstdrehzahl (U/min) | 6500 |
| Motorgewicht (kg) | 184 |
| **2. Gemischaufbereitung, Zündung, Einstellwerte** | |
| Kraftstoffanlage | Solex Überlauf-Fallstromvergaser 40PI |
| Kraftstoffart (ROZ) | 96 |
| Zündsystem | herkömmliche Batteriezündung |
| Zündfolge aller 911-Motoren: | 1 - 6 - 2 - 4 - 3 - 5 |
| Zündverteiler | Marelli S 112 AX |
| Zündkerzen Bosch | W225T7, W 200T35 |
| Beru | P 225/14 |
| Elektrodenabstand (mm) | 0,6...0,7 |
| Leerlaufdrehz. (U/min) | 850...950 |
| **3. Kraftübertragung** | |
| Kupplung, Druckplatte | M 215K |
| Mitnehmerscheibe | 215 |
| Getriebetyp Schaltgetriebe | 901/02 |
| Gangübersetzungen | |
| 1. Gang | 3,091 |
| 2. Gang | 1,888 |



| Modellbezeichnung | 911 |
|---|---|
| 3. Gang | 1,318 |
| 4. Gang | 1,000 |
| 5. Gang | 0,758 |
| Synchronsystem Gänge 1...5 | POSY |
| Achsantrieb | 4,4285 |
| Sperrdifferential | M |
| Sperrwert Zug/Schub (%) | 40/40 |

Zeichenerklärung:
M Mehrausstattung (Sonderwunsch)
S Serie
POSY Porsche Sperrsynchronsystem, Synchronringe Mo-beschichtet

| | |
|---|---|
| **4. Fahrwerk, Lenkung, Bremsen, Räder** | |
| Vorderachse | |
| Stabilisator D. (mm) | ... |
| Lenkungsübersetzung | 17,87 |
| Wendekreis D. (m) | 10,7 |
| Hinterachse | |
| Stabilisator D.Schaltg. (mm) | ... |
| Bremssystem: | Einkreisbremsanlage |
| Hauptbremszylinder D. (mm) | 19,05 |
| Kolbendurchm. in den | |
| Bremszangen vorn (mm) | 48 |
| hinten (mm) | 35 |
| Bremsscheibendurchmesser | |
| vorn (mm) | 282 |
| hinten (mm) | 285 |
| Bremsscheibendicke | |
| vorn (mm) | 12,7 U |
| hinten (mm) | 10,0 U |
| Wirksame Gesamtbelagfläche ($cm^2$) | 185 |
| Feststellbremse | Mechanisch auf beide Hinterräder wirkend |

| Modellbezeichnung | 911 |
|---|---|
| Bremstrommeldurchmesser (mm) | 180 |
| Gesamtbelagfläche ($cm^2$) | 170 |
| Räder und Reifen | |
| Serienbereifung vorn | 165-15 Gürtel |
| auf Rad | 4 1/2J x 15 |
| Serienbereifung hinten | 165-15 Gürtel |
| auf Rad | 4 1/2J x 15 |
| Reifendruck vorn (bar) | 2,0 |
| hinten (bar) | 2,4 |

Zeichenerklärung:
12,7 U = unbelüftete, volle Bremsscheibe Dicke 12,7 mm

**5. Karosserie, Innenausstattung**

(Abmessungen bei Leergewicht)

| | |
|---|---|
| Länge (mm) | 4163 |
| Breite (mm) | 1610 |
| Höhe (mm) | 1320 |
| Radstand (mm) | 2211 |
| Spurweite vorn (mm) | 1367 |
| hinten (mm) | 1335 |
| Bodenfreiheit bei zul.Ges.gewicht (mm) | 150 |

| Modellbezeichnung | 911 |
|---|---|
| **9. Elektrik** | |
| Generator-Leistung (W/A) | 490/30 |
| Batterie (V/Ah) | 12/45 |
| **Gewichte nach DIN 70020** | |
| Leergewicht (kg) | 1080 |
| Zulässiges Gesamtgewicht. (kg) | 1400 |
| **Fahrleistungen** | |
| Höchstgeschwindigkeit Schaltgetriebe (km/h) | 210 |
| Beschleunigung 0...100 km/h Schaltgetriebe (s) | 9,1 |
| Kilometer mit stehendem Start Schaltgetriebe (s) | 29,9 |
| **Füllmengen** | |
| Motorölmenge 1* (l) | 9 |
| Ölwechselmenge 1* (l) | 8...9 |
| Schaltgetriebe 2* (l) | 2,5 |
| Kraftstoffbehälter (l) | 62 |
| Bremsflüss.behält.6* (l) | 0,20 |

* Ziffernerklärung:

1* Zugelassen API SE/SF mit Kombinationen API SE/CC - SF/CC - SF/CD - SE/CD Mehrbereichsöle nach Werksfreigabe. (SAE 10 W/50 oder 15 W/40 oder 20 W/50). Auch Einbereichsöle (Marken-HD-Öle) sind zulässig. Sommer SAE 30, Winter SAE 20.

2* Einbereichs-Getriebeöl SAE 90 nach MIL-L 2105 bzw. GL 4. Nicht zulässig: Getriebeöl SAE 90 MIL-L 2105 B bzw. API-Klassifikation GL 5.

6* Nur Bremsflüssigkeit entsprechend SAE J 1703 oder DOT 3 bzw. 4 verwenden

**Aufbau der Fahrgestell-Nummern (sechsstellig)**

| Modelljahr | | | Produktionszeitraum | Typ | Modell | Karosserie-Hersteller |
|---|---|---|---|---|---|---|
| 1964 : | 300 001 ... | 300 232 | Produktion ab September 1964 | 911 | Coupé, | Karosserie Porsche |
| 1965 : | 300 233 ... | 303 390 | Produktion bis Juli 1965 | 911 | Coupé, | Karosserie Porsche |
| | 350 001 ... | 351 970 | Produktion bis Juli 1965 | 912 | Coupé, | Karosserie Porsche |
| | 450 001 ... | 454 470 | Produktion bis Juli 1965 | 912 | Coupé, | Karosserie Karmann |
| 1966 : | 303 391 ... | 305 100 | Produktion Aug. 1965 bis Juli 1966 | 911 | Coupé, | Karosserie Porsche |
| | 351 971 ... | 353 000 | Produktion Aug. 1965 bis Juli 1966 | 912 | Coupé, | Karosserie Porsche |
| | 454 471 ... | 485 100 | Produktion Aug. 1965 bis Juli 1966 | 912 | Coupé, | Karosserie Karmann |
| 1967 : | 305 101 ... | 308 522 | Produktion Aug. 1966 bis Juli 1967 | 911 | Coupé, | Karosserie Porsche |
| | 305 101S ... | 308 523S | Produktion Aug. 1966 bis Juli 1967 | 911S | Coupé, | Karosserie Porsche |
| | 354 001 ... | 355 601 | Produktion Aug. 1966 bis Juli 1967 | 912 | Coupé, | Karosserie Porsche |
| | 458 101 ... | 463 204 | Produktion Aug. 1966 bis Juli 1967 | 912 | Coupé, | Karosserie Karmann |
| | 500 001 ... | 500 718 | Produktion Aug. 1966 bis Juli 1967 | 911 | Targa, | Karosserie Porsche |
| | 500 001S ... | 500 718S | Produktion Aug. 1966 bis Juli 1967 | 911S | Targa, | Karosserie Porsche |
| | 550 001 ... | 550 544 | Produktion Aug. 1966 bis Juli 1967 | 912 | Targa, | Karosserie Porsche |

# Modelljahr 1966

## Porsche 911 Coupé
## Porsche 912 Coupé

Der abgebildete Rallye-Elfer von 1966 wird heute noch im historischen Motorsport eingesetzt.

Neu im Modellprogramm war der Porsche 912, der mit dem Motor des 356 SC, gedrosselt auf 90 PS (66 kW), ausgerüstet war. Er sollte als Einsteiger-Porsche dienen. Besonders in den USA, wo schon 1965 strenge Geschwindigkeitskontrollen stattfanden, wurde der preiswerte und verbrauchsgünstige Porsche 912 gerne gefahren.

### Motor

Verwendet wurden die Motoren 901/01 und 901/05 beim Sechszylinder.
Beim 912 wurde der Motortyp 616/36 eingebaut

Die abgebildeten Überlaufvergaser wichen nach wenigen Monaten Weber-Vergasern.

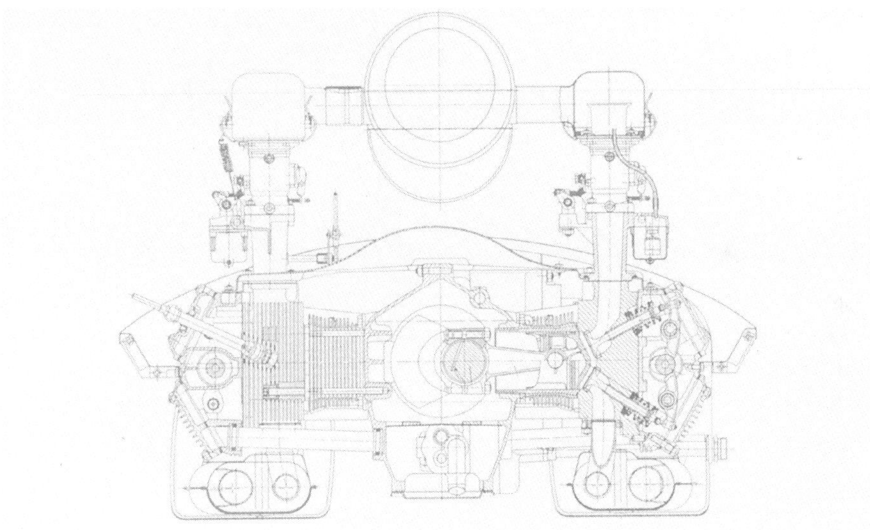

Der Motorquerschnitt zeigt das Bauprinzip mit obenliegender Nockenwelle.

## Kraftstoffanlage, Zündsystem

Umstellung der Solex-Vergaser für Motor 901/01 am Mischrohr: dieses ist jetzt unten offen. Der Motor 901/05 war mit Weber Vergasern Typ 40 IDA 3L und 3C1 ausgerüstet. Die übrigen Technischen Daten beider Motoren sind identisch.

Porsche stellte kurzfristig auf Weber-Vergaser um, da diese wesentlich leichter einstellbar waren.

## Kraftübertragung

Fünfgang-Schaltgetriebe Typ 901/02 für die 911 Serie, Fünfgang-Schaltgetriebe Typ 902/01 war als Sonderausstattung für den 912 lieferbar. Für den 912 werden vereinfachte Kugelgelenk Antriebswellen verwendet.

Porsche hatte erkannt, daß Fahrzeuge mit einer Höchstgeschwindigkeit von über 200 km/h ein Fünfgang-Getriebe benötigen. Mit nur vier Gängen waren

Dieser 912 hat als Zubehör verchromte Felgen.

die Getriebeübersetzungen nicht optimal zu verwirklichen. Deshalb war auch für den 912 das Fünfgang-Getriebe als Mehrausstattung angeboten.

## Fahrwerk

Geänderte Bremssättel

## Karosserie

Der vergoldete schräggestellte 911-Schriftzug am Heck wurde durch einen gerade gestellten und versilberten Schriftzug ersetzt.

## Ausstattung

Anstelle Holzlenkrad wurde ein Lederlenkrad eingebaut. Die Edelholzeinlage in der Instrumententafel wurde nicht weiter verbaut. Die Teppiche waren aus weichem Filz.

## Elektrik

Generatoren mit 490 Watt.

| Typenbezeichnung | Listenpreise 4/65 | Produktionszahlen |
|---|---|---|
| 911 Coupé | DM 22.900,– | 3155 + 1710 USA |
| 912 Coupé | DM | 6401 |

| Modellbezeichnung | 911 |
|---|---|
| **1. Motor** | |
| Motor-Typ Schaltgetr. | 901/01 und 901/05 |
| Zylinderzahl | 6 |
| Bohrung (mm) | 80 |
| Hub (mm) | 66 |
| Hubraum (cm³) | 1991 |
| Verd.verhältnis | 9,0:1 |
| Motorleistung (kW/PS) | 96/130 |
| bei Drehzahl (U/min) | 6100 |
| Drehmoment (Nm) | 174 |
| bei Drehzahl (U/min) | 4600 |
| Literleistung (kW/l) | 48,6 (65PS/l) |
| Höchstdrehzahl(U/min) | 6500 |
| Motorgewicht (kg) | 184 |

| Modellbezeichnung | 911 |
|---|---|
| **2. Gemischaufbereitung, Zündung, Einstellwerte** | |
| Kraftstoffanlage Motor 901/01 | Solex Überlauf-Fallstromvergaser 40PI |
| Motor 901/05 | Weber-Vergaser 40IDA 3L und 3C1 |
| Kraftstoffart (ROZ) | 96 |
| Zündsystem | herkömmliche Batteriezündung |
| Zündverteiler | Marelli S 112 AX |
| Zündkerzen Bosch | W225T7, W 200T35 |
| Beru | P 225/14 |
| Elektrodenabstand (mm) | 0,6…0,7 |
| Leerlaufdrehz. (U/min) | 850…950 |

| Modellbezeichnung | 911 |
|---|---|

### 3. Kraftübertragung

| | |
|---|---|
| Kupplung, Druckplatte | M 215K |
| Mitnehmerscheibe | 215 |
| Getriebetyp Schaltgetriebe | 901/02 |
| Gangübersetzungen | |
| 1. Gang | 3,091 |
| 2. Gang | 1,888 |
| 3. Gang | 1,318 |
| 4. Gang | 1,000 |
| 5. Gang | 0,758 |
| Synchronsystem Gänge 1...5 | POSY |
| Achsantrieb | 4,4285 |
| Sperrdifferential | M |
| Sperrwert Zug/Schub (%) | 40/40 |

Zeichenerklärung:
M Mehrausstattung (Sonderwunsch)
S Serie
POSY Porsche Sperrsynchronsystem, Synchronringe Mo-beschichtet

### 4. Fahrwerk, Lenkung, Bremsen, Räder

| | |
|---|---|
| Vorderachse | |
| Stabilisator D. (mm) | ... |
| Lenkungsübersetzung | 17,87 |
| Wendekreis D. (m) | 10,7 |
| Hinterachse | |
| Stabilisator D.Schaltg. (mm) | ... |
| Bremssystem: | Einkreisbremsanlage |
| Hauptbremszylinder D. (mm) | 19,05 |
| Kolbendurchm. in den | |
| Bremszangen vorn (mm) | 48 |
| hinten (mm) | 35 |
| Bremsscheibendurchmesser | |
| vorn (mm) | 282 |
| hinten (mm) | 285 |
| Bremsscheibendicke | |
| vorn (mm) | 12,7 U |
| hinten (mm) | 10,0 U |
| Wirksame Gesamtbelagfläche ($cm^2$) | 185 |
| Feststellbremse | Mechanisch auf beide Hinterräder wirkend |
| Bremstrommeldurchmesser (mm) | 180 |

| Modellbezeichnung | 911 |
|---|---|
| Gesamtbelagfläche ($cm^2$) | 170 |
| Räder und Reifen | |
| Serienbereifung vorn | 165-15 Gürtel |
| auf Rad | 4 1/2J x 15 |
| Serienbereifung hinten | 165-15 Gürtel |
| auf Rad | 4 1/2J x 15 |
| Reifendruck vorn (bar) | 2,0 |
| hinten (bar) | 2,4 |

Zeichenerklärung:
12,7 U = unbelüftete, volle Bremsscheibe Dicke 12,7 mm

### 5. Karosserie, Innenausstattung

(Abmessungen bei Leergewicht)

| | |
|---|---|
| Länge (mm) | 4163 |
| Breite (mm) | 1610 |
| Höhe (mm) | 1320 |
| Radstand (mm) | 2211 |
| Spurweite vorn (mm) | 1367 |
| hinten (mm) | 1335 |
| Bodenfreiheit bei zul.Ges.gewicht (mm) | 150 |

### 9. Elektrik

| | |
|---|---|
| Generator-Leistung (W/A) | 490/30 |
| Batterie (V/Ah) | 12/45 |

### Gewichte nach DIN 70020

| | |
|---|---|
| Leergewicht (kg) | 1080 |
| Zulässiges Gesamtgewicht. (kg) | 1400 |

### Fahrleistungen

| | |
|---|---|
| Höchstgeschwindigkeit | |
| Schaltgetriebe (km/h) | 210 |
| Beschleunigung | 0...100 km/h |
| Schaltgetriebe (s) | 9,1 |
| Kilometer mit stehendem Start | |
| Schaltgetriebe (s) | 29,9 |

### Füllmengen

| | | |
|---|---|---|
| Motorölmenge 1* | (l) | 9 |
| Ölwechselmenge 1* | (l) | 8...9 |
| Schaltgetriebe 2* | (l) | 2,5 |
| Kraftstoffbehälter | (l) | 62 |
| Bremsflüss.behält.6* | (l) | 0,20 |

* Ziffernerklärung:

1* Zugelassen API SE/SF mit Kombinationen API SE/CC - SF/CC - SF/CD - SE/CD Mehrbereichsöle nach Werksfreigabe. (SAE 10 W/50 oder 15 W/40 oder 20 W/50). Auch Einbereichsöle (Marken-HD-Öle) sind zulässig. Sommer SAE 30, Winter SAE 20.

2* Einbereichs-Getriebeöl SAE 90 nach MIL-L 2105 bzw. GL 4. Nicht zulässig: Getriebeöl SAE 90 MIL-L 2105 B bzw. API-Klassifikation GL 5.

6* Nur Bremsflüssigkeit entsprechend SAE J 1703 oder DOT 3 bzw. 4 verwenden

# Modelljahr 1967
# der Targa

## Porsche 911 Coupé und Targa
## Porsche 911 S Coupé und Targa
## Porsche 912 Coupé und Targa

Familienfoto (von links): 911, 912 (vorne), 911 Targa und 911 S. Der Targa hatte serienmäßig lackierte Stahlfelgen.

Porsche erfüllte 1967 mit dem 911 S einen groß Kundenwunsch. Der neue S – die Typen 911 und 912 wurden weitergebaut – erhielt 160 PS. Fahrwerk und Bremsanlage wurden der Mehrleistung angepaßt. Darüber hinaus kam mit dem Targa eine zweite Karosserievariante: ein Sicherheitscabriolet mit Überrollbügel.

Die ersten 911 Targa hatten eine Faltheckscheibe.

Nach den erfolgreichen Modellen Cabriolet, Roadster und Spyder beim Porsche 356 gab es nun endlich wieder einen offenen Porsche. Die »Targa«-Idee, italienisch Schild, wurde von den Autoherstellern weltweit gerne übernommen, doch nur das herausnehmbare Targa-Dach des 911 durfte auch so heißen: Porsche ließ ihn sich schützen und wollte damit an die Rennerfolge in Sizilien bei der Targa Florio erinnern.

Im Jahre 1966 führte Porsche den ersten Abgastest durch um die kalifornischen Abgasgesetze zu erfüllen. In Deutschland wurde noch über Grenzwerte von 4,5 Prozent CO im Leerlauf debattiert.

## Motor

Neben den Motoren Typ 901/06, für den 911, die mit geänderten Nockenwellen und verbesserten Heizungs-Wärmetauschern hergestellt wurden, kamen die leistungsgesteigerten Motoren (Typ 901/02) mit gleichem Hubraum für den 911 S zum Einsatz. Höchstleistung 160 PS (118 kW) bei 6600/min. Literleistung 80 PS/l. Höchstdrehzahl 7200 1/min. Die Leistungssteigerung wurde erreicht durch eine auf 9,8:1 erhöhte Verdichtung, Biral-Zylinder (Alu-Zylinder mit Grauguß-Lauffläche), weichnitrierte geschmiedete Stahlpleuel, geschmiedete Leichtmetallkoben, geänderte Nockenwellen, Einlaßventile 42, Auslaßventile 38 mm Durchmesser, zwei Ventilfedern je Ventil.
Der Motor für den 911 S wurde ohne Lebensdauereinbuße aus dem Basismotor entwickelt. Beachtlich war die hohe Verdichtung von 9,8:1 bei dem damals verfügbaren Kraftstoff. Interessante Zylinderbauart: die Lauffläche noch immer als Graugußbüchse ausgeführt, aufgeschrumpft darüber der Kühlrippenmantel aus Leichtmetall zur besseren Wärmeableitung.

Die Scheibenwischer der frühen Elfer waren rechts angelegt.

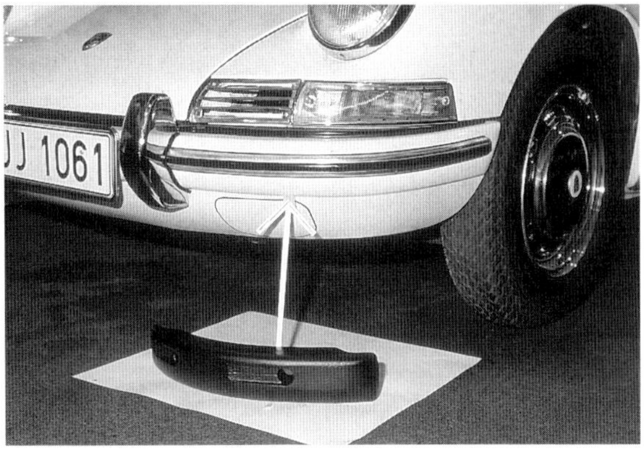

Elf Kilogramm Grauguß pro Seite verbesserten das Fahrverhalten erheblich.

Armaturenbrett der zweiten Generation. Die Außentemperaturanzeige links unten war ein selten gewähltes Zubehör.

## Kraftstoffanlage, Zündsystem

Für den »Super«-Motor werden zwei Dreifach-Weber-Vergaser Typ IDA (S) bzw. 40 IDS 3C und 3C 1 verwendet. Als Zündverteiler kommt der Verteiler BOSCH 0231159002 Typschild gelb zum Einsatz. Zündkerzen mit Wärmewert 260. Oktanzahlbedarf 98 ROZ (Superbenzin).

Inzwischen wurden alle Sechszylindermotoren mit Weber Vergasern ausgerüstet. Die Zündanlage war von Bosch: Verteiler, Zündspule und Zündkerzen serienmäßig in Stuttgart-Feuerbach.

## Kraftübertragung

Beim 911 S wurde das Fünfganggetiebe 901/02 als Seriengetriebe angeboten. Als Sonderwunsch waren auch die Getriebe 901/51 (sportlich übersetzt) 901/52 (für Bergrennen), 901/53 (für Flugplatzrennen), 901/54 (für schnelle Rennen) und 902/0 (Nürburgring-Übersetzungen) verfügbar.

Neben dem Seriengetriebe, das sich nur unwesentlich vom Urgetriebe unterschied, wurden sportlich interessierten Kunden erstmals eine Vielzahl von Sonderübersetzungen für Wettbewerbe angeboten.

## Fahrwerk

Neuerungen beim 911 S: Querliegende Stabilisatoren vorn und hinten, Koni-Stoßdämpfer rundum, geschmiedete Leichtmetallräder (Fuchs), Tiefbett $4\,^1/_2$x15, innenbelüftete Bremsscheiben vorn und hinten.

Erstmals bei Porsche: Leichtmetallräder. Noch in den neunziger Jahren ist das geschmiedete, besser ausgedrückt, das gepreßte Leichtmetallrad mit den fünf Speichen unerreicht bekannt und beliebt. Fälschlicherweise wird auch heute noch das Rad »Fuchs-Felge« genannt. Das Design für das Rad stammt aus dem Studio Porsche (damaliger Chef Ferdinand Alexander Porsche), der Hersteller des Rades, genau nach den Porsche-Zeichnungen, ist die Firma Fuchs in Meinerzhagen.

## Karosserie

Die Innenspiegel aller Fahrzeuge wurden an die Windschutzscheibe geklebt. Neu bei Porsche das Sicherheitscabriolet Targa. Die B-Säule war als stabiler Überrollbügel ausgeführt. Das herausnehmbare Dach zwischen dem Rahmen der Windschutzscheibe und dem Überrollbügel konnte wie eine Ziehharmonika zusammengefaltet und ohne nennenswerten Raumverlust im vorderen Kofferraum verstaut werden.

Während früher wenig Wert auf die Unfallsicherheit gelegt wurde, hat Porsche frühzeitig die Wichtigkeit des Insassenschutzes erkannt. Mit flexibler Heckscheibe wollte Porsche das Offenfahr-Gefühl weitgehend erhalten. Der Targa bot drei Möglichkeiten, offen zu fahren: mit Dach und offener Heckscheibe; Dach und Heckscheibe offen; ohne Dach, aber geschlossener Heckscheibe.

## Ausstattung

Ein Lederlenkrad war beim 911 S Serienausstattung. Bei den Targa-Fahrzeugen war die Heckscheibe (zwischen Targabügel und Karosserie) flexibel und konnte zusätzlich zum herausnehmbaren Tagadach mittels Reißverschluß niedergelegt oder ganz entfernt werden. Mit dem Rennfahrzeug 911 R fand erstmals ein Kraftstofftank aus Kunststoff in einem Porsche Verwendung. In die Serienproduktion floß dieses Sicherheitsnovum mit dem Modelljahr 1973 ein.

## Heizung, Klimaanlage

Eine Fremdheizung (benzinelektrisch) war als Sonderausstattung lieferbar.

## Elektrik

Zusätzliches Instrument beim 911 S zur analogen Öldruckanzeige.

Damit war die Verwirrung für Nichttechniker vollständig: Das Motoröl wurde gleichzeitig viermal geprüft und angezeigt: die Motoröltemperatur (in Grad Celsius), den Motoröldruck (in atü, später bar), durch die gelb leuchtende Öldruckwarnlampe, (warnt bei Druck kleiner 0,8 bar) und den Motorölstand (Standanzeige Öltank nur korrekt ablesbar bei mit Leerlaufdrehzahl laufendem, betriebswarmem Motor auf ebener Fläche stehend).

| Typenbezeichnung | Listenpreise 7/66 | Produktionszahlen |
|---|---|---|
| Porsche 912 Coupé | DM | 9325 |
| Porsche 911 Coupé | DM 20.980,– | 2250 + 1172 USA |
| Porsche 911 S Coupé | DM 24.480,– | 523 + 718 Targa |

| Modellbezeichnung | 911 | 911 S |
|---|---|---|
| **1. Motor** | | |
| Motor-Typ Schaltgetr. | 901/06 | 901/02 |
| Zylinderzahl | 6 | = |
| Bohrung (mm) | 80 | = |
| Hub (mm) | 66 | = |
| Hubraum ($cm^3$) | 1991 | = |
| Verd.verhältnis | 9,0:1 | 9,8:1 |
| **2. Gemischaufbereitung, Zündung, Einstellwerte** | | |
| Kraftstoffanlage | WV 40IDA | WV 40IDS |
| Kraftstoffart (ROZ) | 96 | 96 |
| Zündsystem | herkömmliche Batteriezündung | |
| Zündverteiler | Bosch | Bosch |
| Zündkerzen Bosch | W230T30 | W250P21 |
| Beru | P 225/14 | ... |
| Elektrodenabstand (mm) | 0,6...0,7 | 0,35 |
| Leerlaufdrehz. (U/min) | 850...950 | = |
| Zeichenerklärung: | | |
| WV | = Weber Vergaser 40 IDT P | |
| **3. Kraftübertragung** | | |
| Kupplung, Druckplatte | M 215K | = |
| Mitnehmerscheibe | 215 | = |
| Getriebetyp Schaltgetriebe | 901/02 | 901/03 |

| Modellbezeichnung | 911 | 911 S |
|---|---|---|
| Motorleistung (kW/PS) | 96/130 | 118/160 |
| bei Drehzahl (U/min) | 6100 | 6600 |
| Drehmoment (Nm) | 174 | 179 |
| bei Drehzahl (U/min) | 4600 | 5200 |
| Literleistung (kW/l) | 48,6 | 59,2 |
| Höchstdrehzahl(U/min) | 6500 | 7200 |
| Motorgewicht (kg) | 184 | 184 |
| Gangübersetzungen | | |
| 1. Gang | 3,091 | = |
| 2. Gang | 1,888 | = |
| 3. Gang | 1,318 | = |
| 4. Gang | 1,000 | = |
| 5. Gang | 0,758 | = |
| Synchronsystem Gänge 1...5 | POSY | = |
| Achsantrieb | 4,4285 | = |
| Sperrdifferential | M | M |
| Sperrwert Zug/Schub (%) | 40/40 | = |

Zeichenerklärung:

M Mehrausstattung (Sonderwunsch)
S Serie
POSY Porsche Sperrsynchronsystem, Synchronringe Mo-beschichtet

| Modellbezeichnung | 911 | 911 S |
|---|---|---|
| **4. Fahrwerk, Lenkung, Bremsen, Räder** | | |
| Vorderachse | | |
| Stabilisator D. (mm) | M | 14 |
| Lenkungsübersetzung | 17,87 | = |
| Wendekreis D. (m) | 10,7 | = |
| Hinterachse | | |
| Stabilisator D.Schaltg. (mm) | M | 14 |
| Bremssystem: | Zweikreisbremsanlage | |
| Hauptbremszylinder D. (mm) | 19,05 | = |
| Kolbendurchm. in den | | |
| Bremszangen vorn (mm) | 48 | = |
| hinten (mm) | 35 | 38 |
| Bremsscheibendurchmesser | | |
| vorn (mm) | 282 | = |
| hinten (mm) | 285 | = |
| Bremsscheibendicke | | |
| vorn (mm) | 12,7 U | 20, innenbel. |
| hinten (mm) | 10,0 U | 20, innenbel. |
| Wirksame Gesamtbelag- | | |
| fläche ($cm^2$) | 185 | = |
| Feststellbremse | Mechanisch auf beide Hinterräder wirkend | |
| Bremstrommel- | | |
| durchmesser (mm) | 180 | = |
| Gesamtbelagfläche ($cm^2$) | 170 | = |
| Räder und Reifen | | |
| Serienbereifung vorn | 165-15 Gürtel | = |
| auf Rad | 4 1/2J x 15 | = |
| Serienbereifung hinten | 165-15 Gürtel | = |
| auf Rad | 4 1/2J x 15 | = |
| Reifendruck vorn (bar) | 2,0 | = |
| hinten(bar) | 2,4 | = |

Zeichenerklärung:
12,7 U = unbelüftete, volle Bremsscheibe Dicke 12,7 mm

| Modellbezeichnung | | 911 | 911 S |
|---|---|---|---|
| **5. Karosserie, Innenausstattung** (Abmessungen bei Leergewicht) | | | |
| Länge (mm) | | 4163 | = |
| Breite (mm) | | 1610 | = |
| Höhe (mm) | | 1320 | = |
| Radstand (mm) | | 2211 | = |
| Spurweite | vorn (mm) | 1367 | = |
| | hinten (mm) | 1335 | 1339 |
| Bodenfreiheit bei zul.Ges.gewicht (mm) | | 150 | = |
| **9. Elektrik** | | | |
| Generator-Leistung (W/A) | | 490/30 | = |
| Batterie (V/Ah) | | 12/45 | = |
| **Gewichte nach DIN 70020** | | | |
| Leergewicht (kg) | | 1080 | 1030 |
| Zulässiges Gesamtgewicht. (kg) | | 1400 | = |
| **Fahrleistungen** | | | |
| Höchstgeschwindigkeit Schaltgetriebe (km/h) | | 200 | 225 |
| Beschleunigung 0...100 km/h Schaltgetriebe (s) | | 9,1 | 7,6 |
| Kilometer mit stehendem Start Schaltgetriebe (s) | | 32,1 | 27,55 |
| **Füllmengen** | | | |
| Motorölmenge 1* | (l) | 9 | = |
| Ölwechselmenge 1* | (l) | 8...9 | = |
| Schaltgetriebe 2* | (l) | 2,5 | = |
| Kraftstoffbehälter | (l) | 68 | = |
| Bremsflüss.behält.6* | (l) | 0,20 | = |

* Ziffernerklärung:
1* Zugelassen API SE/SF mit Kombinationen API SE/CC - SF/CC - SF/CD - SE/CD Mehrbereichsöle nach Werksfreigabe. (SAE 10 W/50 oder 15 W/40 oder 20 W/50). Auch Einbereichsöle (Marken-HD-Öle) sind zulässig. Sommer SAE 30, Winter SAE 20.
2* Einbereichs-Getriebeöl SAE 90 nach MIL-L 2105 bzw. GL 4. Nicht zulässig: Getriebeöl SAE 90 nach MIL-L 2105 B bzw. API-Klassifikation GL 5.
6* Nur Bremsflüssigkeit entsprechend SAE J 1703 oder DOT 3 bzw. 4 verwenden
Zeichenerklärung:
SPM Sportomatic

# Modelljahr 1968 (A-Programm: die Sportomatic)

## Porsche 911 T, L, S Coupé und Targa
## Porsche 912 Coupé und Targa

911 L mit Zubehör (Chromfelgen und Nebellampen).

Für 1968 erfolgte die Einführung des halbautomatischen »Sportomatic«-Getriebes für 911 und 912, darüber hinaus wurden die ersten Fahrzeuge mit Abgasentgiftung in die USA ausgeliefert. Neu auch der Typ 911 T: ein Sechszylinder mit reduzierter Leistung (110 PS), auch mit Sportomatic lieferbar. Er sollte ähnlich dem 356 »Dame« ein Einsteigermodell werden und besonders auch weibliche Käufer ansprechen. Der bisherige 911 erhielt die Bezeichnung L und war mit dem schon 1967 gebauten Vergaser-Motor 901/06 (Leistung 130 PS) oder dem für das Sportomatic-Getriebe vorbereiteten Motor 901/07 ausgerüstet.

## Motor

Für die USA gab es erstmals abgasentgiftete Motoren (US-Typen 901/14 für Schaltgetriebe und 901/17 für die Sportomatic Fahrzeuge). Mit reduzierter Leistung wurden Sechszylindermotoren 901/03 (für Schaltgetriebe) und 901/13 (Sportomatic) für die 911 T Fahrzeuge gebaut. Die Verdichtung dieser 110 PS-Motoren (81 kW) war auf 8,6:1 verringert, die Nennleistung wurde schon bei 5800/min erreicht. Die Zylinder dieses Motors waren wieder aus Grauguß.

In die USA wurden die ersten Fahrzeuge mit Abgasentgiftung geliefert. Porsche hatte hier, bedingt durch den Exportanteil von über 50 Prozent nach den USA, von Anfang an Pionierarbeit geleistet und schaffte es, ohne Leistungseinbuße und mit nahezu gleichem Fahrkomfort auch die strengen Gesetzesauflagen von Kalifornien zu erfüllen. Die Abgasentgiftung der Fahrzeuge, die noch mit Vergasern bestückt waren, wurde durch Abgasrückführung (in den Ansaugtrakt) und Thermoreaktoren erreicht. Porsche besaß damals die ersten Abgasprüfstände in Europa.

## Kraftstoffanlage, Zündsystem

Der Motor für den 911 T war mit zwei Weber-Dreifach-Vergasern ausgestattet, verwendet wurde ein Marelli-Zündverteiler S 112 AX. Zündkerzen-Wärmewert 230.

## Kraftübertragung

Keine Änderungen an den Schaltgetrieben. Für alle Typen verfügbar war das halbautomatische Vierganggetriebe Sportomatic 905/00 für die Vierzylinder-Fahrzeuge 912 und das Getriebe 905/01 für 911 T, L, und S. Der Unterschied in den beiden Getrieben bestand in der Übersetzung des vierten Ganges, der den unterschiedlichen Fahrleistungen angepaßt war.
Die Sportomatic war ein Antriebssystem, das aus einem fest mit dem Motorschwungrad verbundenen hydraulischen Drehmomentwandler und einer mit Saugrohr-Unterdruck betätigten Schaltkupplung bestand. Ein Viergang Porsche-Synchrongetriebe und der Achsantrieb mit Übersetzung 7:27 waren nachgeschaltet. Sportomatic-Fahrzeuge besaßen kein Kupplungspedal. Sollte ein Gang gewechselt werden, genügte ein Berühren des Schalthebels, ein unterdruckgesteuerter Servomotor öffnete in Sekundenbruchteilen die Schaltkupplung, der Kraftfluß Motor-Getriebe war unterbrochen, der gewünschte Fahrgang konnte mit dem Handschalthebel eingelegt werden. Nach dem Schaltvorgang, nach dem Loslassen des Schalthebels, schloß die Kupplung wieder selbsttätig.

Markbeobachtungen hatten ergeben, daß besonders in den USA eine Käufergeneration heranwuchs, die nicht mehr gelernt hatte, mit einem Kupplungspedal umzugehen. Auch nahm der stop-and-go Verkehr in den internationalen Großstädten so rasch zu, daß auch ein

Der 160 PS starke 911 S mit serienmäßig einfarbigen Fuchsfelgen und Nebellampen.

Sportgerät mit Straßenzulassung: 911 R mit Cibié-Lampen.

Sportwagen mit Drehmomentwandler angenehmer zu fahren war. Das Antriebssystem Sportomatic war mit Drehmomentwandlern und einer Schaltkupplung von Fichtel & Sachs versehen. Da der Einbauraum in Längsrichtung durch die Heckmotorbauweise beim 911 äußerst beschränkt war, entwickelte Porsche ein Ausrücksystem für die Schaltkupplung in »gezogener« Ausführung. Diese Art der Kupplungsbetätigung, bei der das Ausrücklager stets mit Motordrehzahl mitlief, benötigte weniger Raum und setzte sich in den folgenden Jahren, auch bei den Schaltgetrieben, weltweit durch. Die Ölversorgung des hydraulischen Drehmomentwandlers wurde vom Öltank des Motors abgezweigt. Eine ZF-Eaton Förderpumpe, von einer der Nockenwellen angetrieben, erzeugte einen Ölstrom zum Wandler, der zur Füllung und Kühlung im Betrieb sorgte. Motorschäden durch Ölverluste im Wandlerbereich oder an den Zu- und Rückleitungen waren nicht zu erwarten, da die Ansaugleitung zur Wandlerversorgung im Öltank so hoch angebracht war, daß die Ölversorgung des Motors immer gewährleistet blieb.

## Fahrwerk

Boge-Stoßdämpfer serienmäßig für Typen 912, 911 T und L sowie alle Targa; Koni-Stoßdämpfer für 911 S. Stabilisatorendurchmesser vorn 11 mm bei 911 L, 15 mm am 911 S. Stabi-Durchmesser hinten 15 mm beim 911 S. Verbreiterung der Räder auf 5,5J x 15. Zweikreisbremsanlage für die Sechszylinderfahrzeuge.

912-Armaturenbrett mit nur drei Instrumenten.

1. Hydraulischer Drehmomentwandler
hydraulic torque converter
convertisseur de couple hydraulique
convertitore di coppia idràulico
2. Schaltkupplung
clutch
embrayage
frizione
3. Differential
differential
différentiel
differenziale
4. Gestänge für Schaltkupplung
clutch linkage
tringlerie d'embrayage
rinvio per frizione
5. 4-Gang-Wechselgetriebe
4-speed transmission
boîte à 4 vitesses
cambio a 4 velocità
6. Parksperre
locking device for parking
dispositif de blocage pour stationnement
bloccaggio per parcheggio

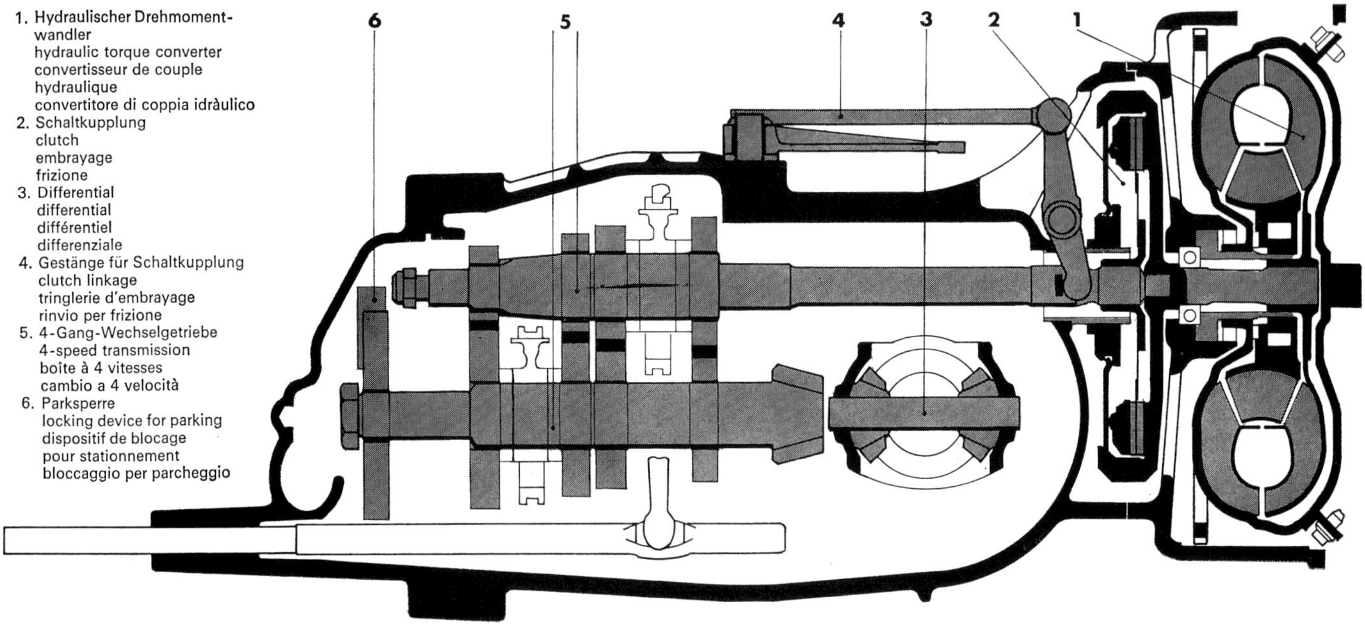


Das Sportomatic-Getriebe für den komfortbewußten Fahrer ist von der Idee her der Vorläufer der heutigen Tiptronic S-Schaltautomaten.

Untersuchungen bei Porsche ergaben, daß breitere Räder in Verbindung mit Änderungen an der Fahrwerksabstimmung zu besseren Fahrleistungen führten.

## Karosserie

Schwarze Scheibenwischergestänge und Wischerblätter. Gummistoßleiste vorn und hinten auf den Stoßstangenhörner serienmäßig.

Verchromte Scheibenwischer sahen zwar sehr hübsch aus, konnten aber bei Sonneneinstrahlung den Fahrer stark blenden. Daher verzichtete man auf den Chromzierrat.

| Typenbezeichnung | Listenpreise 9/67 bzw. 3/68 | Produktionszahlen |
|---|---|---|
| 912 Coupé | DM 18.980,–/19.305,– | 5501 |
| 911 T Coupé | DM 20.980,–/21.450,– | 473 + 742 USA |
| 911 T Targa | DM | 268 + 521 USA |
| 911 L Coupé | DM | 720 + 5449 USA |
| 911 L Targa | DM | 307 + 5134 USA |
| 911 S Coupé | DM 24.480,–/24.970,– | 1267 |
| 911 S Targa | DM | 442 |

| Modellbezeichnung | 911 T | 911 L | 911 S |
|---|---|---|---|
| **1. Motor** | | | |
| Motor-Typ Schaltgetr. | 901/03 | 901/06 | 901/02 |
| Zylinderzahl | 6 | = | = |
| Bohrung (mm) | 80 | = | = |
| Hub (mm) | 66 | = | = |
| Hubraum (cm$^3$) | 1991 | = | = |
| Verd.verhältnis | 8,6:1 | 9,0:1 | 9,8:1 |
| Motorleistung (kW/PS) | 81/110 | 96/130 | 118/160 |

| Modellbezeichnung | 911 T | 911 L | 911 S |
|---|---|---|---|
| bei Drehzahl (U/min) | 5800 | 6100 | 6600 |
| Drehmoment (Nm) | 157 | 174 | 179 |
| bei Drehzahl (U/min) | 4200 | 4600 | 5200 |
| Literleistung (kW/l) | 40,7 | 48,2 | 59,2 |
| Höchstdrehzahl(U/min) | 6500 | 6500 | 7200 |
| Motorgewicht (kg) | 184 | 184 | 184 |

| Modellbezeichnung | 911 T | 911 L | 911 S |
|---|---|---|---|
| **2. Gemischaufbereitung, Zündung, Einstellwerte** | | | |
| Kraftstoffanlage | WV 40IDT P | WV 40IDA | WV 40IDA |
| Kraftstoffart (ROZ) | 98 | 98 | 98 |
| Zündsystem | herkömmliche Batteriezündung | | |
| Zündfolge aller 911-Motoren: | 1 - 6 - 2 - 4 - 3 -5 | | |
| Zündverteiler | Marelli | Bosch | Bosch |
| Zündkerzen Bosch | W230T30 | W250P21 | W265P21 |
| Beru | P 225/14 | … | … |
| Elektrodenabstand (mm) | 0,6…0,7 | 0,35 | 0,35 |
| Leerlaufdrehz. (U/min) | 850…950 | = | = |

Zeichenerklärung:
WV = Weber Vergaser

| Modellbezeichnung | 911 T | 911 L | 911 S |
|---|---|---|---|
| **3. Kraftübertragung** | | | |
| Kupplung, Druckplatte | M 215K | = | = |
| Mitnehmerscheibe | 215 | = | = |
| Getriebetyp Schaltgetriebe | 901/03 | 901/50 | 901/50 |
| Gangübersetzungen | | | |
| 1. Gang | 3,091 | = | = |
| 2. Gang | 1,888 | = | = |
| 3. Gang | 1,318 | = | = |
| 4. Gang | 1,000 | = | = |
| 5. Gang | 0,758 | = | = |
| Synchronsystem Gänge 1…5 | POSY | = | = |
| Achsantrieb | 4,4285 | = | = |
| Sperrdifferential | M | M | M |
| Sperrwert Zug/Schub (%) | 40/40 | = | = |
| | | | |
| Getriebetyp Sportomatic | 905/00 | = | … |
| Drehmomentwandler D. (mm) | F&S 190 | = | |
| Festbremsdrehzah (U/min) | 2500…2700 | = | |
| Gangübersetzungen | | | |
| 1. Gang | 2,400 | = | |
| 2. Gang | 1,631 | = | |
| 3. Gang | 1,217 | = | |
| 4. Gang | 0,926 | = | |
| Synchronsystem Vorwärtsg. | POSY | = | |
| Achsantrieb | 3,857 | = | |

Zeichenerklärung:
M Mehrausstattung (Sonderwunsch)
S Serie
F&S Hersteller Fichtel & Sachs
POSY Porsche Sperrsynchronsystem, Synchronringe Mo-beschichtet

| Modellbezeichnung | 911 T | 911 L | 911 S |
|---|---|---|---|
| **4. Fahrwerk, Lenkung, Bremsen, Räder** | | | |
| Vorderachse | | | |
| Stabilisator D. (mm) | M | 14 | 14 |
| Lenkungsübersetzung | 17,87 | = | = |
| Wendekreis D. (m) | 10,7 | = | = |
| Hinterachse | | | |
| Stabilisator D.Schaltg. (mm) | M | 14 | 14 |
| Bremssystem: | Zweikreisbremsanlage | | = |
| Hauptbremszylinder D. (mm) | 19,05 | = | = |
| Kolbendurchm. in den Bremszangen vorn (mm) | 48 | = | = |
| hinten (mm) | 35 | 38 | 38 |
| Bremsscheibendurchmesser vorn (mm) | 282 | = | = |
| hinten (mm) | 285 | = | = |
| Bremsscheibendicke vorn (mm) | 12,7 U | 20, innenbelüftet | |
| hinten (mm) | 10,0 U | 20, innenbelüftet | |
| Wirksame Gesamtbelagfläche ($cm^2$) | 185 | = | = |
| Feststellbremse | Mechanisch auf beide Hinterräder wirkend | | |
| Bremstrommeldurchmesser (mm) | 180 | = | |
| Gesamtbelagfläche ($cm^2$) | 170 | = | |
| | | | |
| Räder und Reifen | | | |
| Serienbereifung vorn | 165HR15 | 165VR15 | = |
| auf Rad | 4 1/2J x 15 | 5 1/2J x 15 | 5 1/2J x 15 LM |
| Serienbereifung hinten | 165HR15 | 165VR15 | = |
| auf Rad | 4 1/2J x 15 | 5 1/2J x 15 | 5 1/2J x 15 LM |
| Reifendruck vorn (bar) | 2,2 | = | 2,2 |
| hinten (bar) | 2,4 | = | 2,2 |

Zeichenerklärung:
12,7 U = unbelüftete, volle Bremsscheibe Dicke 12,7 mm
LM = geschmiedete Leichtmetallräder, Hersteller Fa. Fuchs

| Modellbezeichnung | 911 T | 911 L | 911 S |
|---|---|---|---|
| **5. Karosserie, Innenausstattung** (Abmessungen bei Leergewicht) | | | |
| Länge (mm) | 4163 | = | = |
| Breite (mm) | 1610 | = | = |
| Höhe (mm) | 1320 | = | = |
| Radstand (mm) | 2211 | = | = |
| Spurweite vorn (mm) | 1367 | = | = |
| hinten (mm) | 1335 | = | = |
| Bodenfreiheit bei zul.Ges.gewicht (mm) | 150 | = | = |
| | | | |
| **9. Elektrik** | | | |
| Generator-Leistung (W/A) | 490/30 | = | = |
| Batterie (V/Ah) | 12/45 | = | = |
| | | | |
| **Gewichte nach DIN 70020** | | | |
| Leergewicht (kg) | 1080 | = | 1030 |
| Zulässiges Gesamtgewicht. (kg) | 1400 | = | = |
| Zulässige Anhängelast ungebremst (kg) | 480 | = | = |
| gebremst (kg) | 600 | = | = |

| Modellbezeichnung | 911 T | 911 L | 911 S |
|---|---|---|---|
| **Fahrleistungen** | | | |
| Höchstgeschwindigkeit | | | |
| Schaltgetriebe (km/h) | 200 | 215 | 225 |
| Beschleunigung 0...100 km/h | | | |
| Schaltgetriebe (s) | 10,0 | 9,0 | 8,0 |
| Kilometer mit stehendem Start | | | |
| Schaltgetriebe (s) | 32,1 | 29,8 | 28,8 |

| Modellbezeichnung | | 911 T | 911 L | 911 S |
|---|---|---|---|---|
| Füllmengen | | | | |
| Motorölmenge 1* | (l) | 9 | = | 10 |
| Motorölmenge mit SPM | (l) | + 2 | = | ... |
| Ölwechselmenge 1* | (l) | 8...9 | = | = |
| Schaltgetriebe 2* | (l) | 2,5 | = | = |
| Sportomatic 2* | (l) | 2,5 | = | = |
| Kraftstoffbehälter | (l) | 62 | = | = |
| Bremsflüss.behält.6* | (l) | 0,20 | = | = |

* Ziffernerklärung:
1* Zugelassen API SE/SF mit Kombinationen API SE/CC - SF/CC - SF/CD - SE/CD Mehrbereichsöle nach Werksfreigabe. (SAE 10 W/50 oder 15 W/40 oder 20 W/50). Auch Einbereichsöle (Marken-HD-Öle) sind zulässig. Sommer SAE 30, Winter SAE 20.
2* Einbereichs-Getriebeöl SAE 90 nach MIL-L 2105 bzw. GL 4. Nicht zulässig: Getriebeöl SAE 90 MIL-L 2105 B bzw. API-Klassifikation GL 5.
6* Nur Bremsflüssigkeit entsprechend SAE J 1703 oder DOT 3 bzw. 4 verwenden

Zeichenerklärung:
SPM Sportomatic

**Aufbau der Fahrgestell-Nummern (achtstellig)**

| | | | |
|---|---|---|---|
| 11 | 8 | 2 | 0001 ... 9999 |
| Fahrzeug | ! | ! | ! |
| = alle 911 | Modelljahr | ! | ! |
| | 8 = 1968 | Ausführung | ! |
| | 7 = 1967 | 0 = Coupé S | Zählnummer |
| | 6 = 1966 | 1 = Coupé 911 | |
| | | 3 = Coupé USA | |
| | | 4 = .......... | |
| | | 5 = Targa S | |
| | | 6 = Targa L | |
| | | 7 = Targa T | |
| | | 8 = Targa USA | |

Fahrgestell-Nummernbereiche, Übersicht

| | | | | |
|---|---|---|---|---|
| 11 | 8 | 0 | 0001 ... 9999 | 911 S Coupé |
| 11 | 8 | 1 | 0001 ... 9999 | 911 L Coupé |
| 11 | 8 | 2 | 0001 ... 9999 | 911 T Coupé |
| 11 | 8 | 3 | 0001 ... 9999 | 911 Coupé USA |
| 11 | 8 | 5 | 0001 ... 9999 | 911 S Targa |
| 11 | 8 | 6 | 0001 ... 9999 | 911 L Targa |
| 11 | 8 | 7 | 0001 ... 9999 | 911 T Targa |
| 11 | 8 | 8 | 0001 ... 9999 | 911 Targa USA |

# Modelljahr 1969 (B-Programm: Mechanische Einspritzung)

## Porsche 911 T, E Coupé und Targa
## Porsche 911 S Coupé und Targa
## Porsche 912 Coupé und Targa

Sportomatic-Targa mit hydropneumatischen Federbeinen und den seltenen 14-Zoll-Felgen; den Radlaufchrom gab es als Zubehör.

Neu im Modelljahr 1969: größere Karosserie- und Motoränderungen. Der längere Radstand kam künftigen Änderungen an der Fahrwerksgeometrie entgegen. Die umfangreichen Karosserieänderungen setzten mit dem B-Programm ein: längerer Radstand, geänderte Kotflügel, Beleuchtung überarbeitet. Neue Einspritzmotoren kamen für den 911 E und 911 S, der 911 S erstarkte auf 170 PS (125 kW). Um Verwechslungen auszuschließen, versah Porsche hausintern die jeweiligen Modelljahre mit die entsprechenden Buchstaben: A für 1968, B für Modelljahr 1969 und so weiter.

## Motor

Sowohl der 911 E (E für Einspritzung) als auch der 911 S erhielten die mechanische Bosch-Benzineinspritzung. Die Motoren 901/09 (901/11 für Sportomatic) für den 911 E besaßen eine Leistung von 140 PS (103 kW) bei 6500/min. Die Verdichtung war auf 9,1:1 ausgelegt. Der 911 S (Motor 901/10) erhielt zusätzlich zum Motorölkühler im Gebläsestrom einen Ölkühler im rechten vorderen Kotflügel. Die Schäfte der Auslaßventile aller Sechszylindermotoren waren natriumgefüllt und besaßen gepanzerte Sitzflächen.

Werkseitiges Zubehör waren die Zusatzscheinwerfer, die nur in Kombination mit speziellen Lüftungsgittern montiert werden konnten.

Die Einspritzmotoren für 911 E und S waren die Basis für zukünftige Leistungssteigerungen und besseres Abgasverhalten der Motoren. Natriumgefüllte Auslaßventile wurden normalerweise nur bei Rennmotoren eingesetzt, um die Wärme des Ventiltellers an den Ventilschaft und über die Ventilführung an den Zylinderkopf weiterzuleiten. Um vollgasfeste Motoren sicherzustellen, wurden alle Sechszylindermotoren mit diesen aufwendig hergestellten Auslaßventilen mit zusätzlicher Sitzpanzerung bestückt.

## Kraftstoffanlage, Zündsystem

Zwei Weber-Dreifach-Fallstromvergaser 40 IDT3 C für den 911 T. Bosch-Doppelreiheneinspritzpumpen für 911 E und 911 S. Kondensatorzündung für alle Sechszylindermotoren.

Die Zeit der Vergaser war bei Porsche nahezu abgelaufen: Nur das Touring-Modell 911 T (und der 912) wurde noch mit Vergasern ausgeliefert.

## Kraftübertragung

Verstärkte Kupplung M 215 KL mit erhöhter Anpreßkraft (530 bis 590 kp) für den 911 S. Keine nennenswerten Änderungen an den Getrieben. Der 911 T erhielt serienmäßig auch das Fünfgang Schaltgetriebe.

## Fahrwerk

Längerer Radstand (2268 mm). Nur beim 911 E wurden hydropneumatische Federbeine verwendet, die vorderen Federdrehstäbe entfielen beim E-Modell. Die vorderen Bremszangen beim 911 E und 911 S wurden aus Leichtmetall hergestellt, beide Tpyen waren serienmäßig mit Leichtmetallrädern 6 J x 15 und 185/70 VR 15-Reifen bestückt. Für 911 T und 911 E Sportomatic auch freigegeben: Räder 5,5 J x 14 und Bereifung 185/70 HR 14.

Eine Neuentwicklung stellten die hydropneumatischen

Seltenes Extra an einem 911 S Targa: Blende unter dem Heckabschluß; die Gummis auf den Stoßstangenhörnern waren bereits Serie.

911, stets mit hohem Prestigewert, vor dem Casino in Monte Carlo.

Abbildung unten: Werkzeugtasche mit charakteristischen Schulranzen-Verschluß.

Federbeine dar. Diese von den Firmen Boge und Porsche gemeinsam entwickelten Federbeine waren selbsttätig niveauregulierend.

## Karosserie

Targa-Fahrzeuge besaßen seitliche Lüftungsschlitze im Edelstahl Sicherheitsbügel, die Heckscheibe war fest eingebaut (Sicherheitsglas, heizbar). Kotflügelränder aller 911 sind »ausgestellt«. Größere Blinkergläser vorn, Hupengitter verkleinert.

Anstelle der flexiblen Heckscheibe kam beim Targa eine feste Heckscheibe mit integrierten Heizdrähten. Die Sicht nach hinten wurde dadurch wesentlich verbessert.

## Ausstattung

Analoge Motoröldruckanzeige jetzt auch beim 911 E.

## Verkleidung, Sitze

Abblendbare Innenspiegel. Kleineres Lenkrad mit abgepolsterter Hupentaste. Klapp-Aschenbecher an der Instrumententafel-Unterkante. Türtafeln mit größerer Ablagemöglichkeit. Türöffner als Zughebel in der Armlehne eingelassen. Verbesserte Sitzlehnenverriegelung.

## Heizung, Klimaanlage

Dreistufiges Heizungs- und Belüftungssystem.

## Elektrik

Änderungen an den Kabelsträngen. Sicherungskasten im vorderen Kofferraum. Zwei Batterien (je 35 Ah) bei allen Fahrzeugen in den vorderen Kotflügeln. Drehstromgenerator mit 770 Watt Leistung bei allen 911. Halogenscheinwerfer mit zwei Reflektoren (H1). Geänderte Rückleuchten. Serienmäßig Warnblinkanlage. Beleuchtetes Handschuhfach.

Die Aufteilung der seitherigen Batterieanlage 1 x 45 Ah) in zwei separate 35 Ah-Batterien, je in einem der vorderen Kotflügel untergebracht, brachte nicht nur eine Verstärkung der elektrischen Anlage, sondern durch die extreme Lage der beiden Batterien (vor den Vorderrädern) auch ein verbessertes Fahrverhalten in Geradeausrichtung: die beiden Massen stabilisierten das Fahrzeug nicht unerheblich.

| **Typenbezeichnung** | **Listenpreise 10/68** | **Produktionszahlen** |
|---|---|---|
| 912 Coupé | DM 19.969,– | 2579 |
| 911 T Coupé | DM | 7615 |
| 911 T Targa | DM | 2879 |
| 911 E Coupé | DM 24.698,– | 954 |
| 911 S Coupé | DM 26.918,– | 1492 |
| 911 S Targa | DM | 614 |

| **Modellbezeichnung** | **911 T** | **911 E** | **911 S** |
|---|---|---|---|
| **1. Motor** | | | |
| Motor-Typ Schaltgetr. | 901/03 | 901/09 | 901/10 |
| Zylinderzahl | 6 | = | = |
| Bohrung (mm) | 80 | = | = |
| Hub (mm) | 66 | = | = |
| Hubraum (cm³) | 1991 | = | = |
| Verd.verhältnis | 8,6:1 | 9,1:1 | 9,9:1 |
| Motorleistung (kW/PS) | 81/110 | 103/140 | 125/170 |
| bei Drehzahl (U/min) | 5800 | 6500 | 6800 |
| Drehmoment (Nm) | 157 | 175 | 182 |
| bei Drehzahl (U/min) | 4200 | 4600 | 5500 |
| Literleistung (kW/l) | 40,7 | 51,5 | 62,5 |
| Höchstdrehzahl(U/min) | 6500 | 6800 | 7200 |
| Motorgewicht (kg) | 176 | 182 | 182 |
| **2. Gemischaufbereitung, Zündung, Einstellwerte** | | | |
| Kraftstoffanlage | WV 40IDT P | MSE | MSE |
| Kraftstoffart (ROZ) | 96 | 98 | 98 |
| Zündsystem | BZ | BHKZ | = |
| Zündverteiler | Marelli | Bosch | Bosch |
| Zündkerzen Bosch | W230T30 | W265P21 | W265P21 |
| Beru | P 240/14/3 | 265/14/3P | 265/14/3P |
| Elektrodenabstand (mm) | 0,6 | = | = |
| Leerlaufdrehz. (U/min) | 850...950 | = | = |

Zeichenerklärung:
- BZ = Herkömmliche Batteriezündung
- BHKZ = Batterie-Hochspannungs-Kondensator-Zündung
- WV = Weber Vergaser 40 IDT P
- MSE = Mechanische Bosch Saugrohreinspritzung mittels 6-Element-Doppelreiheneinspritzpumpe

| Modellbezeichnung | 911 T | 911 E | 911 S |
|---|---|---|---|

### 3. Kraftübertragung

| | | | |
|---|---|---|---|
| Kupplung, Druckplatte | MFZ 215KSph | = | M 215 KL |
| Mitnehmerscheibe | 215 | = | = |
| Getriebetyp Schaltgetriebe | 901/13 | = | = |
| Gangübersetzungen | | | |
| 1. Gang | 3,091 | = | = |
| 2. Gang | 1,888 | = | = |
| 3. Gang | 1,318 | = | = |
| 4. Gang | 1,040 | = | = |
| 5. Gang | 0,7931 | = | = |
| Synchronsystem Gänge 1…5 | POSY | = | = |
| Achsantrieb | 4,4285 | = | = |
| Sperrdifferential | M | M | M |
| Sperrwert Zug/Schub (%) | 40/40 | = | = |

| | | | |
|---|---|---|---|
| Getriebetyp Sportomatic | 905/13 | = | = |
| Drehmomentwandler D. (mm) | F&S 190 | = | = |
| Festbremsdrehzah (U/min) | 2600 | = | = |
| Gangübersetzungen | | | |
| 1. Gang | 2,400 | = | = |
| 2. Gang | 1,631 | = | = |
| 3. Gang | 1,217 | = | = |
| 4. Gang | 0,926 | = | = |
| Synchronsystem Vorwärtsg. | POSY | = | = |
| Achsantrieb | 3,857 | = | = |

Zeichenerklärung:

| | |
|---|---|
| M | Mehrausstattung (Sonderwunsch) |
| S | Serie |
| F&S | Hersteller Fichtel & Sachs |
| POSY | Porsche Sperrsynchronsystem, Synchronringe Mo-beschichtet |

### 4. Fahrwerk, Lenkung, Bremsen, Räder

| | | | | |
|---|---|---|---|---|
| Vorderachse | | | | |
| Stabilisator D. (mm) | | M | M | 15 |
| Lenkungsübersetzung | | 17,87 | = | = |
| Wendekreis D. (m) | | 10,7 | = | = |
| Hinterachse | | | | |
| Stabilisator D.Schaltg. (mm) | | M | M | 15 |
| Stoßdämpfer | | Boge | HPF* | Koni |
| Bremssystem: | | Zweikreisbremsanlage | | = |
| Hauptbremszylinder D. (mm) | | 19,05 | = | = |
| Kolbendurchm. in den | | | | |
| Bremszangen | vorn (mm) | 48 | = | = |
| | hinten (mm) | 35 | 38 | 38 |
| Bremsscheibendurchmesser | | | | |
| | vorn (mm) | 282 | = | = |
| | hinten (mm) | 285 | = | = |
| Bremsscheibendicke | | | | |
| | vorn (mm) | 12,7 U | 20, innenbelüftet | = |
| | hinten (mm) | 10,0 U | 20, innenbelüftet | = |
| Wirksame Gesamtbelagfläche ($cm^2$) | | 185 | = | = |

| Modellbezeichnung | 911 T | 911 E | 911 S |
|---|---|---|---|
| Feststellbremse | Mechanisch auf beide Hinterräder wirkend | | |
| Bremstrommel-durchmesser (mm) | 180 | = | |
| Gesamtbelagfläche ($cm^2$) | 170 | = | |
| | | | |
| Räder und Reifen | | | |
| Serienbereifung vorn | 165HR15 | 185/70VR15 | = |
| auf Rad | 5 1/2J x 15 | 6J x 15 | 6J x 15 LM |
| Serienbereifung hinten | 165HR15 | 185/70VR15 | = |
| auf Rad | 5 1/2J x 15 | 6J x 15 | 6J x 15 LM |
| Reifendruck vorn (bar) | 2,2 | = | = |
| hinten (bar) | 2,4 | = | = |

Zeichenerklärung:
HPF* = hydropneumatische Federbeine, selbstregulierend
12,7 U = unbelüftete, volle Bremsscheibe Dicke 12,7 mm
LM = geschmiedete Leichtmetallräder, Hersteller Fa. Fuchs

| **5. Karosserie, Innenausstattung** (Abmessungen bei Leergewicht) | | | |
|---|---|---|---|
| Länge (mm) | 4163 | = | = |
| Breite (mm) | 1610 | = | = |
| Höhe (mm) | 1320 | = | = |
| Radstand (mm) | 2268 | = | = |
| Spurweite vorn (mm) | 1362 | 1374 | = |
| hinten (mm) | 1343 | 1355 | = |
| Bodenfreiheit bei zul.Ges.gewicht (mm) | 150 | = | = |
| | | | |
| **9. Elektrik** | | | |
| Generator-Leistung (W/A) | 770/55 | = | = |
| Batterie (V/Ah) | 2 x 12/36 | = | = |
| | | | |
| **Gewichte nach DIN 70020** | | | |
| Leergewicht (kg) | 1020 | = | = |
| Zulässiges Gesamtgewicht. (kg) | 1400 | = | = |
| Zulässige Anhänge-last ungebremst (kg) | 480 | = | = |
| gebremst (kg) | 600 | = | = |
| | | | |
| **Fahrleistungen** | | | |
| Höchstgeschwindigkeit Schaltgetriebe (km/h) | 200 | 215 | 225 |
| Beschleunigung 0...100 km/h Schaltgetriebe (s) | 10.0 | 9,0 | 8,0 |
| | | | |
| Kilometer mit stehendem Start Schaltgetriebe (s) | 30,35 | 28,5 | 27,5 |

| Modellbezeichnung | | 911 T | 911 E | 911 S |
|---|---|---|---|---|
| **Füllmengen** | | | | |
| Motorölmenge 1* | (l) | 9 | = | 10 |
| Motorölmenge mit SPM | (l) | + 2 | = | ... |
| Ölwechselmenge 1* | (l) | 8...9 | = | = |
| Schaltgetriebe 2* | (l) | 2,5 | = | = |
| Sportomatic 2* | (l) | 2,5 | = | = |
| Kraftstoffbehälter | (l) | 62 | = | = |
| Bremsflüss.behält.6* | (l) | 0,20 | = | = |

* Ziffernerklärung:

1* Zugelassen API SE/SF mit Kombinationen API SE/CC - SF/CC - SF/CD - SE/CD
Mehrbereichsöle nach Werksfreigabe. (SAE 10 W/50 oder 15 W/40 oder 20 W/50).
Auch Einbereichsöle sind zulässig. Sommer SAE 30, Winter SAE 20.

2* Einbereichs-Getriebeöl SAE 90 nach MIL-L 2105 bzw. GL 4.
Nicht zulässig: Getriebeöl SAE 90 MIL-L 2105 B bzw. API-Klassifikation GL 5.

6* Nur Bremsflüssigkeit entsprechend SAE J 1703 oder DOT 3 bzw. 4 verwenden

Zeichenerklärung:
SPM Sportomatic

**Aufbau der Fahrgestell-Nummern (neunstellig)**

| | | | | |
|---|---|---|---|---|
| 911 | 9 | 2 | 0 | 0001 ... 9999 |
| Fahrzeug | ! | ! | ! | ! |
| 911 = alle 911 | Modelljahr | ! | ! | ! |
| | 9 = 1969 | Motor | ! | ! |
| | 8 = 1968 | 1 = 911 T | Karosserie | ! |
| | | 2 = 911 E | 0 = Coupé | Zählnummer |
| | | 3 = 911 S | 1 = Targa | |
| | | | 2 = Coupé Karmann | |

Fahrgestell-Nummernbereiche, Übersicht

| | | | | | |
|---|---|---|---|---|---|
| 911 | 9 | 1 | 0 | 0001 ... 9999 | 911 T Coupé |
| 911 | 9 | 1 | 1 | 0001 ... 9999 | 911 T Targa |
| 911 | 9 | 2 | 0 | 0001 ... 9999 | 911 E Coupé |
| 911 | 9 | 2 | 1 | 0001 ... 9999 | 911 E Targa |
| 911 | 9 | 3 | 0 | 0001 ... 9999 | 911 S Coupé |
| 911 | 9 | 3 | 1 | 0001 ... 9999 | 911 S Targa |

# Modelljahr 1970
# (C-Programm: Hubraum 2,2 Liter)

## Porsche 911 T, E und S Coupé und Targa

Das Stahlschiebedach verringerte die Kopffreiheit.

Im Modelljahr 1970 wurde die Produktion des Porsche 912 eingestellt, die Rolle des Einsteiger-Porsche sollte der VW Porsche übernehmen. Der Wagen war einziges Produkt eine aus beiden Firmen gegründete Vertriebsgesellschaft. Motorisisret wurde der Zweistzer 914 mit dem Zweiliter-Sechszylindermotor des 911 T. Alle 911-Motoren erhielten 2,2 Liter Hubraum.

### Motor

Durch Vergrößerung der Zylinderbohrungen auf 84 mm wurde ein Hubraum von 2195 $cm^3$ erreicht. Die Leistungsdaten der drei Motoren steigerten sich. Das Kurbelgehäuse bestand ab diesem Modelljahr aus einer Aluminiumlegierung, was der Steifigkeit des Gehäuses zugute kam. Die Kurbelwellen waren aus geschmiedetem Stahl, beim 911 S anschließend teniferbehandelt. Kolben aus Leichtmetall-Kokillenguß, beim 911 S aus geschmiedetem Leichtmetall. Biral-Zylinder bei 911 E und S. Alle Motoren: verbesserte Zylinderköpfe mit vergrößerten Ventildurchmessern. Einlaßventile 46, Auslaßventile 40 mm.

Mit der Hubraumsteigerung auf 2,2 Liter hatte Porsche wieder einmal die Kundenwünsche nach mehr Leistung und Drehmoment erfüllt. Durch die Verwendung von Magnesium für die Kurbelgehäuse und weitere Leichtbaumaßnahmen konnte das DIN-Leergewicht von

Nur fliegen ist schöner: 911 S mit 2,2 Liter-Triebwerk.

1080 kg beim 911 E im Modelljahr 1969 auf 1020 Kilogramm gesenkt werden. Auch der 911 S wog leer nur 1020 kg. Dies war eindeutig die Handschrift des neuen Entwicklungschefs Ferdinand Piech.

## Kraftstoffanlage, Zündsystem

Für den 911 T: zwei Dreifach-Fallstromvergaser von Zenith oder Weber. Für 911 E und S mechanische Doppelreiheneinspritzpumpe von Bosch. Zündanlage: für alle Motoren BHKZ (eine kontaktgesteuerte Batterie-Hochleistungs Kondensatorzündung) von Bosch.

## Kraftübertragung

Für alle 911 wurde das F&S-Kupplungssystem auf 225 mm Durchmesser vergrößert. Die Anpreßkraft der Druckplatte (MFZ 225 KL) betrug 600 – 670 N. Für den 911 T wurde serienmäßig das Viergang-Schaltgetriebe 911/00, für den 911 E und S das Fünfgang Schaltgetriebe 911/01 eingesetzt. 911 T und 911 E waren auch mit der Viergang-Sportomatic 905/20 lieferbar.

Die Kupplung wurde komplett auf Übertragungssicherheit umgestellt: wirksamer Durchmesser der Mitnehmerscheibe 225 mm. Ein Schritt, der viele Jahre alle Leistungssteigerungen ohne Probleme zulassen sollte.

## Fahrwerk

Innenbelüftete Scheibenbremsen nun auch für 911 T.

## Ausstattung

Ausstattung des 911 E war identisch mit dem 911 S. Einsatz des Kunstleders »Skai«.

Besonderes Interieur: Sportsitze mit Cord-Mittelteil und zweifarbige Türtafeln.

## Heizung, Klimaanlage

Beim 911 S war die benzinelektrische Zusatzheizung Serie.

## Elektrik

Erweiterte Absicherung elektrischer Verbraucher: Zusätzlicher Sicherungskasten im Motorraum. Heckscheibenwischer als Sonderausstattung.

| Typenbezeichnung | Listenpreise 10/69 bzw. 3/70 | Produktionszahlen |
|---|---|---|
| 911 T Coupé | DM 19.969,–/20.979,– | 2418 + 4126 USA |
| 911 T Targa | | 2545 |
| 911 E Coupé | DM 24.975,–/26.473,– | 1304 + 667 USA |
| 911 E Targa | DM | 993 |
| 911 S Coupé | DM 27.139,–/28.749,– | 1744 |
| 911 S Targa | DM | 729 |

| Modellbezeichnung | 911 T | 911 E | 911 S |
|---|---|---|---|
| **1. Motor** | | | |
| Motor-Typ Schaltgetr. | 911/03 | 911/01 | 911/02 |
| Bohrung (mm) | 84 | = | = |
| Hub (mm) | 66 | = | = |
| Hubraum (cm³) | 2195 | = | = |
| Verd.verhältnis | 8,6:1 | 9,1:1 | 9,8:1 |
| Motorleistung (kW/PS) | 92/125 | 114/155 | 132/180 |
| bei Drehzahl (U/min) | 5800 | 6200 | 6500 |
| Drehmoment (Nm) | 176 | 191 | 199 |
| bei Drehzahl (U/min) | 4200 | 4500 | 5200 |
| Literleistung (kW/l) | 41,9 | 51,9 | 60,1 |
| Höchstdrehzahl(U/min) | 6500 | 6700 | 7200 |
| Motorgewicht (kg) | 176 | 182 | 182 |
| **2. Gemischaufbereitung, Zündung, Einstellwerte** | | | |
| Kraftstoffanlage | WV 40IDT3C | MSE | MSE |
| Kraftstoffart (ROZ) | 98 | = | = |
| Zündsystem | BHKZ | = | = |
| Zündverteiler | Bosch | = | = |
| Zündkerzen Bosch | W230T30 | W265P21 | = |
| Beru | 240/14/3P | 265/14/3P | = |
| Elektrodenabstand (mm) | 0,6 | = | = |
| Leerlaufdrehz. (U/min) | 850...950 | = | = |
| Kraftstoffnormverbrauch (l/100 km) | 9,0 | 9,5 | 10,2 |

Zeichenerklärung:
- BHKZ = Batterie-Hochspannungs-Kondensator-Zündung
- WV = Weber Vergaser 40 IDT3C
- MSE = Mechanische Bosch Saugrohreinspritzung mittels 6-Element-Doppelreiheneinspritzpumpe

| Modellbezeichnung | 911 T | 911 E | 911 S |
|---|---|---|---|
| **3. Kraftübertragung** | | | |
| Kupplung, Druckplatte | G MFZ 215KL | = | = |
| Mitnehmerscheibe | 215 | = | = |
| Getriebetyp Schaltgetriebe | 911/01 | = | = |
| Gangübersetzungen | | | |
| 1. Gang | 3,091 | = | = |
| 2. Gang | 1,777 | = | = |
| 3. Gang | 1,217 | = | = |

| Modellbezeichnung | 911 T | 911 E | 911 S |
|---|---|---|---|
| 4. Gang | 0,926 | = | = |
| 5. Gang | 0,758 | = | = |
| Synchronsystem Gänge 1...5 | POSY | = | = |
| Achsantrieb | 4,4285 | = | = |
| Sperrdifferential | M | M | M |
| Sperrwert Zug/Schub (%) | 40/40 | = | = |
| | | | |
| Getriebetyp Sportomatic | 905/20 | = | = |
| Drehmomentwandler D. (mm) | F&S 190 | = | = |
| Festbremsdrehzah (U/min) | 2600 | = | = |
| Gangübersetzungen | | | |
| 1. Gang | 2,400 | = | = |
| 2. Gang | 1,555 | = | = |
| 3. Gang | 1,125 | = | = |
| 4. Gang | 0,857 | = | = |
| Rückwärtsgang | 2,533 | = | = |
| Synchronsystem Vorwärtsg. | POSY | = | = |
| Achsantrieb | 3,857 | = | = |

Zeichenerklärung:

M Mehrausstattung (Sonderwunsch)

S Serie

F&S Hersteller Fichtel & Sachs

POSY Porsche Sperrsynchronsystem, Synchronringe Mo-beschichtet

**4. Fahrwerk, Lenkung, Bremsen, Räder**

| | | | |
|---|---|---|---|
| Vorderachse | | | |
| Stabilisator D. (mm) | M | M | 15 |
| Lenkungsübersetzung | 17,87 | = | = |
| Wendekreis D. (m) | 10,7 | = | = |
| Hinterachse | | | |
| Stabilisator D.Schaltg. (mm) | M | M | 15 |
| Stoßdämpfer | Boge | HPF* | Koni |
| Bremssystem: | Zweikreisbremsanlage | | = |
| Hauptbremszylinder D. (mm) | 19,05 | = | = |
| Kolbendurchm. in den | | | |
| Bremszangen vorn (mm) | 48 | = | = |
| hinten (mm) | 35 | 38 | 38 |
| Bremsscheibendurchmesser | | | |
| vorn (mm) | 282 | = | = |
| hinten (mm) | 285 | = | = |
| Bremsscheibendicke | | | |
| vorn (mm) | 20, innenbelüftet | | = |
| hinten (mm) | 20, innenbelüftet | | = |
| Wirksame Gesamtbelag-fläche ($cm^2$) | 185 | = | = |
| Feststellbremse | Mechanisch auf beide Hinterräder wirkend | | |
| Bremstrommel-durchmesser (mm) | 180 | = | |
| Gesamtbelagfläche ($cm^2$) | 170 | = | |
| | | | |
| Räder und Reifen | | | |
| Serienbereifung vorn | 165HR15 | 185/70VR15 | = |
| auf Rad | 5 1/2J x 15 | 6J x 15 | 6J x 15 Leichtmetall |

| Modellbezeichnung | | 911 T | 911 E | 911 S |
|---|---|---|---|---|
| Serienbereifung hinten | | 165HR15 | 185/70VR15 | = |
| auf Rad | | 5 1/2J x 15 | 6J x 15 | 6J x 15 Leichtmetall |
| Reifendruck vorn (bar) | | 2,2 | = | = |
| hinten (bar) | | 2,4 | = | = |

Zeichenerklärung:
HPF* = hydropneumatische Federbeine, selbstregulierend

| **5. Karosserie, Innenausstattung** (Abmessungen bei Leergewicht) | | | | |
|---|---|---|---|---|
| Länge (mm) | | 4163 | = | = |
| Breite (mm) | | 1610 | = | = |
| Höhe (mm) | | 1320 | = | = |
| Radstand (mm) | | 2268 | = | = |
| Spurweite vorn (mm) | | 1362 | 1374 | = |
| hinten (mm) | | 1343 | 1355 | = |
| Bodenfreiheit bei zul.Ges.gewicht (mm) | | 150 | = | = |
| **9. Elektrik** | | | | |
| Generator-Leistung (W/A) | | 770/55 | = | = |
| Batterie (V/Ah) | | 2 x12/36 | = | = |
| **Gewichte nach DIN 70020** | | | | |
| Leergewicht (kg) | | 1020 | = | = |
| Zulässiges Gesamtgewicht. (kg) | | 1400 | = | = |
| Zulässige Anhänge-last ungebremst (kg) | | 480 | = | = |
| gebremst (kg) | | 600 | = | = |
| **Fahrleistungen** | | | | |
| Höchstgeschwindigkeit Schaltgetriebe (km/h) | | 200 | 215 | 225 |
| Beschleunigung 0...100 km/h Schaltgetriebe (s) | | 9,5 | 9,0 | 7,0 |
| Kilometer mit stehendem Start Schaltgetriebe (s) | | 30,35 | 28,5 | 27,5 |
| **Füllmengen** | | | | |
| Motorölmenge 1* | (l) | 9 | = | 10 |
| Motorölmenge mit SPM | (l) | + 2 | = | ... |
| Ölwechselmenge 1* | (l) | 8...9 | = | = |
| Schaltgetriebe 2* | (l) | 2,5 | = | = |
| Sportomatic 2* | (l) | 2,5 | = | = |
| Kraftstoffbehälter | (l) | 62 | = | = |
| Bremsflüss.behält.6* | (l) | 0,20 | = | = |

* Ziffernerklärung:

1* Zugelassen API SE/SF mit Kombinationen API SE/CC - SF/CC - SF/CD - SE/CD Mehrbereichsöle nach Werksfreigabe. (SAE 10 W/50 oder 15 W/40 oder 20 W/50). Auch Einbereichsöle sind zulässig. Sommer SAE 30, Winter SAE 20.

2* Einbereichs-Getriebeöl SAE 90 nach MIL-L 2105 bzw. GL 4. Nicht zulässig: Getriebeöl SAE 90 MIL-L 2105 B bzw. API-Klassifikation GL 5.

6* Nur Bremsflüssigkeit entsprechend SAE J 1703 oder DOT 3 bzw. 4 verwenden

Zeichenerklärung:
SPM = Sportomatic

**Aufbau der Fahrgestell-Nummern (zehnstellig)**

| | | | | |
|---|---|---|---|---|
| 911 | 0 | 2 | 0 | 0001 … 9999 |
| Fahrzeug | ! | ! | ! | ! |
| 911 = alle 911 | Modelljahr | ! | ! | ! |
| | 0 = 1970 | Motor | ! | ! |
| | 9 = 1969 | 1 = 911 T | Karosserie | ! |
| | | 2 = 911 E | 0 = Coupé | Zählnummer |
| | | 3 = 911 S | 1 = Targa | |

Fahrgestell-Nummernbereiche, Übersicht

| | | | | | |
|---|---|---|---|---|---|
| 911 | 0 | 1 | 0 | 0001 … 9999 | 911 T Coupé |
| 911 | 0 | 1 | 1 | 0001 … 9999 | 911 T Targa |
| 911 | 0 | 2 | 0 | 0001 … 9999 | 911 E Coupé |
| 911 | 0 | 2 | 1 | 0001 … 9999 | 911 E Targa |
| 911 | 0 | 3 | 0 | 0001 … 9999 | 911 S Coupé |
| 911 | 0 | 3 | 1 | 0001 … 9999 | 911 S Targa |

# Modelljahr 1971 (D-Programm)

## Porsche 911 T, E und S Coupé und Targa

Die Aussparungen an der Frontschürze für Nebellampen waren serienmäßig mit Blenden verschlossen.

Der Aufkleber auf der Heckscheibe weist auf das neue Modell hin.

Der Porsche 911 ging nahezu unverändert ins neue Modelljahr.

## Kraftstoffanlage, Zündsystem

Bedingt durch schärfere Abgasgesetze in verschiedenen Exportmärkten wurden die Einspritzanlagen der Motoren überarbeitet: Druckfühler, Zündverteiler, Drosselklappenstutzen und Zündsteuergerät sind angepaßt. Die Kraftstoffpumpe wurde zwischen Querrohr und Hinterachslenker untergebracht.

## Karosserie

Beim 911 S Profilgummileisten am vorderen und hinteren Stoßfänger.

## Heizung, Klimaanlage

Beim 911 S Umstellung auf Motorheizung

## Elektrik

Anstelle von zwei Wischergeschwindigkeiten und einer Intervallstufe drei Wischergeschwindigkeiten.

| Typenbezeichnung | Listenpreise 10/70 bzw. 3/71 | Produktionszahlen |
|---|---|---|
| 911 T Coupé | DM 20.979,–/21.980,– | 583 + 1934 USA |
| 911 T Targa | DM | 3476 |
| 911 E Coupé | DM 26.473,–/26.980,– | 1088 |
| 911 E Targa | DM | 935 |
| 911 S Coupé | DM 29.980,–/30.680,– | 1430 |
| 911 S Targa | DM | 788 |

Sichtbar gemacht: zweistufige heizbare Heckscheibe.

| Modellbezeichnung | 911 T | 911 E | 911 S |
|---|---|---|---|
| **1. Motor** | | | |
| Motor-Typ Schaltgetr. | 911/03 | 911/01 | 911/02 |
| Bohrung (mm) | 84 | = | = |
| Hub (mm) | 66 | = | = |
| Hubraum ($cm^3$) | 2195 | = | = |
| Verd.verhältnis | 8,6:1 | 9,1:1 | 9,8:1 |
| Motorleistung (kW/PS) | 92/125 | 114/155 | |
| 132/180 | | | |
| bei Drehzahl (U/min) | 5800 | 6200 | 6500 |
| Drehmoment (Nm) | 176 | 191 | 199 |
| bei Drehzahl (U/min) | 4200 | 4500 | 5200 |
| Literleistung (kW/l) | 41,9 | 51,9 | 60,1 |
| Höchstdrehzahl(U/min) | 6500 | 6700 | 7200 |
| Motorgewicht (kg) | 176 | 182 | 182 |
| **2. Gemischaufbereitung, Zündung, Einstellwerte** | | | |
| Kraftstoffanlage | SZV | MSE | MSE |
| Kraftstoffart (ROZ) | 98 | = | = |
| Zündsystem | BHKZ | = | = |
| Zündverteiler | Bosch | = | = |
| Zündkerzen Bosch | W230T30 | W265P21 | = |
| Beru | 250/14/3P | | |
| 265/14/3P | = | | |
| Elektrodenabstand (mm) | 0,6 | = | = |
| Leerlaufdrehz. (U/min) | 850...950 | = | = |
| CO-Gehalt (%) | 2,5...3,5 | = | = |
| Kraftstoffnormverbrauch | | | |
| (l/100 km) | 9,0 | 9,5 | 10,2 |

Zeichenerklärung: BHKZ = Batterie-Hochspannungs-Kondensator-Zündung
SZV = Solex-Zenith Vergaser 40TIN
MSE = Mechanische Bosch Saugrohreinspritzung

| **3. Kraftübertragung** | | | |
|---|---|---|---|
| Kupplung, Druckplatte | G MFZ 225 | | = |
| = | | | |
| Mitnehmerscheibe | 225 | = | = |
| Getriebetyp Schaltgetriebe | 911/01 | = | = |
| Gangübersetzungen | | | |
| 1. Gang | 3,091 | = | = |
| 2. Gang | 1,777 | = | = |
| 3. Gang | 1,217 | = | = |
| 4. Gang | 0,926 | = | = |
| 5. Gang | 0,7586 | = | = |
| Rückwärtsgang | 3,325 | = | = |
| Synchronsystem Gänge 1...5 | POSY | = | = |
| Achsantrieb | 4,4285 | = | = |
| Sperrdifferential | M | M | M |
| Sperrwert Zug/Schub (%) | 40/40 | = | = |
| | | | |
| Getriebetyp Sportomatic | 905/20 | = | = |
| Drehmomentwandler D. (mm) | F&S 190 | = | = |

| Modellbezeichnung | 911 T | 911 E | 911 S |
|---|---|---|---|
| Festbremsdrehzah (U/min) | 2600 | = | = |
| Gangübersetzungen | | | |
| 1. Gang | 2,400 | = | = |
| 2. Gang | 1,555 | = | = |
| 3. Gang | 1,125 | = | = |
| 4. Gang | 0,857 | = | = |
| Rückwärtsgang | 2,533 | = | = |
| Synchronsystem Vorwärtsg. | POSY | = | = |
| Achsantrieb | 3,857 | = | = |

Zeichenerklärung:
M Mehrausstattung (Sonderwunsch)
S Serie
F&S Hersteller Fichtel & Sachs
POSY Porsche Sperrsynchronsystem, Synchronringe Mo-beschichtet

| **4. Fahrwerk, Lenkung, Bremsen, Räder** | | | |
|---|---|---|---|
| Vorderachse | | | |
| Stabilisator D. (mm) | M | M | 15 |
| Lenkungsübersetzung | 17,87 | = | = |
| Wendekreis D. (m) | 10,7 | = | = |
| Hinterachse | | | |
| Stabilisator D.Schaltg. (mm) | M | M | 15 |
| Stoßdämpfer Boge | HPF* | Koni | |
| Hauptbremszylinder D. (mm) | 19,05 | = | = |
| Kolbendurchm. in den | | | |
| Bremszangen vorn (mm) | 48 | = | = |
| hinten (mm) | 38 | = | = |
| Bremsscheibendurchmesser | | | |
| vorn (mm) | 282,5 | = | = |
| hinten (mm) | 290 | = | = |
| Bremsscheibendicke | | | |
| vorn (mm) | 20, belüftet | = | = |
| hinten (mm) | 20, belüftet | = | = |
| Wirksame Gesamtbelag- | | | |
| fläche ($cm^2$) 210 | | = | 257 |
| Feststellbremse | Mechanisch auf beide Hinterräder wirkend | | |
| Bremstrommel- | | | |
| durchmesser (mm) | 180 | = | |
| Gesamtbelagfläche | ($cm^2$) | 170 | = |
| | | | |
| Räder und Reifen | | | |
| Serienbereifung vorn | 165HR15 | 185/70VR15 | = |
| auf Rad | 5 1/2J x 15 | 6J x 15 | = |
| Serienbereifung hinten | 165HR15 | 185/70VR15 | = |
| auf Rad | 5 1/2J x 15 | 6J x 15 | = |
| Faltersatzrad | Faltrad | 5 1/2 J x 15 | |
| Reifendruck vorn (bar) | 2,0 | = | = |
| hinten (bar) | 2,4 | = | = |
| Faltersatzrad (bar) | 2,0 | = | = |

| Modellbezeichnung | 911 T | 911 E | 911 S |
|---|---|---|---|
| **5. Karosserie, Innenausstattung** | | | |
| (Abmessungen bei Leergewicht) | | | |
| Länge (mm) | 4163 | = | = |
| Breite (mm) | 1610 | = | = |
| Höhe (mm) | 1320 | = | = |
| Radstand (mm) | 2268 | = | = |
| Spurweite vorn (mm) | 1362 | 1374 | = |
| hinten (mm) | 1355 | = | = |
| Bodenfreiheit bei zul.Ges.gewicht (mm) | 150 | = | = |
| **9. Elektrik** | | | |
| Generator-Leistung (W/A) | 770/55 | = | = |
| Batterie (V/Ah) | 2 x12/36 | = | = |
| **Gewichte nach DIN 70020** | | | |
| Leergewicht (kg) | 1020 | = | = |
| Zulässiges Gesamtgewicht.(kg) | 1400 | = | = |
| Zulässige Anhängelast ungebremst (kg) | 480 | = | = |
| gebremst (kg) | 600 | = | = |

| Modellbezeichnung | | 911 T | 911 E | 911 S |
|---|---|---|---|---|
| **Fahrleistungen** | | | | |
| Höchstgeschwindigkeit | | | | |
| Schaltgetriebe (km/h) | | 200 | 215 | 225 |
| Beschleunigung 0...100 km/h | | | | |
| Schaltgetriebe (s) | | 9,5 | 9,0 | 7,0 |
| Kilometer mit stehendem Start | | | | |
| Schaltgetriebe (s) | | 30,35 | 28,5 | 27,5 |
| **Füllmengen** | | | | |
| Motorölmenge 1* | (l) | 9 | = | 10 |
| Motorölmenge mit SPM | (l) | + 2 | = | ... |
| Ölwechselmenge 1* | (l) | 8...9 | = | = |
| Schaltgetriebe 2* | (l) | 2,5 | = | = |
| Sportomatic 2* | (l) | 2,5 | = | = |
| Kraftstoffbehälter | (l) | 62 | = | = |
| Bremsflüss.behält.6* | (l) | 0,20 | = | = |

* Ziffernerklärung:

1* Zugelassen API SE/SF mit Kombinationen API SE/CC - SF/CC - SF/CD - SE/CD Mehrbereichsöle nach Werksfreigabe. (SAE 10 W/50 oder 15 W/40 oder 20 W/50). Auch Einbereichsöle sind zulässig. Sommer SAE 30, Winter SAE 20.

2* Einbereichs-Getriebeöl SAE 90 nach MIL-L 2105 bzw. GL 4. Nicht zulässig: Getriebeöl SAE 90 MIL-L 2105 B bzw. API-Klassifikation GL 5.

6* Nur Bremsflüssigkeit entsprechend SAE J 1703 oder DOT 3 bzw. 4 verwenden

Zeichenerklärung:

SPM = Sportomatic

**Aufbau der Fahrgestell-Nummern (zehnstellig)**

| 911 | 1 | 2 | 0 | 0001 ... 9999 |
|---|---|---|---|---|
| Fahrzeug | ! | ! | ! | ! |
| 911 = alle 911 | Modelljahr | ! | ! | ! |
| | 1 = 1971 | Motor | ! | ! |
| | 0 = 1970 | 1 = 911 T | Karosserie | ! |
| | | 2 = 911 E | 0 = Coupé | Zählnummer |
| | | 3 = 911 S | 1 = Targa | |

Fahrgestell-Nummernbereiche, Übersicht

| | | | | | |
|---|---|---|---|---|---|
| 911 | 1 | 1 | 0 | 0001 ... 9999 | 911 T Coupé |
| 911 | 1 | 1 | 1 | 0001 ... 9999 | 911 T Targa |
| 911 | 1 | 2 | 0 | 0001 ... 9999 | 911 E Coupé |
| 911 | 1 | 2 | 1 | 0001 ... 9999 | 911 E Targa |
| 911 | 1 | 3 | 0 | 0001 ... 9999 | 911 S Coupé |
| 911 | 1 | 3 | 1 | 0001 ... 9999 | 911 S Targa |

# Modelljahr 1972
# (E-Programm: Der erste Frontspoiler)

## Porsche 911 T, E und S Coupé und Targa

Die Aerodynamik hält Einzug: 911 S mit Frontspoiler, der in der Mitte für die Abschleppöse eine Aussparung hatte.

Neben einer Hubraumerweiterung auf 2,4 l bei entsprechender Leistungsanhebung erfolgten Karosserieänderungen, im rechten hinteren Kotflügel wurde eine Motoröl-Einfüllklappe untergebracht. Die Verlegung des Öltanks diente der Gewichtsverlagerung. Erstmals wurden aerodynamische Erkenntnisse aus dem Rennsport bei der Serienkarosserie angewandt. Das Modell 911 S-E erhielt eine Spoiler-Frontschürze, um die Luft seitlich vorbeizuleiten und somit den Auftrieb des Vorderwagens zu reduzieren. Alle Porsche konnten mit Normalbenzin betrieben werden. Die fortschreitende Verschärfung der Abgasgesetze, besonders in den USA, forderten ein völliges Umdenken der Motorbauweise. Hochoktaniger Kraftstoff mit hohen Anteilen an Bleitetraäthyl war 1972 schon in einigen Exportmärkten nicht mehr verfügbar. Daher die Umstellung der Motoren auf Normalbenzin weltweit.

### Motor

Die Motorenreihe zeigte sich überarbeitet: Der Hubraum von 2341 $cm^3$ wurde durch eine geänderte Kurbelwelle mit 70,4 Millimeter Hub erreicht. Pro Zylinder erhielt die Kurbelwelle ein Gegengewicht. Der Pleu-

Führte leicht zu Verwechslungen: Öleinfüllstutzen am rechten hinteren Kotflügel.

elzapfendurchmesser wurde von 57 auf 52 Millimeter reduziert. Die Verdichtung war so weit reduziert, daß Normalbenzin (ROZ 91) verwendet werden konnte. Der bei Trockensumpf-Schmierung erforderliche Motoröltank war jetzt vor dem rechten Hinterrad untergebracht, die Befüllung durch erfolgte eine separate Klappe unter dem rechten hinteren Seitenfenster. Aluminium-Ölkühler im rechten vorderen Radlauf.

Trotz Reduzierung der Verdichtung konnte durch die Hubraumerweiterung auf 2,4 Liter die Leistung der 911-Motoren sogar noch gesteigert werden. Bemerkenswert war auch die Anhebung des Drehmoments um rund zehn Prozent. Die Motoren gewannen an Durchzugvermögen, ein 911 konnte jetzt auch aus niedrigen Drehzahlen heraus beschleunigen.

## Kraftstoffanlage, Zündsystem

Bedingt durch schärfere Abgasgesetze in verschiedenen Exportmärkten waren die Einspritzanlagen der Motoren überarbeitet.

## Kraftübertragung

Einscheiben-Trockenkupplung MFZ 225, gezogene Ausführung. Neue Getriebe-Generation Typenreihe 915. Besondere Merkmale: Getriebegehäuse, Gangräder und Achsübersetzung verstärkt. Stabilere Lagerung der Wellen, verbesserte Wärmeabfuhr und Getriebeschmierung durch Zusatzpumpe. Schmierstoffunempfindliche Sperrsynchronisierung System Porsche. Sperrdifferential mit veränderbaren Sperrwerten als Sonderausstattung. Geändertes Schaltschema: Erster Gang links vorn, Rückwärtsgang rechts hinten. Fünfter Gang rechts vorn. Auch bei den halbautomatischen Sportomatic-Getrieben (Typenreihe 925) wurden die Leistungssteigerungen berücksichtigt: Geänderter Drehmomentwandler mit verbesserter Befestigung,

Aufpreis für diesen 911 T: Frontspoiler des 911 S.

größerer Unterdruck-Servomotor. Angepaßte Sperrsynchronisierung System Porsche an den vier Vorwärtsgängen.

Die neuen Getriebe der Baureihe 915 waren auf Jahre wieder in der Lage, auch künftige Leistungserhöhungen problemlos zu bewältigen. Erfahrungen vom Renngetriebe Typ 908 wurden weitgehend verarbeitet: Lagerung der Triebwelle mit zwei Wälzlagern direkt hinter dem Kegelrad, ein Zylinderrollenlager übertrug die Radialkräfte, ein großes Vierpunkt-Kugellager die Axialkräfte. Die Wärmedehnung der Leichtmetallgehäuse hatte keinen Einfluß mehr auf die Einstell-Lage der Kegelräder. Da die hochbelasteten Kegelräder hohe Anforderungen an das Schmiermittel stellten, wurde erstmals ein hochlegiertes Getriebeöl der Güteklasse GL5, (MIL-L 2105B) freigegeben. Dies war nur möglich, da sich das Porsche-Synchronsystem auf die verminderte Reibung nahezu problemlos anpassen ließ. Die Änderung des Schaltbilds war ein Wunsch der Renn- und Rallye-Fahrer: Sie wollten den ersten und den zweiten Gang in einer Schaltebene, da häufig in engen Kurven vom 2. in den 1. Gang und wieder hiauf geschaltet werden mußte.

## Karosserie

Bedingt durch die Motoröltank-Verlegung vor das rechte Hinterrad waren Karosserie-Änderungen erforderlich. Ein in Wagenfarbe lackierter Deckel im Bereich der B-Säule rechts, verdeckte den eigentlichen Öleinfüllstutzen. Beim 911 S Profilgummileisten am vorderen und hinteren Stoßfänger. Außenspiegel eckig. Schriftzug »2,4« auf dem Lufteinlaßgitter des Heckdeckels. Beim 911 S vorn Kunststoffspoiler, außerdem Schwellerblende aus Aluminiumblech.

Die Verlegung des Öltanks sollte die Gewichtsverteilung Vorderachse/Hinterachse verbessern.

## Ausstattung

Türtafel und Schalttafel-Mittelteil in Interieurfarbe

| Typenbezeichnung | Listenpreise 9/71 bzw. 3/72 | Produktionszahlen |
|---|---|---|
| 911 T Coupé | DM 22.980,–/23.480,– | 1963 + 2931 USA |
| 911 T Targa | DM | 1523 + 1821 USA |
| 911 E Coupé | DM 25.980,–/26.480,– | 1124 |
| 911 E Targa | DM | 861 |
| 911 S Coupé | DM 30.680,–/31.180,– | 1750 |
| 911 S Targa | DM | 989 |

| dellbezeichnung | 911 T | 911 E | 911 S |
|---|---|---|---|
| **Motor** | | | |
| tor-Typ Schaltgetr. | 911/57 | 911/52 | 911/53 |
| hrung (mm) | 84 | = | = |
| b (mm) | 70,4 | = | = |
| braum (cm³) | 2341 | = | = |
| d.verhältnis | 7,5:1 | 8,0:1 | 8,5:1 |
| torleistung (kW/PS) | 96/130 | 121/165 | |
| )/190 | | | |
| Drehzahl (U/min) | 5600 | 6200 | 6500 |
| hmoment (Nm) | 196 | 206 | 216 |
| Drehzahl (U/min) | 4000 | 4500 | 5200 |
| rleistung (kW/l) | 41 | 52 | 60 |
| chstdrehzahl(U/min) | 6500 | 7000 | 7300 |
| torgewicht (kg) | 176 | 183 | 182 |

| Modellbezeichnung | 911 T | 911 E | 911 S |
|---|---|---|---|
| **2. Gemischaufbereitung, Zündung, Einstellwerte** | | | |
| Kraftstoffanlage | SZV | MSE | MSE |
| Kraftstoffart (ROZ) | 91 | = | = |
| Zündsystem | BHKZ | = | = |
| Zündkerzen Bosch | W230T1 | W265P21 | = |
| Beru | 225/14/3 | 235/14/3P | |
| Elektrodenabstand (mm) | 0,7 | 0,5…0,6 | = |
| Leerlaufdrehz. (U/min) | 850…950 | = | = |
| CO-Gehalt (%) | 2,5…3,5 | = | = |
| Kraftstoffnormverbrauch (l/100 km) | 9,2 | 9,0 | 9,5 |

Zeichenerklärung:
BHKZ = Batterie-Hochspannungs-Kondensator-Zündung
SZV = Solex-Zenith Vergaser 40TIN
MSE = Mechanische Bosch Saugrohreinspritzung

| Modellbezeichnung | 911 T | 911 E | 911 S |
|---|---|---|---|
| **3. Kraftübertragung** | | | |
| Kupplung, Druckplatte | G MFZ 225 | = | = |
| Mitnehmerscheibe | GUD 225 | = | = |
| Getriebetyp Schaltgetriebe | 915/03 | = | = |
| Gangübersetzungen | | | |
| 1. Gang | 3,181 | = | = |
| 2. Gang | 1,833 | = | = |
| 3. Gang | 1,261 | = | = |
| 4. Gang | 0,9615 | = | = |
| 5. Gang | 0,7586 | = | = |
| Rückwärtsgang | 3,325 | = | = |
| Synchronsystem Gänge 1…5 | POSY | = | = |
| Achsantrieb | 4,4285 | = | = |
| Sperrdifferential | M | M | M |
| Sperrwert Zug/Schub (%) | 40/40 | = | = |
| | | | |
| Getriebetyp Sportomatic | 905/21 | 925/00 | 925/01 |
| Drehmomentwandler D. (mm) | F&S 190 | = | = |
| Festbremsdrehzah (U/min) | 2600 | 2600 | 3000 |
| Gangübersetzungen | | | |
| 1. Gang | 2,400 | = | = |
| 2. Gang | 1,555 | = | = |
| 3. Gang | 1,125 | = | = |
| 4. Gang | 0,857 | = | = |
| Rückwärtsgang | 2,533 | = | = |
| Synchronsystem Vorwärtsg. | POSY | = | = |
| Achsantrieb | 3,857 | = | = |

Zeichenerklärung:

- M Mehrausstattung (Sonderwunsch)
- S Serie
- F&S Hersteller Fichtel & Sachs
- POSY Porsche Sperrsynchronsystem, Synchronringe Mo-beschichtet

| Modellbezeichnung | 911 T | 911 E | 911 S |
|---|---|---|---|
| **4. Fahrwerk, Lenkung, Bremsen, Räder** | | | |
| Vorderachse | | | |
| Stabilisator D. (mm) | M | M | 20 |
| Lenkungsübersetzung | 17,87 | = | = |
| Wendekreis D. (m) | 10,80 | = | = |
| Hinterachse | | | |
| Stabilisator D.Schaltg. (mm) | M | M | 15 |
| Hauptbremszylinder D. (mm) | 19,05 | = | = |
| Kolbendurchm. in den | | | |
| Bremszangen vorn (mm) | 48 | = | = |
| hinten (mm) | 38 | = | = |
| Bremsscheibendurchmesser | | | |
| vorn (mm) | 282,5 | = | = |
| hinten (mm) | 290 | = | = |
| Bremsscheibendicke | | | |
| vorn (mm) | 20 | = | = |
| hinten (mm) | 20 | = | = |
| Wirksame Gesamtbelag-fläche ($cm^2$) | 210 | = | 257 |
| Feststellbremse | Mechanisch auf beide Hinterräder wirkend | | |
| Bremstrommel-durchmesser (mm) | 180 | = | |
| Gesamtbelagfläche ($cm^2$) | 170 | = | |
| | | | |
| Räder und Reifen | | | |
| Serienbereifung vorn | 165HR15 | 185/70VR15 | = |
| auf Rad | 5 1/2J x 15 | 6J x 15 | = |
| Serienbereifung hinten | 165HR15 | 185/70VR15 | = |
| auf Rad | 5 1/2J x 15 | 6J x 15 | = |
| Faltersatzrad | Faltrad | 5 1/2 J x 15 | |
| Reifendruck vorn (bar) | 2,0 | = | = |
| hinten (bar) | 2,4 | = | = |
| Faltersatzrad (bar) | 2,0 | = | = |

| Modellbezeichnung | 911 T | 911 E | 911 S |
|---|---|---|---|
| **5. Karosserie, Innenausstattung** (Abmessungen bei Leergewicht) | | | |
| Länge (mm) | 4227 | = | 4147 |
| Breite (mm) | 1610 | = | = |
| Höhe (mm) | 1320 | = | = |
| Radstand (mm) | 2271 | = | = |
| Spurweite vorn (mm) | 1360 | 1372 | = |
| hinten (mm) | 1342 | 1354 | 1354 |
| Bodenfreiheit bei zul.Ges.gewicht (mm) | 150 | = | = |
| | | | |
| **9. Elektrik** | | | |
| Generator-Leistung (W/A) | 770/55 | = | = |
| Batterie (V/Ah) | 12/66 | = | = |
| | | | |
| **Gewichte nach DIN 70020** | | | |
| Leergewicht (kg) | 1050 | 1075 | = |
| Zulässiges Gesamtgewicht. (kg) | 1400 | = | = |
| Zulässige Anhänge-last ungebremst (kg) | 480 | = | = |
| gebremst (kg) | 600 | = | = |
| | | | |
| **Fahrleistungen** | | | |
| Höchstgeschwindigkeit | | | |
| Schaltgetriebe (km/h) | 205 | 220 | 230 |
| Beschleunigung 0…100 km/h | | | |
| Schaltgetriebe (s) | 9,5 | 7,9 | 7,0 |
| | | | |
| Kilometer mit stehendem Start | | | |
| Schaltgetriebe (s) | 30,35 | 28,5 | 27,5 |

| Modellbezeichnung | | 911 T | 911 E | 911 S |
|---|---|---|---|---|
| **Füllmengen** | | | | |
| Motorölmenge 1* | (l) | 11 | 13 | = |
| Motorölmenge mit SPM | (l) | + 2 | = | = |
| Ölwechselmenge 1* | (l) | 10 | = | = |
| Schaltgetriebe 2* | (l) | 3,0 | = | = |
| Sportomatic 2* | (l) | 2,5 | = | = |
| Kraftstoffbehälter | (l) | 62 | = | = |
| Bremsflüss.behält.6* | (l) | 0,20 | = | = |

* Ziffernerklärung:

1* Zugelassen API SE/SF mit Kombinationen API SE/CC - SF/CC - SF/CD - SE/CD Mehrbereichsöle nach Werksfreigabe. (SAE 10 W/50 oder 15 W/40 oder 20 W/50). Auch Einbereichsöle sind zulässig. Sommer SAE 30, Winter SAE 20.

2* Einbereichs-Getriebeöl SAE 90 nach MIL-L 2105 B bzw API-Klassifikation GL 5. Auch zulässig: Getriebeöl SAE 90 MIL-L 2105 bzw. API-Klassifikation GL 4.

6* Nur Bremsflüssigkeit entsprechend SAE J 1703 oder DOT 3 bzw. 4 verwenden

Zeichenerklärung:

SPM = Sportomatic

**Aufbau der Fahrgestell-Nummern (zehnstellig)**

| | | | | |
|---|---|---|---|---|
| 911 | 2 | 2 | 0 | 0001 ... 9999 |
| Fahrzeug | ! | ! | ! | ! |
| 911 = alle 911 | Modelljahr | ! | ! | ! |
| | 2 = 1972 | Motor | ! | ! |
| | 1 = 1971 | 1 = 911 T | Karosserie | ! |
| | | 2 = 911 E | 0 = Coupé | Zählnummer |
| | | 3 = 911 S-E | 1 = Targa | |
| | | 5 = 911 T Vergaser | | |
| | | 6 = 911 SC | | |

Fahrgestell-Nummernbereiche, Übersicht

| | | | | | |
|---|---|---|---|---|---|
| 911 | 2 | 1 | 0 | 0001 ... 9999 | 911 T Coupé |
| 911 | 2 | 1 | 1 | 0001 ... 9999 | 911 T Targa |
| 911 | 2 | 2 | 0 | 0001 ... 9999 | 911 E Coupé |
| 911 | 2 | 2 | 1 | 0001 ... 9999 | 911 E Targa |
| 911 | 2 | 3 | 0 | 0001 ... 9999 | 911 S-E Coupé |
| 911 | 2 | 3 | 1 | 0001 ... 9999 | 911 S-E Targa |
| 911 | 2 | 5 | 0 | 0001 ... 9999 | 911 T Coupé |
| 911 | 2 | 5 | 1 | 0001 ... 9999 | 911 T Targa |
| 911 | 2 | 6 | 0 | 0001 ... 9999 | 911 SC Coupé |
| 911 | 2 | 6 | 1 | 0001 ... 9999 | 911 SC Targa |

# Modelljahr 1973 (F-Programm: Carrera RS)

## Porsche 911 T, E und S Coupé und Targa
## Porsche 911 Carrera RS Coupé

Rares Zubehör: originaler Koffersatz.

Alle 911 erhielten Frontspoiler, die Typen E und S erhielten einen größeren Kraftstofftank mit 85 Liter. Der Öltank war wieder hinter das rechte Hinterrad zurückverlegt worden. Für die USA wurden Fahrzeuge mit K-Jetronic-Einspritzung geliefert. Darüber hinaus kam ein neues Sechszylinder-Modell: der 911 SC (Carrera RS) in den Ausstattungsvarianten Sport, Touring mit 2,7 l Motor. Das Leergewicht betrug mit Serienausstattung 1075 kg, die Rennsportversion mit 2,8 l Hubraum »Leichtbau Carrera« wiegt nur 900 kg. Angeregt durch Studien in Windkanälen mit Rennfahrzeugen der Typenreihen 908 und 917 wurden auch aerodynamische Verbesserungen an den 911-Karosserien durchgeführt. So sorgte der serienmäßige Bugspoiler bei höheren Geschwindigkeiten für weniger Auftrieb des Vorderwagens. Vorteil: besserer Geradeauslauf, leichtere Beherrschbarkeit. Der »Entenbürzel«-Heckspoiler des neuen Carrera RS sorgte für einen besseren Abriß der Luftströmung im Heckbereich und führte damit zu höheren Endgeschwindigkeiten. Durch den konsequenten Leichtbau und die Verwendung von Leichtmetallen gelang es, den Carrera RS in der für Kunden käuflichen Rennsport-Version 900 Kilogramm leicht zu bauen. Die Querbeschleunigung verbesserte Porsche durch unterschiedliche Reifendimensionen an der Vorder- und Hinterachse.

## Motor

Keine Änderungen an den 2,4 l-Motoren. Für den Carrera RS war ein Motor mit 2687 $cm^3$ vorgesehen. Auch dieser Motor konnte mit Normalbenzin (ROZ 91) betrieben werden. Die Hubraumänderung wurde durch Kolben mit 90 mm Durchmesser möglich. Erstmals beim Carrera RS-Motor wurden Leichtmetallzylinder mit Nikasil-Lauffläche (nickeldispersionsbeschichtete Monometall-Aluminium-Zylinder) verwendet.

Die Zylinder des Motors 911/83 bestanden vollständig aus Leichtmetall. Da fast alle Leichtmetall-Legierungen gegenüber anderen Leichtmetall-Legierungen schlechte Gleiteigenschaften besitzen, und somit als Paarung Kolben-Zylinder im Normalfall ausfallen, beschichtet Porsche die Zylinder mit einer Nickel Dispersionsschicht. Die Nikasil-Zylinder erwiesen sich hinsichtlich Kraftstoff- und Ölverbrauch als beste Lösung. Außerdem waren die Gleiteigenschaften optimal und die Wärmeabfuhr durch die Leichtmetall-Zylinderwand zu den Kühlrippen wesentlich verbessert.

## Kraftstoffanlage, Zündsystem

Der 911 T besaß weiterhin zwei Dreifach-Fallstrom-Vergaser Zenith Typ 40 TIN. 911 E, S und Carrera RS besaßen Bosch Doppelreihen-Einspritzpumpen. Die Abgasanlagen waren erstmals aus nichtrostendem Stahl hergestellt. Für den Einsatz in den USA wurden die ersten Motoren mit K-Jetronic ausgeliefert. Es handelte sich um 2,4 l Motoren, die mit der Bosch K-Jetronic-Einspritzung 140 PS (103 kW) erreichten. Überraschend gut war der Abgaswert.

Daß der winterliche Salzfraß Karosserieteile und Abgasleitungen zerstörte, war bekannt, doch nur Porsche zog daraus die Konsequenzen und führte Abgasanlagen aus nichtrostendem Stahl ein. Auf dem Wege zu abgasentgifteten Fahrzeugen übernahm Porsche als erster Automobilhersteller die von Bosch entwickelte K-Jetronic, ein kontinuierlich einspritzendes System, das erstmals mit einer Stauscheibe den Ansaug-Luftstrom maß und dementsprechend Kraftstoff den Einspritzventilen zuteilte.

## Kraftübertragung

Keine Änderungen bei den Getrieben für die 2,4 l. Für den Carrera RS wurde ein Fünfgang-Getriebe Typ 915/08 gebaut, das geschliffene Gangradsätze sowie für Werkseinsätze bei Rennen eine Getriebeölpumpe zur Kühlung und Schmierung besaß. Die Vorwärtsgänge 3, 4 und 5 waren im Übersetzungsverhältnis den verbesserten Fahrleistungen angepaßt. Der Schaltbock und der Handschalthebel waren geändert um die Schaltqualität zu verbessern. Eine echte Rückwärtsgangsperre verhinderte versehentliches Einlegen der R.-Ganges.

Für Puristen, damals wie heute: der legendäre 911 Carrera RS.

Charaktersache: »Entenbürzel« des 911 Carrera RS 2.7.

Die Getriebeölpumpe hatte beim Getriebe 915/08 die Aufgabe, kritische Schmierstellen im Getriebe zu schmieren und zu kühlen Für Rennzwecke konnte der Ölkreislauf durch einen externen Ölkühler geleitet werden.

## Fahrwerk

Der Radstand wurde erneut verlängert: 2271 mm; die hydropneumatische Federung der Vorderräder (ab Modelljahr 1969 beim 911 E Serie) wurde jetzt als Sonderausstattung für 911 T, E und S angeboten. Serienmäßig besaßen alle Modelle wieder Drehstabfederung vorn. Der 911 E erhielt 6 J x 15 Druckgußräder (Hersteller ATS) mit Bereifung 185/70 VR 15. Der 911 S besaß weiterhin die geschmiedeten Leichtmetallräder 6 J x 15.

Mit dem Carrera RS bot Porsche als erster Hersteller unterschiedliche Reifendimensionen an den beiden Achsen an, was zu sehr guten Querbeschleunigungswerten von über 0,9 g führte. Vorn wurden geschmiedete Leichtmetallräder 6 J x 15 mit Bereifung 185/70 VR 15 und hinten 7 J x 15 mit Bereifung 215/60 VR 15 montiert. Als Ersatzrad wurde dem 911 E, S und Carrera RS ein Faltreifen auf einem Stahlrad 5,5 J x 15 beigelegt.

Die hydropneumatische Federung, Serienlösung beim 911 E, brachte zwar Fahrkomfort, wurde aber von den Sportwagenfans nicht anerkannt. Trotzdem blieb das System für komfortliebende 911-Kunden für alle 911-Modelle (Ausnahme Carrera RS) als Mehrausstattung lieferbar.

## Karosserie

Der Motoröltank wanderte wieder hinter dem rechten Hinterrad, die Ölbefüllung erfolgte im Motorraum hinten rechts. Im 911 E, S und Carrera RS war ein Kunststoff-Kraftstofftank mit 80 l Fassungsvermögen eingebaut. Die hinteren Kotflügel des Carrera RS waren verbreitert. Verschiedene Karosserieteile wie etwa die vordere Haube wurden aus Dünnblech hergestellt, der Motordeckel hinten mit Spoiler (»Entenbürzel«) aus glasfaserverstärktem Kunststoff.

Der Öltank vor dem rechten Hinterrad, 1972 als Weg zu noch besseren Fahreigenschaften beschritten, fand wenig Freunde: Aus Versehen wurde die Einfüllöffnung mit der Tankklappe verwechselt und Kraftstoff eingefüllt, für rechts hinten sitzende Passagiere war die Wärmeabstrahlung in das Fondseitenteil im Sitzbereich lästig. Kurzfristige Entscheidung: Öltank zurück hinter das Hinterrad. Der sogenannte Entenbürzel erregte Aufsehen. Von begeisterter Annahme bis zur völligen Verweigerung durch Landesbehörden (wegen Unfallgefahr für auffahrende Radfahrer) sind alle Varianten aktenkundig.

Für die Homologation in der Gruppe 4: Carrera RS 3.0.

## Ausstattung

Vordere Schallgitter waren aus scharzem Kunststoff hergestellt. Mit dem Modelljahr 1973 kamen Kunststofftanks, auch in den Serien-Elfern, zum Einsatz. Es gab allerdings erhebliche Serien-Anlaufschwierigkeiten bei der Tankfertigung.

## Elektrik

Der Carrera RSR besaß aus Gewichtsgründen nur eine 36 Ah Batterie (RS Touring 2 x 36 Ah). Umstellung der Hauptscheinwerfer aller Neunelfer auf H4-Zweifaden-Glühlampen, USA-Fahrzeuge mußten weiterhin mit Sealed Beam Hauptscheinwerfern ausgerüstet werden.

## Sonstiges

Die Wartungsintervalle bis zu der Laufleistung 40 000 Kilometer wurden von sechs auf fünf verringert. Die Zahl der zu inspizierenden Positionen verringerten sich von 43 auf 23.

| Typenbezeichnung | Listenpreise 8/72 bzw. 3/73 | Produktionszahlen |
|---|---|---|
| 911 T Coupé | DM 23.480,–/24.480,– | 3819 + 1252 USA |
| 911 T Targa | DM | 2843 + 781 USA |
| 911 E Coupé | DM 27.775,–/28.780,– | 1366 |
| 911 E Targa | DM | 1055 |
| 911 S Coupé | DM 31.500,–/32.480,– | 1430 |
| 911 S Targa | DM | 925 |
| 911 Carrera RS Coupé | DM 34.000,– | 1590 |

| Modellbezeichnung | 911 T | 911 E | 911 S | 911 RS 2,7 |
|---|---|---|---|---|
| **1. Motor** | | | | |
| Motor-Typ Schaltgetr. | 911/57 | 911/52 | 911/53 | 911/83 |
| Bohrung (mm) | 84 | = | = | 90 |
| Hub (mm) | 70,4 | = | = | = |
| Hubraum (cm$^3$) | 2341 | = | = | 2687 |
| Verd.verhältnis | 7,5:1 | 8,0:1 | 8,5:1 | 8,5:1 |
| Motorleistung (kW/PS) | 96/130 | 121/165 | 140/190 | 154/210 |
| bei Drehzahl (U/min) | 5600 | 6200 | 6500 | 6300 |
| Drehmoment (Nm) | 196 | 206 | 216 | 255 |
| bei Drehzahl (U/min) | 4000 | 4500 | 5200 | 5100 |
| Literleistung (kW/l) | 41 | 52 | 60 | 57 |
| Höchstdrehzahl(U/min) | 6500 | 7000 | 7300 | 7300 |
| Motorgewicht (kg) | 176 | 183 | 182 | 182 |

| Modellbezeichnung | 911 T | 911 E | 911 S | 911 RS 2,7 |
|---|---|---|---|---|

**2. Gemischaufbereitung, Zündung, Einstellwerte**

| | | | | |
|---|---|---|---|---|
| Kraftstoffanlage | SZV | MSE | MSE | MSE |
| Kraftstoffart (ROZ) | 91 | = | = | = |
| Zündsystem | BHKZ | = | = | = |
| Zündkerzen Bosch | W230T1 | W265P21 | = | W260P21 |
| Beru | 225/14/3 | 235/14/3P | 265/14/3P | 265P21 |
| Elektrodenabstand (mm) | 0,7 | 0,5...0,6 | = | = |
| Leerlaufdrehz. (U/min) | 850...950 | = | = | = |
| CO-Gehalt (%) | 2,5...3,5 | = | = | 2,0...3,0 |
| Kraftstoffnormverbrauch (l/100 km) | 9,2 | 9,0 | 9,5 | 10,2 |

Zeichenerklärung:
BHKZ = Batterie-Hochspannungs-Kondensator-Zündung
SZV = Solex-Zenith Vergaser 40 TIN
MSE = Mechanische Bosch Saugrohreinspritzung

**3. Kraftübertragung**

| | | | | |
|---|---|---|---|---|
| Kupplung, Druckplatte | G MFZ 225 | = | = | = |
| Mitnehmerscheibe | GUD 225 | = | = | = |
| Getriebetyp Schaltgetriebe | 915/03 | = | = | 915/08 |
| Gangübersetzungen | | | | |
| 1. Gang | 3,181 | = | = | = |
| 2. Gang | 1,833 | = | = | = |
| 3. Gang | 1,261 | = | = | = |
| 4. Gang | 0,9615 | = | = | 0,925 |
| 5. Gang | 0,7586 | = | = | 0,724 |
| Rückwärtsgang | 3,325 | = | = | = |
| Synchronsystem Gänge 1...5 | POSY | = | = | = |
| Achsantrieb | 4,4285 | = | = | = |
| Sperrdifferential | M | M | M | M |
| Sperrwert Zug/Schub (%) | 40/40 | = | = | = |
| Getriebetyp Sportomatic | 905/21 | 925/00 | 925/01 | ... |
| Drehmomentwandler D. (mm) | F&S 190 | = | = | ... |
| Festbremsdrehzah (U/min) | 2600 | 2600 | 3000 | ... |
| Gangübersetzungen | | | | |
| 1. Gang | 2,400 | = | = | |
| 2. Gang | 1,555 | = | = | |
| 3. Gang | 1,125 | = | = | |
| 4. Gang | 0,857 | = | = | |
| Rückwärtsgang | 2,533 | = | = | |
| Synchronsystem Vorwärtsg. | POSY | = | = | |
| Achsantrieb | 3,857 | = | = | |

Zeichenerklärung:
M Mehrausstattung (Sonderwunsch)
S Serie
F&S Hersteller Fichtel & Sachs
POSY Porsche Sperrsynchronsystem, Synchronringe Mo-beschichtet

**4. Fahrwerk, Lenkung, Bremsen, Räder**

| | | | | |
|---|---|---|---|---|
| Vorderachse | | | | |
| Stabilisator D. (mm) | M | M | 20 | 15 |
| Lenkungsübersetzung | 17,87 | = | = | = |
| Wendekreis D. (m) | 10,80 | = | = | = |
| Hinterachse | | | | |

| Modellbezeichnung | 911 T | 911 E | 911 S | 911 RS 2,7 |
|---|---|---|---|---|
| Stabilisator D.Schaltg. (mm) | M | M | 15 | = |
| Hauptbremszylinder D. (mm) | 19,05 | = | = | = |
| Kolbendurchm. in den | | | | |
| Bremszangen vorn (mm) | 48 | = | = | = |
| hinten (mm) | 38 | = | = | = |
| Bremsscheibendurchmesser | | | | |
| vorn (mm) | 282,5 | = | = | = |
| hinten (mm) | 290 | = | = | = |
| Bremsscheibendicke | | | | |
| vorn (mm) | 20 | = | = | = |
| hinten (mm) | 20 | = | = | = |
| Wirksame Gesamtbelag- | | | | |
| fläche ($cm^2$) | 210 | = | 257 | = |
| Feststellbremse | Mechanisch auf beide Hinterräder wirkend | | | |
| Bremstrommel- | | | | |
| durchmesser (mm) | 180 | = | = | = |
| Gesamtbelagfläche ($cm^2$) | 170 | = | = | = |
| | | | | |
| Räder und Reifen | | | | |
| Serienbereifung vorn | 165HR15 | 185/70VR15 | = | = |
| auf Rad | 5 1/2J x 15 | 6J x 15 | = | = |
| Serienbereifung hinten | 165HR15 | 185/70VR15 | = | 215/60VR15 |
| auf Rad | 5 1/2J x 15 | 6J x 15 | = | 7J x 15 |
| Faltersatzrad | Faltrad | 5 1/2 J x 15 | | |
| Reifendruck vorn (bar) | 2,0 | = | = | = |
| hinten (bar) | 2,4 | = | = | = |
| Faltersatzrad (bar) | 2,0 | = | = | = |
| | | | | |
| **5. Karosserie, Innenausstattung** (Abmessungen bei Leergewicht) | | | | |
| Länge (mm) | 4227 | = | 4147 | = |
| Breite (mm) | 1610 | = | = | 1652 |
| Höhe (mm) | 1320 | = | = | = |
| Radstand (mm) | 2271 | = | = | = |
| Spurweite vorn (mm) | 1360 | 1372 | = | = |
| hinten (mm) | 1342 | 1354 | 1354 | 1394 |
| Bodenfreiheit bei | | | | |
| zul.Ges.gewicht (mm) | 150 | = | = | = |
| | | | | |
| **9. Elektrik** | | | | |
| Generator-Leistung (W/A) | 770/70 | = | = | = |
| Batterie (V/Ah) | 12/66 | = | = | = |
| | | | | |
| **Gewichte nach DIN 70020** | | | | |
| Leergewicht (kg) | 1050 | 1075 | = | = |
| Zulässiges | | | | |
| Gesamtgewicht. (kg) | 1400 | = | = | = |
| Zulässige Anhänge- | | | | |
| last ungebremst (kg) | 480 | = | = | = |
| gebremst (kg) | 600 | = | = | = |
| | | | | |
| **Fahrleistungen** | | | | |
| Höchstgeschwindigkeit | | | | |
| Schaltgetriebe (km/h) | 205 | 220 | 230 | 240 |

| Modellbezeichnung | | 911 T | 911 E | 911 S | 911 RS 2,7 |
|---|---|---|---|---|---|
| Beschleunigung 0...100 km/h<br>Schaltgetriebe (s) | | 9,5 | 7,9 | 7,0 | 6,3 |
| Kilometer mit<br>stehendem Start<br>Schaltgetriebe (s) | | 30,35 | 28,5 | 27,5 | 26,5 |
| **Füllmengen** | | | | | |
| Motorölmenge 1* | (l) | 11 | 13 | = | = |
| Motorölmenge mit SPM | (l) | + 2 | = | = | ... |
| Ölwechselmenge 1* | (l) | 10 | = | = | = |
| Schaltgetriebe 2* | (l) | 3,0 | = | = | = |
| Sportomatic 2* | (l) | 2,5 | = | = | ... |
| Kraftstoffbehälter | (l) | 62 | 62 | 85 | 85 |
| Bremsflüss.behält.6* | (l) | 0,20 | = | = | = |

* Ziffernerklärung:

1* Zugelassen API SE/SF mit Kombinationen API SE/CC - SF/CC - SF/CD - SE/CD Mehrbereichsöle nach Werksfreigabe. (SAE 10 W/50 oder 15 W/40 oder 20 W/50). Auch Einbereichsöle sind zulässig. Sommer SAE 30, Winter SAE 20.

2* Einbereichs-Getriebeöl SAE 90 nach MIL-L 2105 B bzw API-Klassifikation GL 5. Auch zulässig: Getriebeöl SAE 90 MIL-L 2105 bzw. API-Klassifikation GL 4.

6* Nur Bremsflüssigkeit entsprechend SAE J 1703 oder DOT 3 bzw. 4 verwenden

Zeichenerklärung:
SPM = Sportomatic

**Aufbau der Fahrgestell-Nummern (zehnstellig)**

| | | | | |
|---|---|---|---|---|
| 911 | 3 | 2 | 0 | 0001 ... 9999 |
| Fahrzeug | ! | ! | ! | ! |
| 911 = alle 911 | Modelljahr | ! | ! | ! |
| | 3 = 1973 | Motor | ! | ! |
| | 2 = 1972 | 1 = 911 TE | Karosserie | ! |
| | | 2 = 911 E | 0 = Coupé | Zählnummer |
| | | 3 = 911 S | 1 = Targa | |
| | | 5 = 911 T Vergaser | | |
| | | 6 = 911 SC 2,7 | | |

Fahrgestell-Nummernbereiche, Übersicht

| | | | | | |
|---|---|---|---|---|---|
| 911 | 3 | 1 | 0 | 0001 ... 9999 | Restwelt 911 TE Coupé |
| 911 | 3 | 1 | 1 | 0001 ... 9999 | Restwelt 911 TE Targa |
| 911 | 3 | 2 | 0 | 0001 ... 9999 | Restwelt 911 E Coupé |
| 911 | 3 | 2 | 1 | 0001 ... 9999 | Restwelt 911 E Targa |
| 911 | 3 | 3 | 0 | 0001 ... 9999 | 911 S Coupé |
| 911 | 3 | 3 | 1 | 0001 ... 9999 | 911 Targa |
| 911 | 3 | 5 | 0 | 0001 ... 9999 | 911 T Coupé |
| 911 | 3 | 5 | 1 | 0001 ... 9999 | 911 T Targa |
| 911 | 3 | 6 | 0 | 0001 ... 9999 | 911 SC Coupé |
| 911 | 3 | 6 | 1 | 0001 ... 9999 | 911 SC Targa |

# Modelljahr 1974
# (G-Programm: Bleifreie Kraftstoffe und Sicherheitslenkrad)

## Porsche 911 Coupé und Targa
## Porsche 911 S Coupé und Targa
## Porsche 911 Carrera Coupé und Targa

Das G-Modell mit der neuen Sicherheits-Stoßstangengeneration läutet eine neue Ära ein. Das abgebildete Modell steht auf den nie geliebten ATS-Felgen.

Umfangreiche Karosserieänderungen und die Erhöhung der inneren Sicherheit waren die Hauptmerkmale im Modelljahr 1974. Die Leistung der Motoren wurde im Zuge der Hubraumerweiterung erneut angehoben. Dazu kamen Namensänderungen der Porsche Typenreihe. Für den Sportfahrer war ein Carrera RS mit drei Litern Hubraum lieferbar. Nur 111 Exemplare von diesem Gruppe 3-Homologationswagen wurden gebaut.

Die USA hatten Gesetze erlassen, daß bei Aufprallgeschwindigkeiten unter 5 km/h keine Reparaturkosten am Fahrzeug entstehen dürften (bumper rules). Porsche hatte weltweit darauf reagiert, hatte die Stoßfänger aus stabilem Leichtmetall hergestellt und für die USA Fahrzeuge sogar federnd-nachgiebig am Rahmen befestigt. Die Reduzierung des Bleigehalts im Kraftstoff von 0,5 g/Liter auf weniger als 0,15 g/Liter in Deutschland stellte die Konstrukteure vor neue Aufgaben bei der Auslegung der »Nicht-USA-Motoren«. Durch die K-Jetronic, die von Bosch in enger Zusammenarbeit mit Porsche entwickelt wurde, konnten alle 911-Motoren weltweit mit der niedrigen Oktanzahl (ROZ 91) betrieben werden.

Das abgebildete Sicherheitslenkrad mit der Prallpalette gab es ab Modelljahr 1974.

## Motor

Umstellung aller Motoren auf 2687 $cm^3$ Hubraum. Ölkühlung bei 911 S und Carrera durch zusätzliche Kühlschlange im vorderen rechten Radlauf. Alle Motoren mit Leichtmetallzylindern und Nikasil-Beschichtung der Lauffläche.

Durch die Vergrößerung der Zylinderbohrung wurde bei allen Motoren der Hubraum angehoben und damit auch die Leistung verbessert. Alle Motorem erhielten beschichtete Leichtmetall Zylinder. Weiterhin konnten alle Motoren mit Normalkraftstoff (ROZ 91) betrieben werden, womit Porsche den Beweis antrat, daß auch Rennsportwagen umweltfreundlich sein konnten.

## Kraftstoffanlage, Zündsystem

911 und 911 S waren jetzt mit dem Bosch Einspritzsystem K Jetronic ausgestattet. Der Carrera behielt die mechanische Doppelreihen-Einspritzpumpe.

## Kraftübertragung

Verlängerte Fußpedale. Das Kupplungspedal wurde durch eine Hilfsfeder unterstützt: geringere Pedalkräfte beim Auskuppeln. Wahlweise Schaltgetriebe 915/16 (Viergang) oder 915/06 (Fünfgang). Die Gangübersetzungen waren der gesteigerten Motorleistung angepaßt. Sportomatic-Getriebe werden nur für 911 und 911 S freigegeben (Typ 925/02) Die Übersetzung des vierten Ganges (28:23) berücksichtigte die höhere Motorleistung.

Überarbeitet war auch die Pedalerie. Die Fußpedale waren verlängert und damit bedienungsfreundlicher geworden. Die Hilfsfeder zur Unterstützung der Fußkraft beim Kuppeln befand sich am Betätigungshebel der Kupplung am Getriebegehäuse. Durch eine Übertotpunkt-Kinematik wurde die hohe Gegenkraft der Kupplung beim Trennvorgang wesentlich verringert: Der Kuppelvorgang konnte auch von weniger durchtrainierten Fahrern (und Fahrerinnen) problemlos ausgeführt werden.

## Fahrwerk

Die als Mehrausstattung früher lieferbaren niveauregulierenden hydropneumatischen Federbeine waren nicht mehr lieferbar. Hinterachslenker aus Leichtmetallguß. Stabilisatoren vorn bei allen Fahrzeugen (16 mm bei 911 und 911 S, 20 mm beim Carrera). Der 911 S erhält 6 J x 15 Druckguß-Leichtmetallräder. Das Ersatzrad besteht generell nun aus einem Faltreifen 165 x 15.

Kennzeichnung des Sondermodells.

Wolf im Schafspelz: G-Modell mit 210 PS-Motor.

Der serienmäßige Kraftstofftank mit 80 Litern Fassungsvermögen ließ wenig Platz für ein Ersatzrad im vorderen Kofferraum übrig. Porsche nutzte auch hier Rennerfahrung, seit Jahren schon mußte bei Sportwagenrennen ein Ersatzrad mitgeführt werden. Beim 917 wurden leichte und nicht sperrige Falträder über dem Getriebe befestigt und beim Rennen mitgeführt.

## Karosserie

Umfangreiche, auch äußerlich sichtbare Änderungen erfolgten zum Modelljahr 1974: Die Stoßfänger vorn und hinten sind aus Leichtmetall hergestellt und mit leicht auswechselbaren Prallrohren (USA Pralldämpfern) nachgiebig an der Karosserie befestigt. Die Stoßfänger sind in Wagenfarbe lackiert, besitzen umlaufende Profilgummis und integrieren die vorderen Blinkleuchten. Zwischen Stoßfängern und Karosserie werden elastische Faltenbälge (schwarz) eingesetzt. Eckige, größere Außenspiegel und die seither verchromten Scheinwerferringe werden in Wagenfarbe lackiert. Alle Fahrzeuge erhalten Kraftstofftanks mit 80 l Fassungsvermögen (davon ca. 8l Reserve). Zwischen den beiden Rückleuchten befindet sich eine dunkelrote, jedoch nicht reflektierende Blende mit schwarzem Porsche-Namenszug.

Die von Porsche ausgeführte Lösung der nachgebenden Stoßfänger stellte gegenüber den anderen Automobilherstellern unwidersprochen die stilistisch eleganteste Möglichkeit dar. Die ohne sichtbaren Abstand zur Karosserie montierten Stoßfänger konnten einfedern (Serienlösung für USA-Fahrzeuge) oder bei einem Aufprall um bis zu 50 Millimeter gestaucht werden, wenn die einfacheren (und billigeren) Prallrohre montiert waren. Diese preiswerteren Rohre konnten nach der Deformation leicht ausgewechselt werden. Als

Die Faltenbalg-Stoßstange schluckt einen leichten Aufprall.

Mehrausstattung waren die federnden USA-Pralldämpfer weltweit lieferbar.

## Ausstattung

Geschäumte Lenkradkränze für 911 und 911 S, Sportlenkrad (Leder) für den Carrera. Energieverzehrender Pralltopf hinter dem Lenkrad: Erhöhung der inneren Sicherheit. Dreipunkt Sicherheitsgurte für Fahrer- und Beifahrersitz serienmäßig.

Nachdem schon seit Jahren Sicherheitslenkräder mit großen Prallflächen eingebaut wurden, wird ein weiteres Sicherheitselement eingeführt: Pralldämpfer zwischen Lenkrad und Lenksäule. Diese Pralldämpfer gaben bei Körperberührung während eines Unfalls nach, das Lenkrad konnte »weich ausweichen«, Verletzungen konnten weitgehend vermieden werden.

Paßt in den Kofferraum: faltbares Targa-Dach eines 911, Modelljahr 1974.

Die mattschwarzen Eloxalteile waren beim 911 Carrera Serie; der Schriftzug »2.7« blieb Chrom.

## Verkleidung, Sitze

Neue Türtafeln und Verkleidungen. Neue Sitzgeneration mit integrierter, starrer Kopfstütze.

## Heizung, Klimaanlage

Entfrosterdüsen für die Seitenscheiben.

## Elektrik

911 und 911 S erhielten stärkere Drehstromgeneratoren mit 980 Watt Leistung. Aus Gewichtsgründen blieb beim Carrera der seitherige 770 Watt-Generator weiterhin Serie. Die seither in den vorderen Kotflügeln untergebrachten zwei Batterien mit je 36 Ah entfielen. Dafür erhielten alle Fahrzeuge eine Batterie mit 66 Ah im Kofferraum. Scheinwerfer-Reinigungsanlage lieferbar.

## Sonstiges

Der 911 Carrera RS 3,0 war die zu Homologationszwecken gebaute Straßenausführung des Gruppe-3-Rennwagens, 111 Einheiten wurden gebaut. Das Fahrzeug besaß Kotflügelverbreiterungen ähnlich dem späteren Turbo, war mit einem 230 PS-Motor (169 kW) ausgestattet und hatte drei Liter Hubraum. Die Hubraumsteigerung war möglich durch Zylinder mit 90 mm Durchmesser. Die Verdichtung betrug 9,8:1. Oktanzahlbedarf ROZ 96. Gewöhnungsbedürftig: die ATS-Felgen.

| Typenbezeichnung | Listenpreise 8/73 bzw. 3/74 | Produktionszahlen |
|---|---|---|
| 911 Coupé | DM 26.980,–/29.250,– | 5889 + 1252 USA |
| 911 Targa | DM | 4651 |
| 911 S Coupé | DM 30.980,–/32.950,– | 1359 + 898 |
| 911 S Targa | DM | |
| 911 Carrera Coupé | DM 37.980,–/39.950,– | 1036 + 528 USA |
| 911 Carrera Targa | DM | 433 + 246 USA |
| 911 RS | DM | 1590 |

| Modellbezeichnung | 911 | 911 S | 911 Carrera |
|---|---|---|---|
| **1. Motor** | | | |
| Motor-Typ Schaltgetr. | 911/92 | 911/93 | 911/83 |
| Bohrung (mm) | 90 | = | = |
| Hub (mm) | 70,4 | = | = |
| Hubraum ($cm^3$) | 2687 | 2687 | 2687 |
| Verd.verhältnis | 8,0:1 | 8,5:1 | 8,5:1 |
| Motorleistung (kW/PS) | 110/150 | 129/175 | 154/210 |
| bei Drehzahl (U/min) | 5700 | 5800 | 6300 |
| Drehmoment (Nm) | 235 | 235 | 255 |
| bei Drehzahl (U/min) | 3800 | 4000 | 5100 |
| Literleistung (kW/l) | 41 | 48 | 57 |
| Höchstdrehzahl(U/min) | 6400 | 6400 | 7200 |
| Motorgewicht (kg) | 182 | 182 | 182 |
| **2. Gemischaufbereitung, Zündung, Einstellwerte** | | | |
| Kraftstoffanlage | K-Jetronic | K-Jetronic | MSE |
| Kraftstoffart (ROZ) | 91 | 91 | 91 |
| Zündsystem | BHKZ | BHKZ | BHKZ |
| Zündkerzen Bosch | W215T30 | W225T30 | W260T2 |
| Beru | 215/14/3 | 225/14/3A | 260/14/3 |
| Elektrodenabstand (mm) | 0,7 | = | = |
| Leerlaufdrehz. (U/min) | 850...950 | = | = |
| CO-Gehalt (%) | 2,5 | = | = |
| Kraftstoffverbrauch bei gemischtem Betrieb (l/100 km) | 12...14 | 13...15 | 15...18 |

Zeichenerklärung:
BHKZ = Batterie-Hochspannungs-Kondensator-Zündung
SLE = Sekundärlufteinblasung, ZLP = Zusatzluftpumpe
MSE = Mechanische Bosch Saugrohreinspritzung

| Modellbezeichnung | 911 | 911 S | 911 Carrera |
|---|---|---|---|
| **3. Kraftübertragung** | | | |
| Kupplung, Druckplatte | G MFZ 225 | = | = |
| Mitnehmerscheibe | GUD 225 | = | = |
| Getriebetyp Schaltgetriebe | 915/06 | 915/40 | 915/06 |
| Gangübersetzungen | | | |
| 1. Gang | 3,181 | = | = |
| 2. Gang | 1,833 | = | = |
| 3. Gang | 1,261 | = | = |

| Modellbezeichnung | 911 | 911 S | 911 Carrera |
|---|---|---|---|
| 4. Gang | 0,9259 | = | = |
| 5. Gang | 0,7241 | = | = |
| Rückwärtsgang | 3,325 | = | = |
| Synchronsystem Gänge 1...5 | POSY | = | = |
| Achsantrieb | 4,4285 | = | = |
| Sperrdifferential | M | M | M |
| Sperrwert Zug/Schub (%) | 40/40 | = | = |
| Getriebetyp Sportomatic | 925/02 | = | ... |
| Drehmomentwandler D. (mm) | F&S 190 | = | ... |
| Festbremsdrehzah (U/min) | 2000 | = | |
| Gangübersetzungen | | | |
| 1. Gang | 2,400 | = | |
| 2. Gang | 1,555 | = | |
| 3. Gang | 1,125 | = | |
| 4. Gang | 0,821 | = | |
| Rückwärtsgang | 2,533 | = | |
| Synchronsystem Vorwärtsg. | POSY | = | |
| Achsantrieb | 3,857 | = | |

Zeichenerklärung:

M Mehrausstattung (Sonderwunsch)
S Serie
F&S Hersteller Fichtel & Sachs
POSY Porsche Sperrsynchronsystem, Synchronringe Mo-beschichtet

**4. Fahrwerk, Lenkung, Bremsen, Räder**

| | | | |
|---|---|---|---|
| Vorderachse | | | |
| Stabilisator D. (mm) | 16 | 16 | 20 |
| Lenkungsübersetzung | 17,87 | = | = |
| Wendekreis D. (m) | 10,80 | = | = |
| Hinterachse | | | |
| Stabilisator D.Schaltg. (mm) | M | M | 18 |
| Hauptbremszylinder D. (mm) | 19,05 | = | = |
| Kolbendurchm. in den | | | |
| Bremszangen vorn (mm) | 48 | = | = |
| hinten (mm) | 38 | = | = |
| Bremsscheibendurchmesser | | | |
| vorn (mm) | 282,5 | = | = |
| hinten (mm) | 290 | = | = |
| Bremsscheibendicke | | | |
| vorn (mm) | 20 | = | = |
| hinten (mm) | 20 | = | = |
| Wirksame Gesamtbelag-fläche ($cm^2$) | 210 | = | 257 |
| Feststellbremse | Mechanisch auf beide Hinterräder wirkend | | |
| Bremstrommel-durchmesser (mm) | 180 | = | = |
| Gesamtbelagfläche ($cm^2$) | 170 | = | = |
| | | | |
| Räder und Reifen | | | |
| Serienbereifung vorn | 165HR15 | 185/70VR15 | = |
| auf Rad | 5 1/2J x 15 | 6J x 15 | = |
| Serienbereifung hinten | 165HR15 | 185/70VR15 | 215/60VR15 |
| auf Rad | 5 1/2J x 15 | 6J x 15 | 7J x 15 |

| Modellbezeichnung | | 911 | 911 S | 911 Carrera |
|---|---|---|---|---|
| Faltersatzrad | | Faltrad | 5 1/2 J x 15 | |
| Reifendruck vorn (bar) | | 2,0 | = | = |
| hinten (bar) | | 2,4 | = | = |
| Faltersatzrad (bar) | | 2,0 | = | = |
| **5. Karosserie, Innenausstattung** (Abmessungen bei Leergewicht) | | | | |
| Länge (mm) | | 4291 | = | = |
| Breite (mm) | | 1610 | 1610 | 1652 |
| Höhe (mm) | | 1320 | = | = |
| Radstand (mm) | | 2271 | = | = |
| Spurweite vorn (mm) | | 1360 | 1372 | = |
| hinten (mm) | | 1342 | 1354 | 1380 |
| Bodenfreiheit bei zul.Ges.gewicht (mm) | | 150 | = | = |
| **9. Elektrik** | | | | |
| Generator-Leistung (W/A) | | 770/70 | = | = |
| Batterie (V/Ah) | | 12/66 | = | = |
| **Gewichte nach DIN 70020** | | | | |
| Leergewicht (kg) | | 1075 | = | = |
| Zulässiges Gesamtgewicht. (kg) | | 1440 | = | 1400 |
| Zulässige Anhänge-last ungebremst (kg) | | 480 | = | = |
| gebremst (kg) | | 800 | = | = |
| **Fahrleistungen** | | | | |
| Höchstgeschwindigkeit Schaltgetriebe (km/h) | | 210 | 225 | 240 |
| Beschleunigung 0...100 km/h Schaltgetriebe (s) | | 8,5 | 7,6 | 6,3 |
| Kilometer mit stehendem Start Schaltgetriebe (s) | | 29,0 | 28,0 | 26,5 |
| **Füllmengen** | | | | |
| Motorölmenge 1* | (l) | 11 | 13 | = |
| Motorölmenge mit SPM | (l) | + 2 | = | ... |
| Ölwechselmenge 1* | (l) | 10 | = | = |
| Schaltgetriebe 2* | (l) | 3,0 | = | = |
| Sportomatic 2* | (l) | 2,5 | = | ... |
| Kraftstoffbehälter | (l) | 80 | = | = |
| Bremsflüss.behält.6* | (l) | 0,20 | = | = |

* Ziffernerklärung:

1* Zugelassen API SE/SF mit Kombinationen API SE/CC - SF/CC - SF/CD - SE/CD Mehrbereichsöle nach Werksfreigabe. (SAE 10 W/50 oder 15 W/40 oder 20 W/50). Auch Einbereichsöle sind zulässig. Sommer SAE 30, Winter SAE 20.

2* Einbereichs-Getriebeöl SAE 90 nach MIL-L 2105 B bzw API-Klassifikation GL 5

6* Nur Bremsflüssigkeit entsprechend SAE J 1703 oder DOT 3 bzw. 4 verwenden

Zeichenerklärung:

SPM = Sportomatic

**Aufbau der Fahrgestell-Nummern (zehnstellig)**

| | | | | |
|---|---|---|---|---|
| 911 | 4 | 2 | 0 | 0001 ... 9999 |
| Fahrzeug | ! | ! | ! | ! |
| 911 = alle 911 | Modelljahr | ! | ! | ! |
| | 4 = 1974 | Motor | ! | ! |
| | 3 = 1973 | 1 = 911 | Karosserie | ! |
| | | 3 = 911 S | 0 = Coupé | Zählnummer |
| | | 4 = Carrera USA | 1 = Targa | |
| | | 6 = Carrera | | |

Fahrgestell-Nummernbereiche, Übersicht

| | | | | | |
|---|---|---|---|---|---|
| 911 | 4 | 1 | 0 | 0001 ... 9999 | Restwelt 911 Coupé |
| 911 | 4 | 1 | 1 | 0001 ... 9999 | Restwelt 911 Targa |
| 911 | 4 | 3 | 0 | 0001 ... 9999 | Restwelt 911 S Coupé |
| 911 | 4 | 3 | 1 | 0001 ... 9999 | Restwelt 911 S Targa |
| 911 | 4 | 4 | 0 | 0001 ... 9999 | USA+Kalifornien 911 Carrera Coupé |
| 911 | 4 | 4 | 1 | 0001 ... 9999 | USA+Kalifornien 911 Carrera Targa |
| 911 | 4 | 6 | 0 | 0001 ... 9999 | Carrera Coupé |
| 911 | 4 | 6 | 1 | 0001 ... 9999 | Carrera Targa |

# Modelljahr 1975
# (H-Programm: Der Turbo)

## Porsche 912 E Coupé und Targa
## Porsche 911 Coupé und Targa
## Porsche 911 S Coupé und Targa
## Porsche 911 Carrera Coupé und Targa
## Porsche 911 Turbo Coupé

911 Coupé pilotiert von einem zeitgenössisch gekleideten Fahrer; der Turbo 3.0 ist auf Seite 100 abgebildet.

An den schon vom Vorjahr bekannten Typen 911, 911S und 911 Carrera erfolgten keine größeren Änderungen. Völlig neu war der 911 Turbo, der erste serienmäßige Sportwagen der Welt mit Abgas Turbolader. Porsche hatte seine erfolgreichen Erfahrungen mit Abgasturboladern im Rennsport auf die Serienproduktion und den Straßenverkehr übertragen und den 911 Turbo vorgestellt. Zunächst war nur eine Kleinserie geplant, doch die Nachfrage nach dem »Turbo« weltweit ließ gerade das Flaggschiff von Porsche zum Wunschtraum nicht nur aller Porsche-Fahrer werden. Der Motor mit drei Liter Hubraum leistete 260 PS (191 kW) und verhalf dem nur als Coupé lieferbaren Wagen zu einer Höchstgeschwindigkeit von über 250 km/h. Intern wurde der 911 Turbo als »930 Turbo« bezeichnet, da sowohl die Motor- als auch die Getriebekonstruktion unter der Typenreihe 930 registriert wurde.

Zur 25jährigen Porsche-Produktion in Stuttgart gab es Sondermodelle der Elfer-Varianten 911, 911 S und 911 Carrera. Alle 400 Fahrzeuge trugen auf dem Handschuhkasten-Deckel und waren in der Sonderfarbe silbermetallic lackiert. Die Innenausstattung war in blauschwarzem Kunstleder gehalten.

## Motor

Keine mechanischen Änderungen an den Saugmotoren, jedoch Verbesserungen an den Heizungs-Wärmetauschern. Der Motor des Turbo basierte auf dem Saugmotor des Sondermodells 911 Carrera RS 3,0 und besaß einen Abgas-Turbolader. Aus Festigkeitsgründen war das Kurbelgehäuse aus einer Leichtmetall-Silizium-Legierung hergestellt. Nur geschmiedete LeichtmetallKolben und Leichtmetall-Zylinderköpfe aus der Legierung RR 350 (GK AlCu5Ni1,5CoSbZr) waren in der Lage, den Motor standfest zu machen. Ein Zusatzölkühler (Rohrkühler) war im rechten vorderen Kotflügel untergebracht.

Für den leistungsstärksten Serienmotor bei Porsche wurden alle Register gezogen: Viele Erfahrungen aus dem schonungslosen Einsatz bei Langstreckenrennen kamen dem ersten Serien-Sportmotor mit Abgasturbolader zugute.

## Kraftstoffanlage, Zündsystem

Zur Kraftstoffversorgung besaß der 911 Turbo zwei elektrische Rollenzellenpumpen, hintereinander angeordnet. Die Gemischaufbereitung: Bosch K-Jetronic. Das Zündsystem: kontaktlose Hochleistungs-Kondensatorzündung (BHKZ).

Da der Turbomotor bei Vollgas einen hohen Kraftstoff Durchsatz hatte, ging man den sicheren Weg und setzte zwei Kraftstoffpumpen hintereinander ein, ein Prinzip, das sich schon beim 917 Rennsportwagen bewährt hatte.

## Kraftübertragung

Keine Änderungen an den Getrieben für die Saugmotoren. Ausnahme: USA-Fahrzeuge erhielten »längere« Gang- und Achsübersetzungen zur Verbrauchs- und damit Abgasreduzierung. 911 und 911 S waren 1975 auch mit Sportomatic lieferbae. Die Kraftübertragung für den 911 Turbo war ab Kurbelwelle Neuland: Eingebaut war eine gezogene Einschiebenkupplung mit 240 mm Durchmesser. Ein völlig neues Viergang-Schaltgetriebe (Typ 930/30) war für den Turbo entwickelt worden, die Wellen, Lager, Radsätze und der Achsantrieb waren gegenüber den ähnlich aufgebauten Getrieben der Baureihe 915 wesentlich verstärkt. Eine neue Variante der Porsche Sperrsynchronisierung erlaubte Schaltungen und Drehzahlen im Getriebe bis 10.000/min.

Das Vierganggetriebe 930/30 stellte eine Neukonstruktion dar, die einmal die eingeengten Platzverhältnisse, aber auch die hohe Belastung durch Drehmoment und Drehzahl berücksichtigte. Durch die notwendige Verbreiterung der Gangräder und gleichzeitige Vergrößerung des Tellerraddurchmessers des Achsantriebs war nur ein Vierganggetriebe möglich. Da auch Sporteinsatz mit Fahrzeug und Getriebe geplant war, und man mit sehr hohen Drehzahlen rechnete, kam eine neu ent-

D-Schild: Immer ein Problem auf dem runden Rücken des 911.

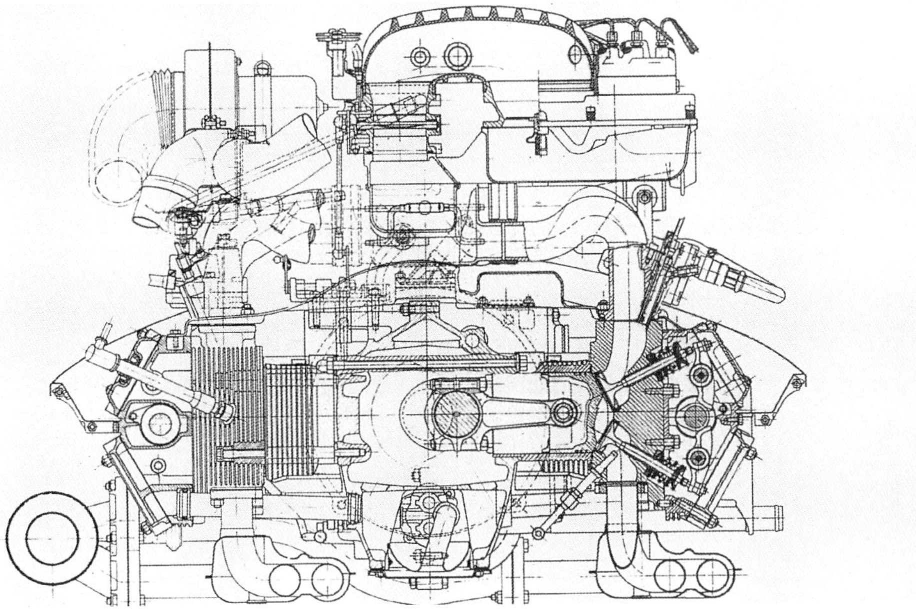

Dreilitermotor: auf Sparsamkeit getrimmt.

wickelte, drehzahlunempfindliche Porsche-Synchronisierung zum Einsatz. Rennsport-Erfahrungen lagen vor, da Porsche für Matra Frankreich 1973 ein Renngetriebe entwickelt hatte, das die Drehzahlen des Matra Zwölfzylindermotors bis zu 12.000/min klaglos überstanden hatte. Matra besiegte Porsche 1973 und 1974 in Le Mans mit diesem Getriebe.

## Fahrwerk

Das Fahrwerk des 911 Turbo war gegenüber dem der Saugmotor Fahrzeuge vollständig überarbeitet: Querlenker vorn mit Leichtmetall-Hilfsträger und Leichtmetall-Schräglenker hinten waren für den 911 Turbo neu entwickelt worden. Bilstein Stoßdämpfer, Stabilisatoren vorn und hinten 18 mm Durchmesser. Hebelgehänge für die Stabilisatoren. Zweikreis-Bremsanlage mit Ausfallanzeige. Belüftete Bremsscheiben vorn und hinten. Vordere Bremssättel aus Leichtmetall, hinten Grauguß. Geschmiedete Leichtmetallräder vorn 7J x 15 mit Bereifung 185/70 VR 15 schlauchlos, hinten 8J x 15 mit Bereifung 215/60 VR 15 schlauchlos.

## Karosserie

Karosserie mit Kotflügelverbreiterungen, Polyurethan Bugspoiler, waagrechter Heckspoiler mit PU-Umrandung. Motordeckel aus glasfaserverstärktem Kunststoff (GFK). Außenspiegel und Scheinwerferringe waren in Wagenfarbe lackiert.

Die Turbo mit waagrechtem Heckspoiler, bei den Behörden »Flügel« genannt, mußten anfangs in Einzelabnahme beim TÜV vorgeführt werden, da »die Gefahr bestand, daß sich hinten auffahrende Radfahrer, insbesondere Kinder, verletzen könnten«.

## Ausstattung

Dreispeichen-Lederlenkrad war Serienausstattung für den 911 Turbo, ebenfalls elektrisch verstellbare und heizbare Außenspiegel. Elektrische Fensterheber, auch beim 911 Carrera. Beim 911 Turbo war erstmals serienmäßig ein Tachometer mit elektronischer Wegmessung eingebaut. Automatik-Sicherheitsgurte vorn. Der 911 Carrera Targa wurde mit mattschwarzem Sicherheitsbügel ausgeliefert.

Porsche war wohl der erste Automobilhersteller, der für den Tachometer eines Serienfahrzeugs elektrische Impulse zur Weg- und Geschwindigkeitsmessung und Anzeige benutzte. Auch hier war das Knowhow »Abfallprodukt« aus dem Rennsport: Ferry Porsche sollte einen Porsche 914 mit Festdach und Dreiliter-Achtzylinder Rennmotor und dem entsprechenden Renngetriebe Typ 916 zum Geburtstag erhalten. Zum Betrieb

Spielraum für den Kunden: Selbst das Armaturenbrett konnte zweifarbig bestellt werden.

auf öffentlichen Straßen war jedoch ein Tachometer unbedingt erforderlich. Man dachte nach und erfand einen Wegzähler, bestehend aus einem winzigen Stabmagneten, der am hinteren Ende der Triebwelle mitrotierte und einen 15 mm langen Reed-Schalter, außen an hinteren Getriebedeckel montiert war. Der Reed-Schalter wurde vom wechselnden Magnetfeld des Stabmagneten trotz dazwischenliegendem Leichtmetall Getriebegehäuse beeinflußt und meldete pro Triebwellen-Umdrehung zwei Impulse an die Elektronik im Tachometer. Dort wurden diese Impulse für Wegstrecke und Fahrgeschwindigkeit umgerechnet.

## Verkleidung, Sitze

Ganzlederausstattung oder Leder kombiniert mit Schotten Karostoff.



## Heizung, Klimaanlage

Beim 911 Turbo: automatisch regulierende Heizanlage, Betätigung auf dem Mitteltunnel.

Ein stetiges Nachregulieren der Heizleistung bei luftgekühlten Fahrzeugen ist unumgänglich, »voll bergauf« viel Hitze, »Nullgas bergab« fast keine Wärme erzeugt wird. Erstmals beim 911 Turbo wurde ein Temperaturfühler im Fahrgastraum angebracht, der die Temperatur an eine Elektronik meldete. Dort wurde dieser Wert mit dem Sollwert verglichen, den der Fahrer mittels Drehpotentiometer einstellen konnte. Je nach Betriebszustand wurde durch vollautomatisches Verstellen der Heizklappen mehr oder weniger Heizluft zugeführt.

## Elektrik

Beim 911 Turbo serienmäßig: Batterie 66 Ah, Generator 980 W, Klimaanlage, Scheinwerferreinigungsanlage, Heckscheibenwischer, Stereo-Radio, zwei zusätzliche Lautsprecher im Fond, elektrisch betätigte Antenne.

## Sonstiges

Ausschließlich für die Übersee-Märkte, insbesondere für die USA wurde wieder ein Vierzylindermotor in der 911-Karosserie angeboten, der 912 E. Der Zweilitermotor stammte aus dem VW Porsche 914/4 und leistete 90 PS (66 kW) und war mit einer elektronisch gesteuerten Benzineinspritzung mit Luftmengenmessung (L-

Pedalerie eines Sportomatic-Wagens.

Jetronic) ausgestattet. Da die Verdichtung nur 7,6:1 betrug, konnte der 912 E mit Normalbenzin (ROZ91) betrieben werden. Die Abgasentgiftung erfolgte durch Thermoreaktoren. Serienmäßig erhielt der 912 E ein Fünfgang-Schaltgetriebe Typ 923/02. Als Mehrausstattung war ein ZF-Sperrdifferential mit 40 Prozent Sperrwert lieferbar.

Daß Porsche nochmals einen 911 mit Vierzylindermotor baute, lag daran, daß in den USA in und nach der ersten Energiekrise 1973 und 1974 der Ruf nach einem sparsamen und preiswerten »sportscar« nicht nachließ. Obwohl 1975 schon der sparsame Porsche 924 vorgestellt worden war, wurden zumeist in den USA nochmals 2092 Porsche 912 E verkauft.

| Typenbezeichnung | Listenpreise 8/74 bzw. 3/75 | Produktionszahlen |
|---|---|---|
| 912 E Coupé | | 873 |
| 912 E Targa | | |
| 911 Coupé | DM29.950,–/32.350,– | 1283 + 998 |
| 911 Targa | | |
| 911 S Coupé | DM 33.450,–/36.130,– | 385 + 2310 USA |
| 911 S Targa | | 266 + 1517 USA |
| 911 Carrera Coupé | DM 40.950,–/44.230,– | 518 + 395 USA |
| 911 Carrera Targa | | |
| 911 Turbo Coupé | DM 65.800,– | 284 |

| Modellbezeichnung | 911 | 911 S | 911 Carrera | 911 Turbo |
|---|---|---|---|---|
| **1. Motor** | | | | |
| Motor-Typ Schaltgetr. | 911/41 | 911/42 | 911/83 | 930/52 |
| Bohrung (mm) | 90 | 90 | 90 | 95 |
| Hub (mm) | 70,4 | = | = | = |
| Hubraum ($cm^3$) | 2687 | 2687 | 2687 | 2994 |
| Verd.verhältnis | 8,0:1 | 8,5:1 | 8,5:1 | 6,5:1 |
| Motorleistung (kW/PS) | 110/150 | 129/175 | 154/210 | 191/260 |
| bei Drehzahl (U/min) | 5700 | 5800 | 6300 | 5500 |
| Drehmoment (Nm) | 235 | 235 | 255 | 343 |
| bei Drehzahl (U/min) | 3800 | 4000 | 5100 | 4000 |
| Literleistung (kW/l) | 41 | 48 | 57 | 64 |
| Höchstdrehzahl(U/min) | 6500 | 6500 | 7300 | 7000 |
| Motorgewicht (kg) | 195 | 200 | 200 | 207 |
| **2. Gemischaufbereitung, Zündung, Einstellwerte** | | | | |
| Kraftstoffanlage | K-Jetronic | K-Jetronic | MSE | K-Jetronic |
| Kraftstoffart (ROZ) | 91 | 91 | 91 | 96 |
| Zündsystem | BHKZ | BHKZ | BHKZ | BHKZ kontaktlos |
| Zündkerzen Bosch | W215T30 | W225T30 | W260T2 | W280P21 |
| Beru | 215/14/3 | 225/14/3A | 260/14/3 | .... |
| Elektrodenabstand (mm) | 0,7 | = | = | = |
| Leerlaufdrehz. (U/min) | 850...950 | = | = | 900...950 |
| Abgasanlage/Entgiftung | ... | ... | ... | ... |
| CO-Gehalt (%) | 2,5 | = | = | = |
| Kraftstoffverbrauch bei gemischtem Betrieb (l/100 km) | 12...14 | 13...15 | 15...18 | 14...18 |

Zeichenerklärung: BHKZ = Batterie-Hochspannungs-Kondensator-Zündung
MSE = Mechanische Bosch Saugrohreinspritzung

| **3. Kraftübertragung** | | | | |
|---|---|---|---|---|
| Kupplung, Druckplatte | G MFZ 225 | = | = | G MFZ 240 |
| Mitnehmerscheibe | GUD 225 | = | = | GUD 240 |
| Getriebetyp Schaltgetriebe | 915/43 | 915/40 | 915/06 | 930/30 |

| Modellbezeichnung | 911 | 911 S | 911 Carrera | 911 Turbo |
|---|---|---|---|---|
| Gangübersetzungen | | | | |
| 1. Gang | 3,181 | = | = | 2,250 |
| 2. Gang | 1,833 | = | = | 1,304 |
| 3. Gang | 1,261 | = | = | 0,893 |
| 4. Gang | 0,9615 | 1,000 | 0,9259 | 0,656 |
| 5. Gang | 0,7241 | 0,8214 | 0,7241 | ... |
| Rückwärtsgang | 3,325 | = | = | 2,437 |
| Synchronsystem Gänge 1...5 | POSY | = | = | POSY |
| Achsantrieb | 4,4285 | = | = | 4,222 |
| Sperrdifferential | M | M | M | M |
| Sperrwert Zug/Schub (%) | 40/40 | = | = | = |
| Getriebetyp Sportomatic | 925/02 | 925/13 | ... | ... |
| Drehmomentwandler D. (mm) | F&S 190 | = | ... | ... |
| Festbremsdrehzah (U/min) | 2000 | = | | |
| Gangübersetzungen | | | | |
| 1. Gang | 2,400 | = | | |
| 2. Gang | 1,555 | = | | |
| 3. Gang | 1,125 | = | | |
| 4. Gang | 0,821 | = | | |
| Rückwärtsgang | 2,533 | = | | |
| Synchronsystem Vorwärtsg. | POSY | = | | |
| Achsantrieb | 3,857 | = | | |

Zeichenerklärung:

M Mehrausstattung (Sonderwunsch)
S Serie
F&S Hersteller Fichtel & Sachs
POSY Porsche Sperrsynchronsystem, Synchronringe Mo-beschichtet

**4. Fahrwerk, Lenkung, Bremsen, Räder**

| | | | | |
|---|---|---|---|---|
| Vorderachse | | | | |
| Stabilisator D. (mm) | 16 | 16 | 20 | 20 |
| Lenkungsübersetzung | 17,87 | = | = | = |
| Wendekreis D. (m) | 10,80 | = | = | = |
| Hinterachse | | | | |
| Stabilisator D.Schaltg. (mm) | ... | ... | 18 | 18 |
| Bremsanlage | | | | |
| Hauptbremszylinder D. (mm) | 19,05 | = | = | = |
| Kolbendurchm. in den | | | | |
| Bremszangen vorn (mm) | 48 | = | = | = |
| hinten (mm) | 38 | = | = | = |
| Bremsscheibendurchmesser | | | | |
| vorn (mm) | 282,5 | = | = | = |
| hinten (mm) | 290 | = | = | = |
| Bremsscheibendicke | | | | |
| vorn (mm) | 20 | = | = | = |
| hinten (mm) | 20 | = | = | = |
| Wirksame Gesamtbelagfläche ($cm^2$) | 210 | = | 257 | 257 |
| Feststellbremse | Mechanisch auf beide Hinterräder wirkend | | | |
| Bremstrommeldurchmesser (mm) | 180 | = | = | = |
| Gesamtbelagfläche ($cm^2$) | 170 | = | = | = |

| Modellbezeichnung | 911 | 911 S | 911 Carrera | 911 Turbo |
|---|---|---|---|---|
| Räder und Reifen | | | | |
| Serienbereifung vorn | 185/70VR15 | = | = | 205/50VR15* |
| auf Rad | 6J x 15 | = | = | 7J x 15 |
| Serienbereifung hinten | 185/70VR15 | = | 215/60VR15 | 225/50VR15* |
| auf Rad | 6J x 15 | = | 7J x 15 | 8J x 15 |
| Faltersatzrad | | Faltrad | 5 1/2 J x 15 | |
| Reifendruck vorn (bar) | 2,0 | = | = | = |
| hinten (bar) | 2,4 | = | = | = |
| Faltersatzrad (bar) | 2,0 | = | = | = |

* Auf Sonderwunsch auch Bereifung 185/70 VR15 vorne und 215/60 VR15 hinten

**5. Karosserie, Innenausstattung** (Abmessungen bei Leergewicht)

| | | | | |
|---|---|---|---|---|
| Länge (mm) | 4291 | = | = | = |
| Breite (mm) | 1610 | 1610 | 1652 | 1775 |
| Höhe (mm) | 1320 | = | = | = |
| Radstand (mm) | 2271 | = | = | 2272 |
| Spurweite vorn (mm) | 1372 | = | = | 1438 |
| hinten (mm) | 1354 | = | 1380 | 1511 |
| Bodenfreiheit bei zul.Ges.gewicht (mm) | 120 | = | = | = |

**9. Elektrik**

| | | | | |
|---|---|---|---|---|
| Generator-Leistung (W/A) | 980/70 | = | = | = |
| Batterie (V/Ah) | 12/66 | = | = | = |

**Gewichte nach DIN 70020**

| | | | | |
|---|---|---|---|---|
| Leergewicht (kg) | 1075 | = | = | 1140 |
| Zulässiges Gesamtgewicht. (kg) | 1440 | = | 1400 | 1470 |
| Zulässige Anhängelast ungebremst (kg) | 480 | = | = | keine |
| gebremst (kg) | 800 | = | = | keine |

**Fahrleistungen**

| | | | | |
|---|---|---|---|---|
| Höchstgeschwindigkeit Schaltgetriebe (km/h) | 210 | 225 | 240 | 250 |
| Beschleunigung 0...100 km/h Schaltgetriebe (s) | 8,5 | 7,6 | 6,3 | 5,5 |
| Kilometer mit stehendem Start Schaltgetriebe (s) | 29,0 | 28,0 | 26,5 | 24 |

Zeichenerklärung: > = mehr als, < = weniger als

**Füllmengen**

| | | | | | |
|---|---|---|---|---|---|
| Motorölmenge 1* | (l) | 11 | 13 | = | = |
| Motorölmenge mit SPM | (l) | + 2 | = | ... | ... |
| Ölwechselmenge 1* | (l) | 10 | = | = | = |
| Schaltgetriebe 2* | (l) | 3,0 | = | = | 3,7 |

| Modellbezeichnung | | 911 | 911 S | 911 Carrera | 911 Turbo |
|---|---|---|---|---|---|
| Sportomatic 2* | (l) | 2,5 | = | ... | ... |
| Kraftstoffbehälter | (l) | 80 | = | = | = |
| Bremsflüss.behält.6* | (l) | 0,20 | = | = | = |

* Ziffernerklärung:

1* Zugelassen API SE/SF mit Kombinationen API SE/CC - SF/CC - SF/CD - SE/CD Mehrbereichsöle nach Werksfreigabe. (SAE 10 W/50 oder 15 W/40 oder 20 W/50). Auch Einbereichsöle sind zulässig. Sommer SAE 30, Winter SAE 20.

2* Einbereichs-Getriebeöl SAE 90 nach MIL-L 2105 B bzw API-Klassifikation GL 5

6* Nur Bremsflüssigkeit entsprechend SAE J 1703 oder DOT 3 bzw. 4 verwenden

Zeichenerklärung:

SPM = Sportomatic

**Aufbau der Fahrgestell-Nummern (zehnstellig)**

| | | | | |
|---|---|---|---|---|
| 911 | 5 | 2 | 0 | 0001 ... 9999 |
| Fahrzeug | ! | ! | ! | ! |
| 911 = alle 911 | Modelljahr | ! | ! | ! |
| 930 = 911 Turbo | 5 = 1975 | Motor | ! | ! |
| | 4 = 1974 | 1 = 911 | Karosserie | ! |
| | | 2 = 911 S USA | 0 = Coupé | Zählnummer |
| | | 3 = 911 S | 1 = Targa | |
| | | 4 = Carrera USA | | |
| | | 6 = Carrera | | |
| | | 7 = Turbo | | |

Fahrgestell-Nummernbereiche, Übersicht

| | | | | | |
|---|---|---|---|---|---|
| 911 | 5 | 1 | 0 | 0001 ... 9999 | Restwelt 911 Coupé |
| 911 | 5 | 1 | 1 | 0001 ... 9999 | Restwelt 911 Targa |
| 911 | 5 | 2 | 0 | 0001 ... 9999 | USA+Kalifornien 911 S Coupé |
| 911 | 5 | 2 | 1 | 0001 ... 9999 | USA+Kalifornien 911 S Targa |
| 911 | 5 | 3 | 0 | 0001 ... 9999 | Restwelt 911 S Coupé |
| 911 | 5 | 3 | 1 | 0001 ... 9999 | Restwelt 911 S Targa |
| 911 | 5 | 4 | 0 | 0001 ... 9999 | USA+Kalifornien Carrera Coupé |
| 911 | 5 | 4 | 1 | 0001 ... 9999 | USA+Kalifornien Carrera Targa |
| 911 | 5 | 6 | 0 | 0001 ... 9999 | Carrera Copé |
| 911 | 5 | 6 | 1 | 0001 ... 9999 | Carrera Targa |
| 930 | 5 | 7 | 0 | 0001 ... 1000 | 911 Turbo |

# Modelljahr 1976
# (J-Programm: Mit verzinkter Karosserie)

## Porsche 911 Coupé und Targa
## Porsche 911 Carrera 3,0 Coupé und Targa
## Porsche 911 Turbo Coupé

Familienglück: Mutter mit Kind und Porsche 911; die Rückspiegel waren erstmals elektrisch verstellbar.

Nachdem nun auch ein Einsteiger-Porsche verfügbar war, der Porsche 924 mit 125 PS (92 kW), wurde das Programm der Sechszylinder-Baureihe gestrafft: Der 911 mit 2,7 Liter Hubraum blieb, der Carrera 3,0 erhielt einen Dreiliter-Saugmotor und eine K-Jetronic; der 911 Turbo den aus dem Carrera-Motor weiterentwickelten Motor mit Turboaufladung. Das für die Saugmotoren verfügbare halbautomatische Sportomatic-Getriebe wies nur noch drei Vorwärtsgänge auf. Dagegen ein großer Schritt nach vorn: die feuerverzinkten Stahlblechen für tragende Karosserieteile. Ein Meilenstein im Automobilbau: sechs Jahre Garantie gegen Durchrostung (Langzeitgarantie). Zuvor wurden umfangreiche Versuche angestellt, als Karosseriewerkstoff nichtrostenden Edelstahl zu verwenden. Es wurden mit großem Aufwand drei Prototypen mit Edelstahlkarosserie aufgebaut, einer davon steht im Deutschen Museum in München. Daß die Versuche beendet wurden, lag an den großen Schwierigkeiten beim Tiefziehen und beim Schweißen der Blechteile.

## Motor

Änderungen am Motor des Carrera 3,0: Neben der Hubraumerweiterung auf 2994 $cm^3$ und vergrößerten Ventilen wurde die K-Jetronic mit der Gemischbildung betraut. Auch der Motor des 911 wurde höher verdichtet und in der Leistung gesteigert. Beide Saugmotoren erhielten ein Kühlgebläserad mit nur fünf Luftschaufeln. Die Gebläseübersetzung wurde geändert, Generator und Gebläse rotieren schneller.

Die schnellere Drehzahl von Gebläserad und Drehstromgenerator wurde notwendig, da der elektrische Verbrauch bei Fahrzeugen, die nur im Leerlauf im Stadtbetrieb bewegt werden, oft höher lag, als der Generator nachliefern konnte.

## Kraftstoffanlage, Zündsystem

Der Turbo-Motor erhielt einen Zusatzluftschieber, eine Zusatzlufteinblasung zur Reduzierung der Abgas-Schadstoffe sowie einen Druckspeicher im Kraftstoffsystem zwischen Benzinpumpen und verbessertem Mengenteiler. Nachdem auch der Carrera auf K-Jetronic umgestellt war, waren erstmals alle Porsche-Typen, auch der 924, mit einem einheitlichen Einspritzsystem ausgestattet. Die Kraftstoffpumpe von 911 und 911 Carrera wurde nach vorn in den Bereich Tank/Lenkung versetzt. Die Gemischaufbereitung für den Turbo-Motor erhielt einige komfortverbessernde Bauteile, die den Kalt- oder Heißstart erleichterten.

## Kraftübertragung

Die beiden Sportomatic-Getriebe 925/09 für den 911 und 925/13 für den 911 Carrera 3,0 wurden nur noch mit drei Vorwärtsgängen ausgeliefert. Bei den Schaltgetrieben für die Saugmotoren wurden die Gangübersetzungen der Motorleistung angepaßt. Wegen der Breitbereifung gab es für den 911 Turbo zwei Getriebe, die sich lediglich in der Übersetzung des Achsantriebs unterschieden: Getribetyp 930/30, Achsübersetzung 9:38 (für Normalbereifung); Getriebetyp930/32, Achsübersetzung 9:36 (für die 50 Prozent Bereifung 225/50 VR15).

Daß die Sportomatic nur noch mit drei Vorwärtsgängen auskommen mußte, war auf verschärfte Geräuschvorschriften in einigen wichtigen Exportmärkten zurückzuführen: Beim Durchfahren der Meßstrecke erreichten die Fahrzeuge beim Beschleunigen mit Vollgas mit der Viergang-Sportomatic die Grenzdrehzahl von z. B. 6800/min im zweiten Gang. Die dabei entstehenden Abgas- und Mechanikgeräusche überschritten die neuen gesetzlichen Grenzwerte.

## Fahrwerk

Keine Fahrwerksänderungen an den Saugmotor-Fahrzeugen. Für den 911 Turbo wurden zwei Bereifungen angeboten: weiterhin vorn 185/70 VR 15, hinten 215/60 VR15; neu dazu vorn 205/50 VR 15 und hinten 225/50 VR 15.

Erstmals bot Porsche eine Bereifung mit einem Höhen/Breitenverhältnis von 50 Prozent an. Die Nachfrage war so groß, daß bei der Reifenindustrie Engpässe entstanden.

## Karosserie

Eingeführt wurden feuerverzinkte Stahlbleche für die tragenden Teile der Karosserien aller Fahrzeuge. Verbesserung der Oberflächen- und Hohlraumbehandlung bei der nachfolgenden Fertigstellung der Karosserien und der Lackierung. Scheinwerferringe in Wagenfarbe jetzt auch beim 911 Carrera. Scheinwerferreinigungsanlage Serie beim 911 Carrera und 911 Turbo.

Porsche war der erste Automobilhersteller, der Serienfahrzeuge aus feuerverzinktem Tiefzieh-Stahlblech herstellte. Nach Versuchen, Karosserien aus nichtrostendem Stahl zu bauen, verwendete Porsche in Zuffenhausen und bei Audi-NSU in Neckarsulm (Fertigung 924) feuerverzinkte Bleche. Trotz aufwendiger Vorarbeiten für die Lackierung gelang es, die bekannte Lackqualität auf den verzinkten Blechen zu halten.

## Ausstattung

Bei 911 Carrera und 911 Turbo abgesteppte Türtafeln, hochgezogene Teppiche. Beleuchteter Zünd/türschlüssel.

## Elektrik

Die Außenspiegel waren elektrisch verstellbar und beheizbar bei allen Fahrzeugen. Bei 911 und 911 Carrera 3,0 wurden die ersten elektronischen Tachometer eingebaut; zwei Lautsprecherblenden in den Türen. Der 911 Turbo besaß zwei Lautsprecher vorn und zwei im Fond. Lieferbar als Sonderwunsch (nicht 912) war der Tempostat, eine Anlage zur automatischen Geschwindigkeitsregulierung.

Tradition seit neun Jahren: Das klappbare Targadach paßt in den Kofferraum.

Auch bei den elektronischen Tachometern war Porsche wieder einmal der Vorreiter: Zusammen mit dem Ausgleichgetriebe rotierte ein Leichtmetall-Polrad, das acht kleinen Stabmagnete besaß. Ein Reed-Schalter, außen am Getriebegehäuse angebracht, erkannte trotz Gehäusewand die Magnetfelder der vorbeilaufenden Stabmagnete und übermittelte die Impulszahlen zum Tachometer.

911 Turbo mit Heckspoiler, 911 Carrera Targa und 911.

Feuerverzinkter Elfer im Salzwasserbad.

## Sonstiges

123 Fahrzeuge 911 Carrera 3,0 erhielten aus Produktionsgründen einen stärkeren Motor mit 155 kW (210 PS).

| Typenbezeichnung | Listenpreise 8/75 bzw. 3/76 | Produktionszahlen |
|---|---|---|
| 912 (für USA) | | 1216 |
| 911 Coupé | DM 34.350,–/35.750,– | 1868 |
| 911 Targa | | 1576 |
| 911 Carrera Coupé | DM 44.950,–/46.350,– | 1093 + 2079 USA |
| 911 Carrera Targa | | 479 + 2175 USA |
| 911 Turbo Coupé | DM 66.450,–/67.850,– | 644 + 530 USA |

| Modellbezeichnung | 911 | 911 Carrera | 911 Turbo |
|---|---|---|---|
| **1. Motor** | | | |
| Motor-Typ Schaltgetr. | 911/81 | 930/02 | 930/52 |
| Bohrung (mm) | 90 | 95 | 95 |
| Hub (mm) | 70,4 | 70,4 | 70,4 |
| Hubraum ($cm^3$) | 2687 | 2994 | 2994 |
| Verd.verhältnis | 8,5:1 | 8,5:1 | 6,5:1 |
| Motorleistung (kW/PS) | 121/165 | 147/200 | 191/260 |
| bei Drehzahl (U/min) | 5800 | 6000 | 5500 |
| Drehmoment (Nm) | 235 | 255 | 343 |
| bei Drehzahl (U/min) | 4000 | 4200 | 4000 |
| Literleistung (kW/l) | 45 | 50 | 64 |
| Höchstdrehzahl(U/min) | 6700 | 7000 | 7000 |
| Motorgewicht (kg) | 195 | 200 | 207 |
| **2. Gemischaufbereitung, Zündung, Einstellwerte** | | | |
| Kraftstoffanlage | K-Jetronic | K-Jetronic | K-Jetronic |
| Kraftstoffart (ROZ) | 91 | 91 | 96 |
| Zündsystem | BHKZ | BHKZ | BHKZ kontaktlos |
| Zündkerzen Bosch | W225T30 | W260T2 | W280P1 |
| Beru | 225/14/3 | 260/14/3 | 225/14/3A |

| Modellbezeichnung | 911 | 911 Carrera | 911 Turbo |
|---|---|---|---|
| Elektrodenabstand (mm) | 0,7 | = | 0,7 |
| Leerlaufdrehz. (U/min) | 850...950 | = | 900...950 |
| Abgasanlage/Entgiftung | ... | ... | SLE+ZLP |
| CO-Gehalt (%) | 2,5 | 2,5 | 2,5 |

Zeichenerklärung: BHKZ = Batterie-Hochspannungs-Kondensator-Zündung
SLE = Sekundärlufteinblasung, ZLP = Zusatzluftpumpe

| | | | |
|---|---|---|---|
| Kraftstoffverbrauch bei gemischtem Betrieb (l/100km) | 13...15 | 14...16 | 14...18 |

**3. Kraftübertragung**

| | | | |
|---|---|---|---|
| Kupplung, Druckplatte | G MFZ 225 | = | G MFZ 240 |
| Mitnehmerscheibe | GUD 225 | = | GUD 240 |
| Getriebetyp Schaltgetriebe | 915/44 | 915/44 | 930/33 |
| Gangübersetzungen | | | |
| 1. Gang | 3,181 | = | 2,250 |
| 2. Gang | 1,833 | = | 1,304 |
| 3. Gang | 1,261 | = | 0,893 |
| 4. Gang | 1,000 | = | 0,656 |
| 5. Gang | 0,821 | = | ... |
| Rückwärtsgang | 3,325 | = | 2,437 |
| Synchronsystem Gänge 1...5 | POSY | = | POSY |
| Achsantrieb | 3,875 | = | 4,222 und 4,000 |
| Sperrdifferential | M | M | M |
| Sperrwert Zug/Schub (%) | 40/40 | = | = |
| Getriebetyp Sportomatic | 925/09 | 925/13 | ... |
| Drehmomentwandler D. (mm) | F&S 190 | = | ... |
| Festbremsdrehzah (U/min) | 1900 | = | |
| Gangübersetzungen | | | |
| 1. Gang | 2,400 | = | |
| 2. Gang | 1,428 | = | |
| 3. Gang | 0,926 | = | |
| 4. Gang | .... | ... | |
| Rückwärtsgang | 2,533 | = | |
| Synchronsystem Vorwärtsg. | POSY | = | |
| Achsantrieb | 3,375 | = | |

Zeichenerklärung:
M Mehrausstattung (Sonderwunsch)
S Serie
F&S Hersteller Fichtel & Sachs
POSY Porsche Sperrsynchronsystem, Synchronringe Mo-beschichtet

**4. Fahrwerk, Lenkung, Bremsen, Räder**

| | | | |
|---|---|---|---|
| Vorderachse | | | |
| Stabilisator D. (mm) | 16 | 20 | 18 |
| Lenkungsübersetzung | 17,87 | = | = |
| Wendekreis D. (m) | 10,80 | = | = |
| Hinterachse | | | |
| Stabilisator D.Schaltg. (mm) | ... | 18 | 18 |
| Bremsanlage | | | |
| Bremskraftverst. D (Zoll) | ... | 7 | 7 |
| Hauptbremszylinder D. (mm) | 20,64 | = | 23,81 |
| Kolbendurchm. in den | | | |

| Modellbezeichnung | 911 | 911 Carrera | 911 Turbo |
|---|---|---|---|
| Bremszangen vorn (mm) | 48 | = | = |
| hinten (mm) | 38 | = | = |
| Bremsscheibendurchmesser | | | |
| vorn (mm) | 282,5 | = | = |
| hinten (mm) | 290 | = | = |
| Bremsscheibendicke | | | |
| vorn (mm) | 20 | = | = |
| hinten (mm) | 20 | = | = |
| Wirksame Gesamtbelagfläche ($cm^2$) | 257 | = | = |
| Feststellbremse | Mechanisch auf beide Hinterräder wirkend | | |
| Bremstrommeldurchmesser (mm) | 180 | = | = |
| Gesamtbelagfläche ($cm^2$) | 170 | = | = |
| | | | |
| Räder und Reifen | | | |
| Serienbereifung vorn | 185/70VR15 | = | 185/70VR15* |
| auf Rad | 6J x 15 | 6J x 15 | 7J x 15 |
| Serienbereifung hinten | 185/70VR15 | 215/60VR15 | 215/60VR15* |
| auf Rad | 6J x 15 | 7J x 15 | 8J x 15 |
| Faltersatzrad | 165-15 89P | = | = |
| Reifendruck vorn (bar) | 2,0 | = | 2,0 |
| hinten (bar) | 2,4 | = | 3,0 |
| Faltersatzrad (bar) | 2,2 | = | 2,2 |

* Auf Sonderwunsch auch Bereifung 185/70 VR15 vorne und 215/60 VR15 hinten.

**5. Karosserie, Innenausstattung** (Abmessungen bei Leergewicht)

| | | | |
|---|---|---|---|
| Länge (mm) | 4291 | = | = |
| Breite (mm) | 1610 | 1652 | 1775 |
| Höhe (mm) | 1320 | = | = |
| Radstand (mm) | 2272 | = | = |
| Spurweite vorn (mm) | 1369 | = | 1438 |
| hinten (mm) | 1354 | 1380 | 1511 |
| Bodenfreiheit bei zul.Ges.gewicht (mm) | 120 | = | = |

**9. Elektrik**

| | | | |
|---|---|---|---|
| Generator-Leistung (W/A) | 980/70 | = | = |
| Batterie (V/Ah) | 12/66 | = | = |
| | | | |
| Gewichte nach DIN 70020 | | | |
| Leergewicht (kg) | 1120 | = | 1195 |
| Zulässiges Gesamtgewicht. (kg) | 1500 | 1440 | 1525 |
| Zulässige Anhängelast ungebremst (kg) | 480 | = | keine |
| gebremst (kg) | 800 | = | keine |

**Fahrleistungen**

| | | | |
|---|---|---|---|
| Höchstgeschwindigkeit | | | |
| Schaltgetriebe (km/h) | 210 | 230 | 250 |
| Beschleunigung 0...100 km/h | | | |
| Schaltgetriebe (s) | 7,8 | 6,5 | 5,5 |

| Modellbezeichnung | | 911 | 911 Carrera | 911 Turbo |
|---|---|---|---|---|
| Kilometer mit stehendem Start Schaltgetriebe (s) | | 29,0 | 27,0 | 24,0 |

Zeichenerklärung: > = mehr als, < = weniger als

**Füllmengen**

| | | | | |
|---|---|---|---|---|
| Motorölmenge 1* | (l) | 13 | = | = |
| Motorölmenge mit SPM | (l) | + 2 | = | ... |
| Ölwechselmenge 1* | (l) | 10 | = | = |
| Schaltgetriebe 2* | (l) | 3,0 | = | 3,7 |
| Sportomatic 2* | (l) | 2,5 | = | ... |
| Kraftstoffbehälter | (l) | 80 | = | = |
| Bremsflüss.behält.6* | (l) | 0,20 | = | = |

* Ziffernerklärung:

1* Zugelassen API SE/SF mit Kombinationen API SE/CC - SF/CC - SF/CD - SE/CD Mehrbereichsöle nach Werksfreigabe. (SAE 10 W/50 oder 15 W/40 oder 20 W/50). Auch Einbereichsöle sind zulässig. Sommer SAE 30, Winter SAE 20.

2* Einbereichs-Getriebeöl SAE 90 nach MIL-L 2105 B bzw API-Klassifikation GL 5

6* Nur Bremsflüssigkeit entsprechend SAE J 1703 oder DOT 3 bzw. 4 verwenden

Zeichenerklärung:

SPM = Sportomatic

**Aufbau der Fahrgestell-Nummern (zehnstellig)**

| 911 | 6 | 2 | 0 | 0001 ... 9999 |
|---|---|---|---|---|
| Fahrzeug | ! | ! | ! | ! |
| 911 = alle 911 | Modelljahr | ! | ! | ! |
| 930 = 911 Turbo | 6 = 1976 | Motor | ! | ! |
| | 5 = 1975 | 2 = 911 S USA | Karosserie | ! |
| | | 3 = 911 | 0 = Coupé | Zählnummer |
| | | 6 = Carrera | 1 = Targa | |
| | | 7 = 911 Turbo | | |
| | | 8 = 911 Turbo USA | | |

Fahrgestell-Nummernbereiche, Übersicht

| | | | | | |
|---|---|---|---|---|---|
| 911 | 6 | 2 | 0 | 0001 ... 9999 | USA+Kalifornien Coupé 911 S |
| 911 | 6 | 2 | 1 | 0001 ... 9999 | USA+Kalifornien Targa 911 S |
| 911 | 6 | 3 | 0 | 0001 ... 9999 | Restwelt 911 S Coupé |
| 911 | 6 | 3 | 1 | 0001 ... 9999 | Restwelt 911 S Targa |
| 911 | 6 | 6 | 0 | 0001 ... 9999 | Carrera Coupé |
| 911 | 6 | 6 | 1 | 0001 ... 9999 | Carrera Targa |
| 930 | 6 | 7 | 0 | 0001 ... 1000 | Restwelt 911 Turbo |
| 930 | 6 | 8 | 0 | 0001 ... 1000 | USA+Kalifornien 911 Turbo |

# Modelljahr 1977
# (K-Programm: Mit Bremskraftverstärker)

## Porsche 911 Coupé und Targa
## Porsche 911 Carrera Coupé und Targa
## Porsche 911 Turbo Coupé

Der 911 Carrera hatte lackierte Scheinwerferringe und ab Modelljahr 1977 ATS-Druckguß-Felgen. Die Leistung wuchs auf 200 PS.

Wenig Neues im Modelljahr 1977: Geänderte Bedienung von Heizung und Lüftung bei den Saugmotoren. Die Modelle Carrera 3,0 und 911 Turbo erhielten Bremskraftverstärker. Der 911 Turbo wurde mit großen 16 Zoll-Rädern bestückt.

### Motor

Motoren für die USA waren mit Zusatzlufteinblasung hinter die Auslaßventile, mit Abgasrückführung ins Ansaugsystem (EGR) und mit Abgas-Thermoreaktoren ausgestattet. Für Japan war zusätzlich eine optische Abgastemperatur-Überwachung vorgesehen, die bei Überschreiten normaler Abgastemperaturen (z. B. 750 °C beim Turbo) den Fahrer vor Überhitzung des Abgassystems warnte. Turbomotoren erhielten einen Geber für die Anzeige des Ladedrucks.
Die Gesetze zur Luftreinhaltung in den USA, Kanada und Japan wurden immer schärfer. Nur noch mit Abgas-Nachverbrennung durch Sauerstoffzufuhr, teilweise Rückführung der Abgase ins Ansaugsystem und den Einsatz von Thermoreaktoren im Abgasstrom

»Damenleicht«: Das Abnehmen des Targadachs.

konnten die bestehenden Gesetze erfüllt und Fahrzeuge in diese Länder geliefert werden.

## Kraftstoffanlage, Zündsystem

Eine neue Kraftstoffpumpen-Generation setzte ein: Bosch EKP IV. Diese Pumpen waren laufruhiger und besaßen höhere Förderleistungen. Beim Turbo wurden zwei EKP IV-Pumpen hintereinander eingesetzt.

## Kraftübertragung

Verbesserungen an den Kupplungshilfen bei 911 Carrera und 911 Turbo: Das Auskuppeln wurde noch komfortabler. Die Getriebe 915/60 (für 911) und 915/61 (für 911 Carrera 3,0) erhielten verbesserte Schaltungsteile für den ersten Gang.

Mit der Einführung asymetrisch angespitzter Schaltzähne am Kupplungskörper des ersten Ganges und an der Schaltmuffe wurde das Einlegen des Ganges wesentlich erleichtert.

## Fahrwerk

Unterdruck-Bremskraftverstärker wurden beim 911 Carrera 3,0 und beim 911 Turbo sowie beim 911 mit Sportomatic eingebaut. Die Bremsanlage wurde auf diese Änderung neu abgestimmt. Weitere Änderungen am 911 Turbo: Stabilisatoren vorn 20,0 mm, hinten 18,0 mm Durchmesser. Umstellung auf 16 Zoll-Räder. Vorn 7J x 16, hinten 8J x 16. Bereifung vorn 205/55 VR 16 und hinten 225/50 VR 16.

Ohne Bremskraftverstärker ging es auch beim 911 nicht mehr: Die Fahrzeuge wurden von Jahr zu Jahr schwerer, die Höchstgeschwindigkeit nahm zu. Um die Pedalkräfte erträglich niedrig zu halten, wurden unterdruckunterstützte Bremskraftverstärker von Teves (ATE) eingebaut.

## Ausstattung

Einbruchsichere Türverriegelung durch Drehknopf. Der

Modellreihe: Die Turbos hatten geschmiedete Fuchs-Felgen.

Transparent gemacht: 911 mit Nadelstreifen-Sitzen und Mittelkonsohle; die Türknöpfe wurden versenkt.

auf- und niedergehende Stift verschwand völlig bei abgeschlossener Tür. Er konnte auch nicht manuell hochgezogen werden. Um die Einbruchsicherheit weiter zu erhöhen, hatten auch Targa-Fahrzeuge keine vorderen Ausstellfenster mehr, die Dreieckfenster waren ab Modelljahr 1977 starr. Die Turbo-Fahrzeuge wurden mit einer Ladedruckanzeige ausgerüstet. Das bis 1,5 bar (Überdruck) skalierte Zeigerinstrument befand sich im zentral angeordneten Drehzahlmesser.

Ein Problem nahm weltweit zu: Fahrzeugdiebstahl. Porsche macht auch bei den Targa-Fahrzeugen die seitherigen vorderen Ausstellfenster starr, dort setzten Langfinger mit Vorliebe »den Hebel an«. Auch die völlig abgesenkten Stifte boten keinen Angriffspunkte mehr, zum manuellen Öffnen und Schließen von innen gab es nun einen Drehknopf.

## Verkleidungen, Sitze

Vorder- und Fondsitze waren auf Wunsch mit Nadelstreifenstoff bezogen.

## Heizung, Klimaanlage

Doppelte Lüftungshebel (für rechte und linke Autoseite), die Bedienhebel waren nachts beleuchtet. Zur besseren Innenbelüftung zusätzlich eine doppelte Mitteldüse in der Instrumententafel. Beim 911 Carrera 3,0 wurde die automatische Heizungsregelung vom 911 Turbo übernommen.

## Elektrik

Gurtwarnleuchte für alle Fahrzeuge.

| Typenbezeichnung | Listenpreise 8/76 bzw. 3/77 | Produktionszahlen |
|---|---|---|
| 911 Coupé | DM 35.950,–/37.300,– | 2449 + 3388 USA |
| 911 Targa | | 1724 + 2747 USA |
| 911 Carrera 3,0 Coupé | DM 46.350,–/47.700,– | 1473 + 646 |
| 911 Carrera 3,0 Targa | DM | |
| 911 Turbo Coupé | DM 67.850,–/70.000,– | 695 + 727 USA |

| Modellbezeichnung | 911 | 911 Carrera | 911 Turbo |
|---|---|---|---|
| **1. Motor** | | | |
| Motor-Typ Schaltgetr. | 911/81 | 930/02 | 930/52 |
| Bohrung (mm) | 90 | 95 | 95 |
| Hub (mm) | 70,4 | 70,4 | 70,4 |
| Hubraum ($cm^3$) | 2687 | 2994 | 2994 |
| Verd.verhältnis | 8,5:1 | 8,5:1 | 6,5:1 |
| Motorleistung (kW/PS) | 121/165 | 147/200 | 191/260 |
| bei Drehzahl (U/min) | 5800 | 6000 | 5500 |
| Drehmoment (Nm) | 235 | 255 | 343 |
| bei Drehzahl (U/min) | 4000 | 4200 | 4000 |
| Literleistung (kW/l) | 45 | 50 | 64 |
| Höchstdrehzahl(U/min) | 6700 | 7000 | 7000 |
| Motorgewicht (kg) | 195 | 200 | 207 |
| **2. Gemischaufbereitung, Zündung, Einstellwerte** | | | |
| Kraftstoffanlage | K-Jetronic | K-Jetronic | K-Jetronic |
| Kraftstoffart (ROZ) | 91 | 91 | 96 |
| Zündsystem | BHKZ | BHKZ | BHKZ kontaktlos |
| Zündkerzen Bosch | W225T30 | = | W280P21 |
| Beru | 225/14/3 | = | 225/14/3A |
| Elektrodenabstand (mm) | 0,7 | = | 0,6 |
| Leerlaufdrehz. (U/min) | 850...950 | = | 900...950 |
| Abgasanlage/Entgiftung | ZLP+TR+EGR* | = | SLE+ZLP |
| CO-Gehalt (%) | 2,0...2,4 | 2,0...4,0 | |
| Zeichenerklärung: BHKZ | = Batterie-Hochspannungs-Kondensator-Zündung | | |
| SLE | = Sekundärlufteinblasung, ZLP = Zusatzluftpumpe | | |
| TR | = Thermoreaktoren, EGR = Abgasrückführung, * = nur USA | | |
| Kraftstoffverbrauch bei gemischtem Betrieb (l/100km) | 13...15 | 14...16 | 14...18 |
| **3. Kraftübertragung** | | | |
| Kupplung, Druckplatte | G MFZ 225 | = | G MFZ 240 |
| Mitnehmerscheibe | GUD 225 | = | GUD 240 |
| Getriebetyp Schaltgetriebe | 915/60 | 915/60 | 930/33 |
| Gangübersetzungen | | | |
| 1. Gang | 3,181 | = | 2,250 |
| 2. Gang | 1,833 | = | 1,304 |
| 3. Gang | 1,261 | = | 0,893 |
| 4. Gang | 1,000 | = | 0,656 |
| 5. Gang | 0,821 | = | ... |
| Rückwärtsgang | 3,325 | = | 2,437 |
| Synchronsystem Gänge 1...5 | POSY | = | POSY |
| Achsantrieb | 3,875 | = | 4,222 |
| Sperrdifferential | M | M | M |
| Sperrwert Zug/Schub (%) | 40/40 | = | = |
| Getriebetyp Sportomatic | 925/15 | 925/16 | ... |
| Drehmomentwandler D. (mm) | F&S 190 | = | ... |
| Festbremsdrehzah (U/min) | 1900 | = | |
| Gangübersetzungen | | | |
| 1. Gang | 2,400 | = | |
| 2. Gang | 1,428 | = | |
| 3. Gang | 0,926 | = | |
| 4. Gang | .... | ... | |

| Modellbezeichnung | 911 | 911 Carrera | 911 Turbo |
|---|---|---|---|
| Rückwärtsgang | 1,81 | = | |
| Synchronsystem Vorwärtsg. | POSY | = | |
| Achsantrieb | 3,375 | = | |

Zeichenerklärung:

M Mehrausstattung (Sonderwunsch)
S Serie
F&S Hersteller Fichtel & Sachs
POSY Porsche Sperrsynchronsystem, Synchronringe Mo-beschichtet

**4. Fahrwerk, Lenkung, Bremsen, Räder**

| | | | |
|---|---|---|---|
| Vorderachse | | | |
| Stabilisator D. (mm) | 16 | 20 | 20 |
| Lenkungsübersetzung | 17,87 | = | = |
| Wendekreis D. (m) | 10,95 | = | = |
| Hinterachse | | | |
| Stabilisator D.Schaltg. (mm) | ... | 18 | 18 |
| Bremsanlage | | | |
| Bremskraftverst. D (Zoll) | ... | 7 | 8 |
| Hauptbremszylinder D. (mm) | 20,64 | = | 23,81 |
| Kolbendurchm. in den | | | |
| Bremszangen vorn (mm) | 48 | = | = |
| hinten (mm) | 38 | = | = |
| Bremsscheibendurchmesser | | | |
| vorn (mm) | 282,5 | = | = |
| hinten (mm) | 290 | = | = |
| Bremsscheibendicke | | | |
| vorn (mm) | 20 | = | = |
| hinten (mm) | 20 | = | = |
| Wirksame Gesamtbelag- | | | |
| fläche ($cm^2$) | 257 | = | = |
| Feststellbremse | Mechanisch auf beide Hinterräder wirkend | | |
| Bremstrommel- | | | |
| durchmesser (mm) | 180 | = | = |
| Gesamtbelagfläche ($cm^2$) | 170 | = | = |
| | | | |
| Räder und Reifen | | | |
| Serienbereifung vorn | 185/70VR15 | = | 205/55VR16 |
| auf Rad | 6J x 15 | 6J x 15 | 7J x 16 |
| Serienbereifung hinten | 185/70R15 | = | 225/50VR16 |
| auf Rad | 6J x 15 | 7J x 15 | 8J x 16 |
| Faltersatzrad | 165-15 89P | = | = |
| Reifendruck vorn (bar) | 2,0 | = | 2,0 |
| hinten (bar) | 2,4 | = | 3,0 |
| Faltersatzrad (bar) | 2,2 | = | 2,2 |

**5. Karosserie, Innenausstattung** (Abmessungen bei Leergewicht)

| | | | |
|---|---|---|---|
| Länge (mm) | 4291 | = | = |
| Breite (mm) | 1610 | 1652 | 1775 |
| Höhe (mm) | 1320 | = | = |
| Radstand (mm) | 2272 | = | = |
| Spurweite vorn (mm) | 1369 | = | 1438 |
| hinten (mm) | 1354 | 1380 | 1511 |

| Modellbezeichnung | 911 | 911 Carrera | 911 Turbo |
|---|---|---|---|
| Bodenfreiheit bei zul.Ges.gewicht (mm) | 120 | = | = |
| **9. Elektrik** | | | |
| Generator-Leistung (W/A) | 980/70 | = | = |
| Batterie (V/Ah) | 12/66 | = | = |
| **Gewichte nach DIN 70020** | | | |
| Leergewicht (kg) | 1120 | = | 1195 |
| Zulässiges Gesamtgewicht. (kg) | 1500 | 1449 | 1525 |
| Zulässige Anhängelast ungebremst (kg) | 480 | = | keine |
| gebremst (kg) | 800 | = | keine |
| **Fahrleistungen** | | | |
| Höchstgeschwindigkeit Schaltgetriebe (km/h) | 210 | 230 | 250 |
| Beschleunigung 0...100 km/h Schaltgetriebe (s) | 7,8 | 6,5 | 5,5 |
| Kilometer mit stehendem Start Schaltgetriebe (s) | 29,0 | 27,0 | 24,0 |

Zeichenerklärung: > = mehr als, < = weniger als

**Füllmengen**

| | | | | |
|---|---|---|---|---|
| Motorölmenge 1* | (l) | 13 | = | = |
| Motorölmenge mit SPM | (l) | + 2 | ... | ... |
| Ölwechselmenge 1* | (l) | 10 | = | = |
| Schaltgetriebe 2* | (l) | 3,0 | = | 3,7 |
| Sportomatic 2* | (l) | 2,5 | ... | ... |
| Kraftstoffbehälter | (l) | 80 | = | = |
| Bremsflüss.behält.6* | (l) | 0,20 | = | = |

* Ziffernerklärung:

1* Zugelassen API SE/SF mit Kombinationen API SE/CC - SF/CC - SF/CD - SE/CD Mehrbereichsöle nach Werksfreigabe. (SAE 10 W/50 oder 15 W/40 oder 20 W/50). Auch Einbereichsöle sind zulässig. Sommer SAE 30, Winter SAE 20.

2* Einbereichs-Getriebeöl SAE 90 nach MIL-L 2105 B bzw API-Klassifikation GL 5

6* Nur Bremsflüssigkeit entsprechend SAE J 1703 oder DOT 3 bzw. 4 verwenden

Zeichenerklärung:
SPM = Sportomatic

**Aufbau der Fahrgestell-Nummern (zehnstellig)**

| 911 | 7 | 2 | 0 | 0001 ... 9999 |
|---|---|---|---|---|
| Fahrzeug | ! | ! | ! | ! |
| 911 = alle 911 | Modelljahr | ! | ! | ! |
| 930 = 911 Turbo | 7 = 1977 | Motor | ! | ! |
| | 6 = 1976 | 2 = 911 S USA | Karosserie | ! |
| | | 3 = 911 | 0 = Coupé | Zählnummer |
| | | 6 = Carrera | 1 = Targa | |
| | | 7 = 911 Turbo | | |
| | | 8 = 911 Turbo USA | | |

Fahrgestell-Nummernbereiche, Übersicht

| | | | | | |
|---|---|---|---|---|---|
| 911 | 7 | 2 | 0 | 0001 ... 9999 | USA+Kalifornien Coupé 911 S |
| 911 | 7 | 2 | 1 | 0001 ... 9999 | USA+Kalifornien Targa 911 S |
| 911 | 7 | 3 | 0 | 0001 ... 9999 | Restwelt 911 S Coupé |
| 911 | 7 | 3 | 1 | 0001 ... 9999 | Restwelt 911 S Targa |
| 911 | 7 | 6 | 0 | 0001 ... 9999 | Carrera Coupé |
| 911 | 7 | 6 | 1 | 0001 ... 9999 | Carrera Targa |
| 930 | 7 | 7 | 0 | 0001 ... 1000 | Restwelt 911 Turbo |
| 930 | 7 | 8 | 0 | 0001 ... 1000 | USA+Kalifornien 911 Turbo |

# Modelljahr 1978 (L-Programm: Turbo mit Ladeluftkühler)

## Porsche 911 SC Coupé und Targa
## Porsche 911 Turbo 3,3 Coupé

Zurück zum Chrom: Schwarzeloxierte Teile und lackierte Lampenringe kosteten Aufpreis.

Die Porsche-Gesamtpalette war mit dem 924 und dem 928 inzwischen stark angewachsen, so reduzierte man 1978 die unterschiedlich starken 911-Modelle auf zwei: den 911 SC, der sein Kürzel SC vom letztjährigen »Super« ausgestatteten S und vom leistungsstarken Carrera-Motor das C bekam. Der Turbo erhielt einen 3,3 l-Motor mit Ladeluftkühler. Durch die Abkühlung der verdichteten Luft ergab sich bei gleichbleibender Motorverdichtung und gleichem Oktanzahlbedarf mehr Sauerstoff im Brennraum, es konnte mehr Kraftstoff

Nur noch zwei Elfer:
Turbo 3.3 und 911 SC.

eingespritzt und damit mehr Leistung und Drehmoment in allen Drehzahlbereichen erreicht werden. Mit der angehobenen Leistung des 911 Turbo 3,3 wurde wieder ein Abstand zum neuen 928 hergestellt. Trotzdem wird in diesem Modelljahr deutlich, daß der Elfer eigentlich vom 928 ersetzt werden sollte.

## Motor

Bedingt durch unterschiedliche Abgasgesetze in den Exportmärkten gibt es alleine für den 911 SC sechs verschiedene Saugmotoren:

Weitere Änderungen an den Saugmotoren: Die Kurbelwelle war verstärkt, die Hauptlager sind auf 60 mm Durchmesser vergrößert, die Pleuelstangen waren der neuen Kurbelwelle angepaßt.
Die Hubraumerweiterung beim Turbo 3,3 Liter-Motor wurde durch Vergrößerung der Zylinderbohrung auf 97 mm und einer neuen Kurbelwelle mit 74,4 mm Hub erreicht. Auch die Pleuelstangen waren dem neuen Motor angepaßt. Die Gegenüberstellung der Motoren verdeutlicht, wieviel Leistung die Umweltanforderungen kosteten.

| **Bezeichnung** | **Typ** | **Hubraum ($cm^3$)** | **Verdichtung** | **Oktanzahl (ROZ)** | **Leistung (PS/kW)** | **Drehmoment (Nm)** | **Anmerkung** |
|---|---|---|---|---|---|---|---|
| 911 SC | 930/03 | 2994 | 8,5:1 | 91 | 180/132 | 265 | für R.d.W. Schaltgetr. |
| 911 SC | 930/13 | 2994 | 8,5:1 | 91 | 180/132 | 265 | für R.d.W. Sportomatic |
| 911 SC | 930/04 | 2994 | 8,5:1 | 91* | 180/132 | 265 | für USA Schaltgetriebe |
| 911 SC | 930/05 | 2994 | 8,5:1 | 91* | 180/132 | 265 | für Japan Schaltgetriebe |
| 911 SC | 930/15 | 2994 | 8,5:1 | 91* | 180/132 | 265 | für Japan Sportomatic |
| 911 SC | 930/06 | 2994 | 8,5:1 | 91* | 180/132 | 265 | für Kalifornien |

* unverbleiter Kraftstoff erforderlich
R.d.W.: Rest der Welt, (ohne USA, Kanada und Japan).

Die Abgasentgiftung der einzelnen Motoren erfolgt durch:

| Motortyp | Benutzerland | Sekundärlufteinblasung | Abgaskatalysator | Abgasrückführung | Grasbrandschutz |
|---|---|---|---|---|---|
| 930/03 | R.d.W. Schaltg. | ja | – | – | – |
| 930/13 | R.d.W. Sportom. | ja | – | – | – |
| 930/04 | USA + CDN | ja | ja | – | – |
| 930/05 | Japan Schaltg. | ja | ja | ja | ja |
| 930/15 | Japan Sportom. | ja | ja | ja | ja |
| 930/06 | Kalifornien | ja | ja | ja | – |

| Motor | Typ | Hubraum ($cm^3$) | Verdichtung | Oktanzahl (ROZ) | Leistung (PS/kW) | Drehmoment (Nm) | Anmerkung |
|---|---|---|---|---|---|---|---|
| 911 Turbo | 930/60 | 3299 | 7,0:1 | 98 | 300/221 | 412 | für R.d.W. |
| 911 Turbo | 930/61 | 3299 | 7,0:1 | 96* | 265/195 | 395 | für USA + CDN |
| 911 Turbo | 930/62 | 3299 | 7,0:1 | 96* | 265/195 | 395 | für Japan |
| 911 Turbo | 930/63 | 3299 | 7,0:1 | 96* | 265/195 | 395 | für Kalifornien |

* unverbleiter Kraftstoff erforderlich

R.d.W.: Rest der Welt (ohne USA, Kanada und Japan).

Die Maßnahmen zur Abgasentgiftung:

| | |
|---|---|
| 930/60 (R.d.W.): | Sekundärlufteinblasung |
| 930/61 (USA + CDN): | Sekundärlufteinblasung + Thermoreaktoren + Abgasrückführung |
| 930/62 (Japan): | Sekundärlufteinblasung + Thermoreaktoren + Abgasrückführung + Grasbrandschutz |
| 930/63 (Kalifornien): | Sekundärlufteinblasung + Thermoreaktoren + Abgasrückführung + Zündwinkelverstellung |

Porsche hob die Einfahrvorschriften für die Motoren auf: Bedingt durch moderne Fertigungsmethoden und noch bessere Werkstoffpaarungen soll lediglich während den ersten 1000 Kilometern »die Höchstdrehzahl von 5000 Umdrehungen pro Minute in den einzelnen Gängen nicht überschritten werden«.

Bei den abgasentgifteten Motoren mit Thermoreaktoren (oder später Katalysatoren) darf keinesfalls die Zündung aussetzen und die Kraftstoffzufuhr weiter erfolgen, da die Verbrennung im Abgassystem erfolgen würde, dies hätte eine Überhitzung und damit die Zerstörung der Thermoreaktoren zur Folge.

## Kraftstoffanlage, Zündsystem

Gemischaufbereitung bei allen Motoren besorgte die Bosch K Jetronic. Beim 911 Turbo 3,3 war nach dem Abgasturbolader erstmals ein Ladeluftkühler angeordnet. Alle Motoren waren mit einer kontaktlosen Bosch HKZ 12 V-Zündanlage ausgestattet. Beim Erreichen der Grenzdrehzahl, z. B. beim 911 SC 6800/min, wurde bei den Motoren für die USA, Kalifornien, Kanada und Japan nicht mehr die Zündung unterbrochen, sondern die Kraftstoffzufuhr durch Abschalten der Kraftstoffpumpe(n) abgestellt.

## Kraftübertragung

Die Kupplungsmitnehmerscheibe des 911 SC erhielt ein von Porsche entwickeltes Verdrehdämpfersystem, das bei unrundem Motorlauf beim Anfahren bis zu 28 Winkelgrade Verdrehweg zuließ. Auch die Kupplungsscheibe des Turbo 3,3 war mit einem neuen Verdrehdämpfer versehen, der bis zu 34 Winkelgrade Verdrehung ermöglichte. Das Schaltgetriebe des Turbo 3,3 (Typ 930/34) war mit einem längeren vierten Gang ausgestattet, um den erneut verbesserten Fahrleistungen gerecht zu werden.

Charaktersache: Unter dem großen Turbo-Spoiler sitzt der Ladeluftkühler.

Größere Verdrehwinkel an den Kupplungsscheiben ermöglichen eine bessere Dämpfung der Rundlaufungleichheiten bei niedrigen Motordrehzahlen. Drehschwingungen des Motors, auch im Leerlauf, lösen Eigenresonanzen des Antriebsstranges aus, insbesondere jedoch, wenn mit niedrigen Drehzahlen angefahren wird. Der neue Dämpfer bei allen Sechszylindern half, die Schwingungen stark zu dämpfen und das lästige Rasseln der Getriebe nahezu ganz zu unterbinden.

## Fahrwerk

Der 911 SC war mit Stabilisatoren 20 mm vorn und 18 mm hinten ausgestattet. Er besaß einen Bremskraftverstärker und Druckgußräder 6J x 15 vorn und 7J x 15 hinten. Bereifung vorn 185/70 VR 15, hinten 215/60 VR 15. Für den 911 SC war als Mehrausstattung auch 16 Zoll-Bereifung möglich. Beim 911 Turbo 3,3 wurde eine völlig neue Bremsanlage eingeführt: breite, belüftete und in den Reibflächen gelochte Bremsscheiben vorn und hinten. Alle Bremssättel waren von Porsche selbst entwickelt und vom Rennsportwagen 917 abgeleitet: Vierkolben-Festsättel, Werkstoff Leichtmetall. Der Bremskraftverstärker war der neuen Anlage angepaßt. Geschmiedete Räder 9J x 16 waren hinten vom Werk freigegeben.

Bei der Bremsanlage profitierte Porsche wieder einmal von seiner großen Rennerfahrung: Für den inzwischen 260 km/h schnellen und bis zu 1680 Kilogramm schweren Turbo 3,3 wurde ein Bremssystem geschaffen, das sich bei Langstreckenrennen wie Le Mans oder Nürburgring bewährt hatte: Bremsscheiben mit Innenbelüftung und perforierten Oberflächen. Standfe-

Nun in Serie: gelochte Bremsscheiben für den 911 Turbo.

ste Bremssättel mit vier Kolben und einer guten Wärmeableitung (Leichtmetall). Auf den Bremssätteln prangte erstmals ein Name nämlich der des Entwicklers: Porsche.

## Karosserie

Festverglaste Fondfenster bei allen Fahrzeugen. Die Spoiler vorn und hinten beim Turbo 3,3 besaßen neue Formen. Der Motordeckel war aus Stahlblech, der hintere Spoiler teilweise aus Kunststoff.

## Ausstattung

Geänderte Instrumente bei allen Fahrzeugen: beim Kombiinstrument andere Skalenbereiche, Drehzahlmesserbereiche nur noch bis 7000/min. Nur beim Turbo 3,3: Tachometer bis 300 km/h, Ladedruckanzeige verbessert.

| Typenbezeichnung | Listenpreise 6/77 bzw. 3/78 | Produktionszahlen |
|---|---|---|
| 911 SC Coupé | DM 39.900,–/41.850,– | 2438 + 2740 USA |
| 911 SC Targa | | 1729 + 2609 USA |
| 911 Turbo 3,3 Coupé | DM 78.500,-/79.900,– | 735 + 522 USA |

| Modellbezeichnung | 911 SC | 911 Turbo |
|---|---|---|
| **1. Motor** | | |
| Motor-Typ Schaltgetr. | 930/03 | 930/60 |
| Bohrung (mm) | 95 | 97 |
| Hub (mm) | 70,4 | 74,4 |
| Hubraum (cm³) | 2994 | 3299 |
| Verd.verhältnis | 8,5:1 | 7,0:1 |
| Motorleistung (kW/PS) | 132/180 | 221/300 |
| bei Drehzahl (U/min) | 5500 | 5500 |
| Drehmoment (Nm) | 265 | 412 |
| bei Drehzahl (U/min) | 4200 | 4000 |
| Literleistung (kW/l) | 50 | 67 |
| Höchstdrehzahl(U/min) | 7000 | 7000 |
| Motorgewicht (kg) | 200 | 230 |
| **2. Gemischaufbereitung, Zündung, Einstellwerte** | | |
| Kraftstoffanlage | K-Jetronic | K-Jetronic |
| Kraftstoffart (ROZ) | 91 | 98 |
| Zündsystem | BHKZ | BHKZ kontaktlos |
| Zündkerzen Bosch | W225T30 | W280P21 |
| Beru | 225/14/3 | 225/14/3A |
| Elektrodenabstand (mm) | 0,8 | 0,8 |
| Leerlaufdrehz. (U/min) | 850...950 | 950...1050 |
| Abgasanlage/Entgiftung | SLE+ZLP | SLE+ZLP |
| CO-Gehalt (%) | 2,0...2,4 | 2,0...4,0 |

Zeichenerklärung: BHKZ = Batterie-Hochspannungs-Kondensator-Zündung
SLE = Sekundärlufteinblasung, ZLP = Zusatzluftpumpe

| Kraftstoffverbrauch nach DIN 70 030, | (l/100km) | |
|---|---|---|
| A. bei konstant 90 km/h | 9,2 | 8,1 |
| B. bei konstant 120 km/h | 11,4 | 15,3 |
| C. EG-Stadtzyklus | 17,3 | 20,0 |

| Modellbezeichnung | 911 SC | 911 Turbo |
|---|---|---|
| **3. Kraftübertragung** | | |
| Kupplung, Druckplatte | G MFZ 225 | G MFZ 240 |
| Mitnehmerscheibe | TD 225 | GUD 240 |
| Getriebetyp Schaltgetriebe | 915/62 | 930/34 |
| Gangübersetzungen | | |
| 1. Gang | 3,181 | 2,250 |
| 2. Gang | 1,833 | 1,304 |
| 3. Gang | 1,261 | 0,893 |
| 4. Gang | 1,000 | 0,625 |
| 5. Gang | 0,785 | ... |
| Rückwärtsgang | 3,325 | 2,437 |
| Synchronsystem Gänge 1...5 | POSY | POSY |
| Achsantrieb | 3,875 | 4,222 |
| Sperrdifferential | M | M |
| Sperrwert Zug/Schub (%) | 40/40 | 40/40 |
| Getriebetyp Sportomatic | 925/16 | ... |
| Drehmomentwandler D. (mm) | F&S 190 | ... |
| Festbremsdrehzah (U/min) | 1900 | |
| Gangübersetzungen | | |
| 1. Gang | 2,400 | |
| 2. Gang | 1,428 | |
| 3. Gang | 0,926 | |
| 4. Gang | .... | |
| Rückwärtsgang | 1,81 | |
| Synchronsystem Vorwärtsg. | POSY | |
| Achsantrieb | 3,375 | |

Zeichenerklärung:
M Mehrausstattung (Sonderwunsch)
S Serie
F&S Hersteller Fichtel & Sachs
POSY Porsche Sperrsynchronsystem, Synchronringe Mo-beschichtet

| Modellbezeichnung | 911 SC | 911 Turbo |
|---|---|---|
| **4. Fahrwerk, Lenkung, Bremsen, Räder** | | |
| Vorderachse | | |
| Stabilisator D. (mm) | 20 | 20 |
| Lenkungsübersetzung | 17,87 | 17,87 |
| Wendekreis D. (m) | 10,95 | 10,95 |
| Hinterachse | | |
| Stabilisator D.Schaltg. (mm) | 18 | 18 |
| Bremsanlage | | |
| Bremskraftverst. D (Zoll) | 7 | 8 |
| Hauptbremszylinder D. (mm) | 20,64 | 23,81 |
| Kolbendurchm. in den | | |
| Bremszangen vorn (mm) | 48 | 38+38 |
| hinten (mm) | 38 | 30+30 |
| Bremsscheibendurchmesser | | |
| vorn (mm) | 282,5 | 304 |
| hinten (mm) | 290 | 309 |
| Bremsscheibendicke | | |
| vorn (mm) | 20,5 | 32 |
| hinten (mm) | 20 | 28 |
| Wirksame Gesamtbelag-fläche ($cm^2$) | 257 | 376 |
| Feststellbremse | Mechanisch auf beide Hinterräder wirkend | |
| Bremstrommel-durchmesser (mm) | 180 | = |
| Gesamtbelagfläche ($cm^2$) | 170 | = |
| | | |
| Räder und Reifen | | |
| Serienbereifung vorn | 185/70VR15 | 205/55VR16 |
| auf Rad | 6J x 15 | 7J x 16 |
| Serienbereifung hinten | 215/60VR15 | 225/50VR16 |
| auf Rad | 7J x 15 | 8J x 16 |
| Faltersatzrad | 165-15 89P | = |
| Reifendruck vorn (bar) | 2,0 | 2,0 |
| hinten (bar) | 2,4 | 3,0 |
| Faltersatzrad (bar) | 2,2 | 2,2 |

| Modellbezeichnung | | 911 SC | 911 Turbo |
|---|---|---|---|
| **5. Karosserie, Innenausstattung** | | | |
| (Abmessungen bei Leergewicht) | | | |
| Länge (mm) | | 4291 | 4291 |
| Breite (mm) | | 1652 | 1775 |
| Höhe (mm) | | 1320 | 1310 |
| Radstand (mm) | | 2272 | 2272 |
| Spurweite vorn (mm) | | 1369 (1361)* | 1432 |
| hinten (mm) | | 1379 (1367)* | 1501 |
| Bodenfreiheit bei zul.Ges.gewicht (mm) | | 120 | 120 |
| * USA-Werte in Klammern | | | |
| | | | |
| **9. Elektrik** | | | |
| Generator-Leistung (W/A) | | 980/70 | = |
| Batterie (V/Ah) | | 12/66 | = |
| | | | |
| **Gewichte nach DIN 70020** | | | |
| Leergewicht (kg) | | 1160 | 1300 |
| Zulässiges Gesamtgewicht. (kg) | | 1500 | 1680 |
| Zulässige Anhänge-last ungebremst (kg) | | 480 | keine |
| gebremst (kg) | | 800 | keine |
| | | | |
| **Fahrleistungen** | | | |
| Höchstgeschwindigkeit | | | |
| Schaltgetriebe (km/h) | | 225 | 260 |
| Beschleunigung 0…100 km/h | | | |
| Schaltgetriebe (s) | | 7,0 | 5,4 |
| | | | |
| Kilometer mit stehendem Start | | | |
| Schaltgetriebe (s) | | 27,5 | 24,0 |
| | | | |
| **Füllmengen** | | | |
| Motorölmenge 1* | (l) | 13 | = |
| Motorölmenge mit SPM | (l) | + 2 | … |
| Ölwechselmenge 1* | (l) | 10 | = |
| Schaltgetriebe 2* | (l) | 3,0 | 3,7 |
| Sportomatic 2* | (l) | 2,5 | … |
| Kraftstoffbehälter | (l) | 80 | 80 |
| Bremsflüss.behält.6* | (l) | 0,20 | 0,20 |

* Ziffernerklärung:

1* Zugelassen API SE/SF mit Kombinationen API SE/CC - SF/CC - SF/CD - SE/CD Mehrbereichsöle nach Werksfreigabe. (SAE 10 W/50 oder 15 W/40 oder 20 W/50).

2* Einbereichs-Getriebeöl SAE 90 nach MIL-L 2105 B bzw API-Klassifikation GL 5

6* Nur Bremsflüssigkeit entsprechend SAE J 1703 oder DOT 3 bzw. 4 verwenden

Zeichenerklärung:

SPM = Sportomatic

**Aufbau der Fahrgestell-Nummern (zehnstellig)**

| | | | | |
|---|---|---|---|---|
| 911 | 8 | 3 | 0 | 0001 ... 9999 |
| Fahrzeug | ! | ! | ! | ! |
| 911 = alle 911 | Modelljahr | ! | ! | ! |
| 930 = 911 Turbo | 8 = 1978 | Motor | ! | ! |
| | 7 = 1977 | 2 = 911 SC USA | Karosserie | ! |
| | | 3 = 911 SC RdW | 0 = Coupé | Zählnummer |
| | | 7 = 911 Turbo RdW | 1 = Targa | |
| | | 8 = 911 Turbo USA | | |

Fahrgestell-Nummernbereiche, Übersicht

| | | | | | |
|---|---|---|---|---|---|
| 911 | 8 | 2 | 0 | 0001 ... 9999 | USA+Kalifornien Coupé 911 SC |
| 911 | 8 | 2 | 1 | 0001 ... 9999 | USA+Kalifornien Targa 911 SC |
| 911 | 8 | 3 | 0 | 0001 ... 9500 | Restwelt 911 SC Coupé |
| 911 | 8 | 3 | 1 | 0001 ... 9500 | Restwelt 911 SC Targa |
| 911 | 8 | 3 | 0 | 9501 ... 9999 | Japan 911 SC Coupé |
| 911 | 8 | 6 | 1 | 9501 ... 9999 | Japan 911 SC Targa |
| 930 | 8 | 7 | 0 | 0001 ... 1000 | Restwelt 911 Turbo |
| 930 | 8 | 8 | 0 | 9501 ... 9999 | Japan 911 Turbo |
| 930 | 8 | 8 | 8 | 0001 ... 1000 | USA+Kalifornien 911 Turbo |

Drei Generationen auf einen Blick: C4, G-Modell-Carrera und Ur-Elfer.

Porsche feierte auf dem Internationalen Automobilsalon in Genf 1993 mit diesem Foto den 30sten Geburtstag des Klassikers. Auf der IAA 1993 konzentrierte man sich auf die Weltpremiere der neuen 911-Generation (993).

30 Jahre 911 Targa: Modelljahr 1966 (links) und Modelljahr 1996.

Allrad-Turbo von 1995 und Ur-Turbo von 1975 (rechts).

Die vier Turbogenerationen auf einen Blick: 3.0, 3.3, 3.6 und Biturbo.

Zwei Generationen
treffen sich
in Weissach:...

...Ur-Elfer von
1965 und
Turbo 3.6
von 1993.

20 Jahre 911: 911 SC (links)
und Ur-Elfer.

Im Blickpunkt:
Spoiler gab es erst ab
Modelljahr 1973.

In Reih und Glied:
C4, G-Modell und Ur-Elfer.

PORSCHE

# 1963–1993

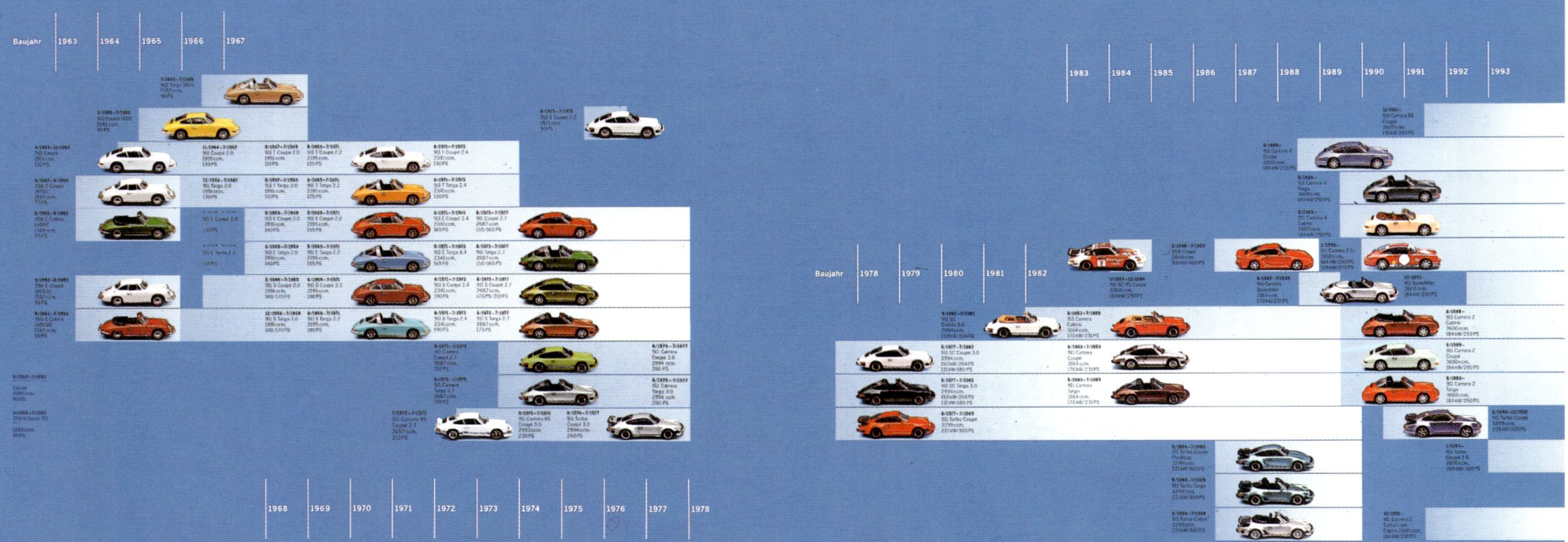

# Modelljahr 1979
# (M-Programm)

## Porsche 911 SC Coupé und Targa
## Porsche 911 Turbo 3,3 Coupé

911 SC Targa von 1979 mit Scheinwerfer-Reinigungsanlage, Heckscheibenwischer und zeitgenössischer Farbkombination: champagner-metallic und braun-schwarze Stoffbezüge im Schachbrettmuster.

Keine bemerkenswerten Änderungen an den Sechszylindern im Modelljahr 1979.

### Fahrwerk

Festsattel-Bremsanlage beim 911 SC.

### Karosserie

Beim 911 Turbo 3,3 getönte Verglasung rundum.

### Ausstattung

Bodenbeläge: Kurzflorteppich.

### Heizung, Klimaanlage

Automatische Regulierung der Warmluft.

911 SC-Interieur mit Dreispeichen-Sicherheitslenkrad und Werksradio.

Das 911 SC-Triebwerk zeichnet sich durch enorme Sparsamkeit aus; die Luftpumpe links sorgte für bessere Abgaswerte.

## Elektrik

Das serienmäßige Radiogerät beim 911 Turbo entfällt

| Modellbezeichnung | 911 SC | 911 Turbo |
|---|---|---|
| **1. Motor** | | |
| Motor-Typ Schaltgetr. | 930/03 | 930/60 |
| Bohrung (mm) | 95 | 97 |
| Hub (mm) | 70,4 | 74,4 |
| Hubraum (cm$^3$) | 2994 | 3299 |
| Verd.verhältnis | 8,5:1 | 7,0:1 |
| Motorleistung (kW/PS) | 132/180 | 221/300 |
| bei Drehzahl (U/min) | 5500 | 5500 |
| Drehmoment (Nm) | 265 | 412 |
| bei Drehzahl (U/min) | 4200 | 4000 |
| Literleistung (kW/l) | 50 | 67 |
| Höchstdrehzahl(U/min) | 7000 | 7000 |
| Motorgewicht (kg) | 200 | 230 |
| **2. Gemischaufbereitung, Zündung, Einstellwerte** | | |
| Kraftstoffanlage | K-Jetronic | K-Jetronic |
| Kraftstoffart (ROZ) | 91 | 98 |
| Zündsystem | BHKZ | BHKZ kontaktlos |
| Zündkerzen Bosch | W225T30 | W280P21 |
| Beru | 225/14/3 | 225/14/3A |
| Elektrodenabstand (mm) | 0,8 | 0,8 |
| Leerlaufdrehz. (U/min) | 850...950 | 950...1050 |



| Typen-bezeichnung | Listenpreise 8/78 bzw. 3/79 | Produktions-zahlen |
|---|---|---|
| 911 SC Coupé | DM 41.850,–/42.950,– | 5333 |
| 911 SC Targa | | 3607 |
| 911 Turbo 3,3 Coupé | DM 79.900,–/79.900,– | 820 + 1232 USA |

| Modellbezeichnung | 911 SC | 911 Turbo |
|---|---|---|
| Abgasanlage | SLE+ZLP | SLE+ZLP |
| CO-Gehalt (%) | 2,0...2,4 | 2,0...4,0 |

Zeichenerklärung: BHKZ = Batterie-Hochspannungs-Kondensator-Zündung
SLE = Sekundärlufteinblasung, ZLP = Zusatzluftpumpe

| Modellbezeichnung | 911 SC | 911 Turbo |
|---|---|---|
| Kraftstoffverbrauch nach DIN 70 030 (l/100km) | | |
| A. bei konstant 90 km/h | 9,2 | 8,1 |
| B. bei konstant 120 km/h | 11,4 | 15,3 |
| C. EG-Stadtzyklus | 17,3 | 20,0 |
| **3. Kraftübertragung** | | |
| Kupplung, Druckplatte | G MFZ 225 | G MFZ 240 |
| Mitnehmerscheibe | TD 225 | GUD 240 |
| Getriebetyp Schaltgetriebe | 915/62 | 930/34 |
| Gangübersetzungen | | |
| 1. Gang | 3,181 | 2,250 |
| 2. Gang | 1,833 | 1,304 |
| 3. Gang | 1,261 | 0,893 |
| 4. Gang | 1,000 | 0,625 |
| 5. Gang | 0,785 | ... |
| Rückwärtsgang | 3,325 | 2,437 |

| Modellbezeichnung | 911 SC | 911 Turbo |
|---|---|---|
| Synchronsystem Gänge 1...5 | POSY | POSY |
| Achsantrieb | 3,875 | 4,222 |
| Sperrdifferential | M | M |
| Sperrwert Zug/Schub (%) | 40/40 | 40/40 |
| Getriebetyp Sportomatic | 925/16 | ... |
| Drehmomentwandler D. (mm) | F&S 190 | ... |
| Festbremsdrehzah (U/min) | 1900 | |
| Gangübersetzungen | | |
| 1. Gang | 2,400 | |
| 2. Gang | 1,428 | |
| 3. Gang | 0,926 | |
| 4. Gang | .... | |
| Rückwärtsgang | 1,81 | |
| Synchronsystem Vorwärtsg. | POSY | |
| Achsantrieb | 3,375 | |

Zeichenerklärung:

| | |
|---|---|
| M | Mehrausstattung (Sonderwunsch) |
| S | Serie |
| F&S | Hersteller Fichtel & Sachs |
| POSY | Porsche Sperrsynchronsystem, Synchronringe Mo-beschichtet |

**4. Fahrwerk, Lenkung, Bremsen, Räder**

| | | |
|---|---|---|
| Vorderachse | | |
| Stabilisator D. (mm) | 20 | 20 |
| Lenkungsübersetzung | 17,87 | 17,87 |
| Wendekreis D. (m) | 10,95 | 10,95 |
| Hinterachse | | |
| Stabilisator D.Schaltg. (mm) | 18 | 18 |
| Bremsanlage | | |
| Bremskraftverst. D (Zoll) | 7 | 8 |
| Hauptbremszylinder D. (mm) | 20,64 | 23,81 |
| Kolbendurchm. in den Bremszangen vorn (mm) | 48 | 38+38 |
| hinten (mm) | 38 | 30+30 |
| Bremsscheibendurchmesser vorn (mm) | 282,5 | 304 |
| hinten (mm) | 290 | 309 |
| Bremsscheibendicke vorn (mm) | 20,5 | 32 |
| hinten (mm) | 20 | 28 |
| Wirksame Gesamtbelagfläche ($cm^2$) | 257 | 376 |
| Feststellbremse | Mechanisch auf beide Hinterräder wirkend | |

| Modellbezeichnung | 911 SC | 911 Turbo |
|---|---|---|
| Bremstrommeldurchmesser (mm) | 180 | = |
| Gesamtbelagfläche ($cm^2$) | 170 | = |
| Räder und Reifen | | |
| Serienbereifung vorn | 185/70VR15 | 205/55VR16 |
| auf Rad | 6J x 15 | 7J x 16 |
| Serienbereifung hinten | 215/60VR15 | 225/50VR16 |
| auf Rad | 7J x 15 | 8J x 16 |
| Faltersatzrad | 165-15 89P | = |
| Reifendruck vorn (bar) | 2,0 | 2,0 |
| hinten (bar) | 2,4 | 3,0 |
| Faltersatzrad (bar) | 2,2 | 2,2 |

**5. Karosserie, Innenausstattung** (Abmessungen bei Leergewicht)

| | | |
|---|---|---|
| Länge (mm) | 4291 | 4291 |
| Breite (mm) | 1652 | 1775 |
| Höhe (mm) | 1320 | 1310 |
| Radstand (mm) | 2272 | 2272 |
| Spurweite vorn (mm) | 1369 (1361)* | 1432 |
| hinten (mm) | 1379 (1367)* | 1501 |
| Bodenfreiheit bei zul.Ges.gewicht (mm) | 120 | 120 |

* USA-Werte in Klammern

**9. Elektrik**

| | | |
|---|---|---|
| Generator-Leistung (W/A) | 990/70 | = |
| Batterie (V/Ah) | 12/66 | = |

**Gewichte nach DIN 70020**

| | | |
|---|---|---|
| Leergewicht (kg) | 1160 | 1300 |
| Zulässiges Gesamtgewicht. (kg) | 1500 | 1680 |
| Zulässige Anhängelast ungebremst (kg) | 480 | keine |
| gebremst (kg) | 800 | keine |

**Fahrleistungen**

| | | |
|---|---|---|
| Höchstgeschwindigkeit Schaltgetriebe (km/h) | 225 | 260 |
| Beschleunigung 0...100 km/h Schaltgetriebe (s) | 7,0 | 5,4 |
| Kilometer mit stehendem Start Schaltgetriebe (s) | 27,5 | 24,0 |

| Modellbezeichnung | | 911 SC | 911 Turbo |
|---|---|---|---|
| **Füllmengen** | | | |
| Motorölmenge 1* | (l) | 13 | = |
| Motorölmenge mit SPM | (l) | + 2 | ... |
| Ölwechselmenge 1* | (l) | 10 | = |

| Modellbezeichnung | | 911 SC | 911 Turbo |
|---|---|---|---|
| Schaltgetriebe 2* | (l) | 3,0 | 3,7 |
| Sportomatic 2* | (l) | 2,5 | ... |
| Kraftstoffbehälter | (l) | 80 | 80 |
| Bremsflüss.behält.6* | (l) | 0,20 | 0,20 |

* Ziffernerklärung:
1* Zugelassen API SE/SF mit Kombinationen API SE/CC - SF/CC - SF/CD - SE/CD Mehrbereichsöle nach Werksfreigabe. (SAE 10 W/50 oder 15 W/40 oder 20 W/50).
2* Einbereichs-Getriebeöl SAE 90 nach MIL-L 2105 B bzw API-Klassifikation GL 5
6* Nur Bremsflüssigkeit entsprechend SAE J 1703 oder DOT 3 bzw. 4 verwenden
Zeichenerklärung:
SPM = Sportomatic

**Aufbau der Fahrgestell-Nummern (zehnstellig)**

| | | | | |
|---|---|---|---|---|
| 911 | 9 | 3 | 0 | 0001 ... 9999 |
| Fahrzeug | ! | ! | ! | ! |
| 911 = alle 911 | Modelljahr | ! | ! | ! |
| 930 = 911 Turbo | 9 = 1979 | Motor | ! | ! |
| | 8 = 1978 | 2 = 911 SC USA | Karosserie | ! |
| | | 3 = 911 SC RdW | 0 = Coupé | Zählnummer |
| | | 7 = 911 Turbo RdW | 1 = Targa | |
| | | 8 = 911 Turbo USA | | |

Fahrgestell-Nummernbereiche, Übersicht

| | | | | | |
|---|---|---|---|---|---|
| 911 | 9 | 2 | 0 | 0001 ... 9999 | USA+Kalifornien Coupé 911 SC |
| 911 | 9 | 2 | 1 | 0001 ... 9999 | USA+Kalifornien Targa 911 SC |
| 911 | 9 | 3 | 0 | 0001 ... 9500 | Restwelt 911 SC Coupé |
| 911 | 9 | 3 | 1 | 0001 ... 9500 | Restwelt 911 SC Targa |
| 911 | 9 | 3 | 0 | 9501 ... 9999 | Japan 911 SC Coupé |
| 911 | 9 | 3 | 1 | 9501 ... 9999 | Japan 911 SC Targa |
| 930 | 9 | 7 | 0 | 0001 ... 1000 | Restwelt 911 Turbo |
| 930 | 9 | 8 | 0 | 9501 ... 9999 | Japan 911 Turbo |
| 930 | 9 | 8 | 8 | 0001 ... 1000 | USA+Kalifornien 911 Turbo |

# Modelljahr 1980
# (A-Programm: Lambda-Sonde für die USA)

## Porsche 911 SC Coupé und Targa
## Porsche 911 Turbo 3,3 Coupé

Der 911 SC wurde 1980 mit 188 PS (statt 180 PS) ausgeliefert.

Leistungssteigerung beim 911 SC auf 138 kW (188 PS), erstmaliger Einsatz einer Lambda-Sonde für USA-Motoren. Beim 911 Turbo 3,3 Zweirohr-Abgasanlage serienmäßig.

### Motor

Änderungen am SC-Motor: größeres Kühlgebläse vom Turbomotor. Verbesserung der Ölansaugung im Kurbelgehäuse. Änderungen am SC- und Turbomotor: Ventildeckel unten mit Versteifungsrippen, verbesserte Deckeldichtungen. Neuer Bugölkühler.
Unterschiedliche Motoren für die verschiedenen Länder beim 911 SC:

### Kraftstoffanlage, Zündsystem

Die Motoren 930/07 und/08 waren erstmals mit Lambdasonden ausgerüstet. Um die Signale der Lambdasonden zur noch besseren Abgasentgiftung zu nutzen, waren folgende weitere Bauteile der Gemischaufbereitung zugeordnet: Taktventil am Mengenteiler, Drosselklappenschalter, Temperaturfühler am Motorgehäuse, Steuergerät. Der 911 Turbo 3,3 ist mit einer Zweirohr-Abgasanlage ausgestattet.

Porsche baute 1980 die ersten Motoren mit G-Kat. Die von Bosch fertig entwickelte Lambda-Sonde konnte zur Messung von Restsauerstoff im Abgasstrom benutzt werden. Die Lambda-Signale wurden in einem Steuergerät verarbeitet und gingen als Taktimpulse an

911 SC als Coupé und Targa in US-Version mit dicken Stoßstangenhörnern und US-Scheinwerfern; der Targa rechts hat eine Klimaanlage, was an dem Schutzbügel unter der Frontschürze zu erkennen ist.

ein Krafstoffventil, das in Verbindung mit dem Kraftstoff-Mengenteiler die augenblickliche Einspritzmenge verringerte (Gemisch wurde magerer) oder anreicherte (Gemisch wurde fetter).

## Ausstattung

Dreispeichen-Lederlenkrad für 911 SC, Mittelkonsole für alle Fahrzeuge, Tachometer aller Sechszylinderfahrzeuge erhalten neue Einteilung: Teilstriche alle 20 km/h, elektrische Fensterheber

## Verkleidungen, Sitze

Einheitliche Sicherheitsgurte bei allen Porsche.

## Heizung, Klimaanlage

Nippondenso Kältekompressor.

## Elektrik

Auf Sonderwunsch war eine Alarmanlage lieferbar, die vor dem Schließen der Fahrertüre geschärft werden mußte. Alle Fahrzeuge: Motorraumbeleuchtung.

| Typenbezeichnung | Listenpreise 8/79 bzw. 3/80 | Produktionszahlen |
|---|---|---|
| 911 SC Coupé | DM 46.950,–/48.750,– | 5010 |
| SC Targa | | 3603 |
| 911 Turbo 3,3 Coupé | DM 82.950,–/85.950,– | 840 |

| Motor | Typ | Hubraum ($cm^3$) | Verdichtung | Oktanzahl (ROZ) | Leistung (kW/PS) | Drehmoment (Nm) | Anmerkung |
|---|---|---|---|---|---|---|---|
| 911 SC | 930/07 | 2994 | 9,3:1 | 91+ | 132/180 | 245 | für USA+CDN |
| 911 SC | 930/08 | 2994 | 9,3:1 | 91+ | 132/180 | 245 | für Japan |
| 911 SC | 930/09 | 2994 | 8,6:1 | 91 | 138/188 | 265 | für R.d.W. |

+ unverbleiter Kraftstoff mit Mindestoktanzahl ROZ 91 unbedingt erforderlich
R.d.W. : Rest der Welt ohne USA, Kanada und Japan.

Die Maßnahmen zur Abgasentgiftung:
930/07 (USA + CDN) : Sekundärlufteinblasung + Abgaskatalysator + Lambdasonde
930/08 (Japan) : Sekundärlufteinblasung + Abgaskatalysator + Lambdasonde
930/09 (R.d.W.) : Sekundärlufteinblasung
Alle Saugmotoren erhalten das leistungsfähigere Kühlgebläse des 911 Turbo 3,3.

| Modellbezeichnung | 911 SC | 911 Turbo |
|---|---|---|
| **1. Motor** | | |
| Motor-Typ Schaltgetr. | 930/09 | 930/60 |
| Bohrung (mm) | 95 | 97 |
| Hub (mm) | 70,4 | 74,4 |
| Hubraum ($cm^3$) | 2994 | 3299 |
| Verd.verhältnis | 8,6:1 | 7,0:1 |
| Motorleistung (kW/PS) | 138/188 | 221/300 |
| bei Drehzahl (U/min) | 5500 | 5500 |
| Drehmoment (Nm) | 265 | 412 |
| bei Drehzahl (U/min) | 4200 | 4000 |
| Literleistung (kW/l) | 50 | 67 |
| Höchstdrehzahl(U/min) | 6500 | 7000 |
| Motorgewicht (kg) | 190 | 230 |
| **2. Gemischaufbereitung, Zündung, Einstellwerte** | | |
| Kraftstoffanlage | K-Jetronic | K-Jetronic |
| Kraftstoffart (ROZ) | 91 | 98 |
| Zündsystem | BHKZ | BHKZ kontaktlos |
| Zündkerzen Bosch | W260T2 | W280P21 |
| Beru | 260/14/3 | 225/14/3A |
| Elektrodenabstand (mm) | 0,8 | 0,8 |
| Leerlaufdrehz. (U/min) | 850...950 | 950...1050 |
| Abgasanlage/Entgiftung | SLE+ZLP | SLE+ZLP |
| CO-Gehalt (%) | 2,0...2,4 | 2,0...4,0 |

Zeichenerklärung
BHKZ = Batterie-Hochspannungs-Kondensator-Zündung
SLE = Sekundärlufteinblasung, ZLP = Zusatzluftpumpe

| Kraftstoffverbrauch nach DIN 70 030 | (l/100km) | |
|---|---|---|
| A. bei konstant 90 km/h | 9,2 | 8,1 |
| B. bei konstant 120 km/h | 11,4 | 15,3 |
| C. EG-Stadtzyklus | 17,3 | 20,0 |
| **3. Kraftübertragung** | | |
| Kupplung, Druckplatte | G MFZ 225 | G MFZ 240 |
| Mitnehmerscheibe | TD 225 | GUD 240 |
| Getriebetyp Schaltgetriebe | 915/62 | 930/34 |
| Gangübersetzungen | | |
| 1. Gang | 3,181 | 2,250 |
| 2. Gang | 1,833 | 1,304 |
| 3. Gang | 1,261 | 0,893 |
| 4. Gang | 1,000 | 0,625 |
| 5. Gang | 0,785 | ... |
| Rückwärtsgang | 3,325 | 2,437 |
| Synchronsystem Gänge 1...5 | POSY | POSY |
| Achsantrieb | 3,875 | 4,222 |
| Sperrdifferential | M | M |
| Sperrwert Zug/Schub (%) | 40/40 | 40/40 |
| Getriebetyp Sportomatic | 925/16 | ... |
| Drehmomentwandler D. (mm) | F&S 190 | ... |
| Festbremsdrehzah (U/min) | 1900 | |

| Modellbezeichnung | 911 SC | 911 Turbo |
|---|---|---|
| Gangübersetzungen | | |
| 1. Gang | 2,400 | |
| 2. Gang | 1,428 | |
| 3. Gang | 0,926 | |
| 4. Gang | .... | |
| Rückwärtsgang | 1,81 | |
| Synchronsystem Vorwärtsg. | POSY | |
| Achsantrieb | 3,375 | |

Zeichenerklärung:
M Mehrausstattung (Sonderwunsch)
S Serie
F&S Hersteller Fichtel & Sachs
POSY Porsche Sperrsynchronsystem, Synchronringe Mo-beschichtet
BHKZ Batterie-Hochleistungs-Kondensator-Zündung

| **4. Fahrwerk, Lenkung, Bremsen, Räder** | 911 SC | 911 Turbo |
|---|---|---|
| Vorderachse | | |
| Stabilisator D. (mm) | 20 | 20 |
| Lenkungsübersetzung | 17,87 | 17,87 |
| Wendekreis D. (m) | 10,95 | 10,95 |
| Hinterachse | | |
| Stabilisator D.Schaltg. (mm) | 18 | 18 |
| Bremsanlage | | |
| Bremskraftverst. D (Zoll) | 7 | 8 |
| Hauptbremszylinder D. (mm) | 20,64 | 23,81 |
| Kolbendurchm. in den | | |
| Bremszangen vorn (mm) | 48 | 38+38 |
| hinten (mm) | 38 | 30+30 |
| Bremsscheibendurchmesser | | |
| vorn (mm) | 282,5 | 304 |
| hinten (mm) | 290 | 309 |
| Bremsscheibendicke | | |
| vorn (mm) | 20,5 | 32 |
| hinten (mm) | 20 | 28 |
| Wirksame Gesamtbelagfläche ($cm^2$) | 257 | 376 |
| Feststellbremse | Mechanisch auf beide Hinterräder wirkend | |
| Bremstrommeldurchmesser (mm) | 180 | = |
| Gesamtbelagfläche ($cm^2$) | 170 | = |
| Räder und Reifen | | |
| Serienbereifung vorn | 185/70VR15 | 205/55VR16 |
| auf Rad | 6J x 15 | 7J x 16 |
| Serienbereifung hinten | 215/60VR15 | 225/50VR16 |
| auf Rad | 7J x 15 | 8J x 16 |
| Faltersatzrad | 165-15 89P | = |
| Reifendruck vorn (bar) | 2,0 | 2,0 |
| hinten (bar) | 2,4 | 3,0 |
| Faltersatzrad (bar) | 2,2 | 2,2 |

| Modellbezeichnung | 911 SC | 911 Turbo |
|---|---|---|
| **5. Karosserie, Innenausstattung** (Abmessungen bei Leergewicht) | | |
| Länge (mm) | 4291 | 4291 |
| Breite (mm) | 1652 | 1775 |
| Höhe (mm) | 1320 | 1310 |
| Radstand (mm) | 2272 | 2272 |
| Spurweite vorn (mm) | 1369 (1361)* | 1432 |
| hinten (mm) | 1379 (1367)* | 1501 |
| Bodenfreiheit bei zul.Ges.gewicht (mm) | 120 | 120 |
| * USA-Werte in Klammern | | |
| **9. Elektrik** | | |
| Generator-Leistung (W/A) | 990/70 | = |
| Batterie (V/Ah) | 12/66 | = |
| **Gewichte nach DIN 70020** | | |
| Leergewicht (kg) | 1160 | 1300 |
| Zulässiges Gesamtgewicht. (kg) | 1500 | 1680 |
| Zulässige Anhänge-last ungebremst (kg) | 480 | keine |
| gebremst (kg) | 800 | keine |

| Modellbezeichnung | 911 SC | 911 Turbo |
|---|---|---|
| **Fahrleistungen** | | |
| Höchstgeschwindigkeit | | |
| Schaltgetriebe (km/h) | 225 | 260 |
| Beschleunigung 0...100 km/h | | |
| Schaltgetriebe (s) | 7,0 | 5,4 |
| Kilometer mit stehendem Start | | |
| Schaltgetriebe (s) | 27,5 | 24,0 |

| Modellbezeichnung | | 911 SC | 911 Turbo |
|---|---|---|---|
| **Füllmengen** | | | |
| Motorölmenge 1* | (l) | 13 | = |
| Motorölmenge mit SPM | (l) | + 2 | ... |
| Ölwechselmenge 1* | (l) | 10 | = |
| Schaltgetriebe 2* | (l) | 3,0 | 3,7 |
| Sportomatic 2* | (l) | 2,5 | ... |
| Kraftstoffbehälter | (l) | 80 | 80 |
| Bremsflüss.behält.6* | (l) | 0,20 | 0,20 |

* Ziffernerklärung:
1* Zugelassen API SE/SF mit Kombinationen API SE/CC - SF/CC - SF/CD - SE/CD Mehrbereichsöle nach Werksfreigabe. (SAE 10 W/50 oder 15 W/40 oder 20 W/50).
2* Einbereichs-Getriebeöl SAE 90 nach MIL-L 2105 B bzw API-Klassifikation GL 5
6* Nur Bremsflüssigkeit entsprechend SAE J 1703 oder DOT 3 bzw. 4 verwenden
Zeichenerklärung:
SPM = Sportomatic

Hinweis:
Gesetzgeberische Maßnahmen in der EG und in den USA machen 1980 eine Änderung der Fahrgestellnummern erforderlich.
Das Ziel dieser internationalen Normung ist, Fahrzeuge so zu kennzeichnen, daß diese über einen Zeitraum von 30 Jahren identifiziert werden können. Hierzu wurde eine siebzehnstellige Fahrgestell-Nummer festgelegt, aus welcher der Hersteller, das Produktionsland/Ort, Fahrzeugart, Fahrzeugspezifikation und Herstelljahr ersichtlich sind.
Bis zum Einsatz einer weltweiten Normung gilt für das Modelljahr 1980 als Übergangslösung zunächst eine zehnstellige Fahrgestell-Nummer.

**Aufbau der Fahrgestell-Nummern (zehnstellig)**

| | | | | | |
|---|---|---|---|---|---|
| 91 | A | 0 | 1 | 3 | 0001 ... 9999 |
| Fahrzeug | ! | ! | ! | ! | ! |
| 91 = alle 911 | Modelljahr | ! | ! | ! | ! |
| 93 = 911 Turbo | A = 1980 | Herstellerwerk | ! | ! | ! |
| | B = 1981 | | Typergänzung | ! | ! |
| | | | 1 = 911 | Motorausführg. | ! |
| | | | 8 = 928 | 3 = RdW | Zählnummer |
| | | | 0 = 911 Turbo | 4 = USA | |
| | | | | 7 = 911 Turbo | |

| | | | | | | |
|---|---|---|---|---|---|---|
| 91 | A | 0 | 1 | 3 | 0001 ... 9999 | Restwelt+Japan Coupé 911 SC |
| 91 | A | 0 | 1 | 3 | 0001 ... 9999 | Restwelt+Japan Targa 911 SC |
| 91 | A | 0 | 1 | 4 | 0001 ... 5000 | USA 911 SC Coupé |
| 91 | A | 0 | 1 | 4 | 5001 ... 9999 | USA 911 SC Targa |
| 93 | A | 0 | 0 | 7 | 0001 ... 1000 | Restwelt+Japan 911 Turbo |

# Modelljahr 1981 (B-Programm: Langzeitgarantie)

## Porsche 911 SC Coupé und Targa
## Porsche 911 Turbo 3,3 Coupé

Targa mit flacheren Düsen der Scheinwerfer-Reinigungsanlage.

Beim 911 Turbo 3,3 waren keine nennenswerten Änderungen zu verzeichnen. Beim 911 SC erneute Leistungssteigerung der Motoren auf 150 kW (204 PS). Anhebung der Garantie auf sieben Jahre, ausgedehnt auf die gesamte Karosserie.

911 SC mit Stahlschiebedach, das für große Fahrer wegen der eingeschränkten Kopffreiheit nie zu empfehlen war.

## Motor

Die Saugmotoren für Länder ohne unverbleiten Kraftstoff wurden erneut überarbeitet. Durch Verdichtungserhöhung, geänderte Steuerzeiten und Verwendung vom Superkraftstoff mit ROZ 98 wurden 150 kW erreicht. Die Motoren für USA, CDN und Japan erhielten neue Typenbezeichnungen (930/16 und /17), behielten aber die technischen Merkmale und Leistungsdaten bei.

Nachdem in fast allen Exportländern und in der Bundesrepublik Deutschland Kraftstoff mit ROZ 98 verfügbar war, nutzte Porsche alle Möglichkeiten aus, die Leistung der Motoren zu steigern. Mit der Erhöhung der Verdichtung und der Änderung der Zündzeitpunkte wurde als Nebeneffekt eine Verringerung des spezifischen Kraftstoffverbrauchs erreicht.

## Kraftstoffanlage, Zündsystem

Die Leistungssteigerung des Motors 930/10 wurde durch die Erhöhung der Verichtung auf 9,8:1, durch sportlichere Steuerzeiten der Nockenwellen und durch geänderte Zündzeitpunkt Werte erreicht.

## Kraftübertragung

Umstellung der 911 SC auf eine Kupplungsmitnehmerscheibe mit Stahlfederdämpfer. Der 911 Turbo 3,3 behielt die gummigedämpfte Mitnehmerscheibe mit großem Verdrehbereich. Das Sportomatic Getriebe war nicht mehr lieferbar. Keine Änderungen an den Schaltgetrieben.

Fertigungsprobleme mit der gummigedämpften Kupplungsscheibe für den 911 SC zwangen dazu, wieder auf einen Stahlfederdämpfer beim Saugmotor zurückzukehren.

911 Turbo-Vorläufer ohne die serienmäßig seitlich angebrachten Blinkleuchten; der Doppelrohrauspuff war Serie.

Immer ein satter Auftritt: 911 Turbo des Modelljahres 1981 mit 16-Zoll-Fuchs-Felgen.

Das abgebildete Fahrzeug hatte eine Klimaanlage, zu erkennen an dem Schalter in der Mittelkonsohle.

Das Sondermodell »50 Jahre Porsche« hatte den Schriftzug »F. Porsche« aufgestickt.

## Karosserie

Erweiterung der Langzeitgarantie gegen Durchrostung jetzt sieben Jahre; Seitenblinkleuchten für alle Fahrzeuge.

Inzwischen war die gesamte Karosserie aus beidseitig feuerverzinktem Stahlblech hergestellt. Porsche konnte als erster Hersteller der Welt eine sieben Jahre währende Garantie gegen Durchrostung der gesamten Karosserie anbieten. Übrigens: 80 Prozent aller jemals gefertigten Porsche-Fahrzeuge sind noch immer einsatzfähig.

## Ausstattung

Beleuchtete Bedienschalter.

## Verkleidungen, Sitze

Neue Sportsitze als Mehrausstattung lieferbar, auch Sitze völlig aus Textilstoff »Berber« sind verfügbar.

| Typenbezeichnung | Listenpreise 8/80 bzw. 3/81 | Produktionszahlen |
|---|---|---|
| 911 SC Coupé | DM 49.900,–/49.900,– | 3181 + 1694 USA |
| 911 SC Targa | | 1703 + 1417 USA |
| 911 Turbo 3,3 Coupé | DM 85.950,–/85.950,– | 698 + 63 CDN |

| Modellbezeichnung | 911 SC | 911 Turbo |
|---|---|---|
| **1. Motor** | | |
| Motor-Typ Schaltgetr. | 930/10 | 930/66 |
| Bohrung (mm) | 95 | 97 |
| Hub (mm) | 70,4 | 74,4 |
| Hubraum ($cm^3$) | 2994 | 3299 |
| Verd.verhältnis | 9,8:1 | 7,0:1 |
| Motorleistung (kW/PS) | 150/204 | 221/300 |
| bei Drehzahl (U/min) | 5900 | 5500 |
| Drehmoment (Nm) | 267 | 412 |
| bei Drehzahl (U/min) | 4300 | 4000 |
| Literleistung (kW/l) | 50,0 | 67 |
| Höchstdrehzahl(U/min) | 6800 | 7000 |
| Motorgewicht (kg) | 190 | 245 |
| **2. Gemischaufbereitung, Zündung, Einstellwerte** | | |
| Kraftstoffanlage | K-Jetronic | K-Jetronic |
| Kraftstoffart (ROZ) | 98 | 98 |
| Zündsystem | BHKZ | BHKZ kontaktlos |
| Zündkerzen Bosch | WR 4 C1 | W 3 DP |
| Beru | 14/4 C1 | ... |
| Elektrodenabstand (mm) | 0,8 | 0,8 |
| Leerlaufdrehz. (U/min) | 800...950 | 900+-50 |
| Abgasanlage/Entgiftung | SLE+ZLP | SLE+ZLP |
| CO-Gehalt (%) | 1,0...2,0 | 1,5...2,5 |

Zeichenerklärung:
BHKZ = Batterie-Hochspannungs-Kondensator-Zündung
SLE = Sekundärlufteinblasung, ZLP = Zusatzluftpumpe

| Kraftstoffverbrauch nach EG-Norm, (l/100km) | | |
|---|---|---|
| A. bei konstant 90 km/h | 8,0 | 8,1 |
| B. bei konstant 120 km/h | 9,7 | 15,3 |
| C. EG-Stadtzyklus | 13,4 | 20,0 |
| **3. Kraftübertragung** | | |
| Kupplung, Druckplatte | G MFZ 225 | G MFZ 240 |
| Mitnehmerscheibe | TD 225 | GUD 240 |
| Getriebetyp Schaltgetr. | 915/62 | 930/34 |
| Gangübersetzungen | | |
| 1. Gang | 3,181 | 2,250 |
| 2. Gang | 1,833 | 1,304 |
| 3. Gang | 1,261 | 0,893 |
| 4. Gang | 1,000 | 0,625 |
| 5. Gang | 0,785 | ... |
| Rückwärtsgang | 3,325 | 2,437 |
| Synchronsystem Gänge 1...5 | POSY | POSY |
| Achsantrieb | 3,875 | 4,222 |
| Sperrdifferential | M | M |
| Sperrwert Zug/Schub (%) | 40/40 | 40/40 |

Zeichenerklärung:
M Mehrausstattung (Sonderwunsch)
S Serie
POSY Porsche Sperrsynchronsystem, Synchronringe Mo-beschichtet

| Modellbezeichnung | 911 SC | 911 Turbo |
|---|---|---|
| **4. Fahrwerk, Lenkung, Bremsen, Räder** | | |
| Vorderachse | | |
| Stabilisator D. (mm) | 20 | 20 |
| Lenkungsübersetzung | 17,87 | 17,87 |
| Wendekreis D. (m) | 10,95 | 10,95 |
| Hinterachse | | |
| Stabilisator D.Schaltg. (mm) | 18 | 18 |
| Bremsanlage | | |
| Bremskraftverst. D (Zoll) | 7 | 8 |
| Hauptbremszylinder D. (mm) | 20,64 | 23,81 |
| Kolbendurchm. in den | | |
| Bremszangen vorn (mm) | 48 | 38+38 |
| hinten (mm) | 38 | 30+30 |
| Bremsscheibendurchmesser | | |
| vorn (mm) | 282,5 | 304 |
| hinten (mm) | 290 | 309 |
| Bremsscheibendicke | | |
| vorn (mm) | 24 | 32 |
| hinten (mm) | 24 | 28 |
| Wirksame Gesamtbelagfläche ($cm^2$) | 257 | 376 |
| Feststellbremse | Mechanisch auf beide Hinterräder wirkend | |
| Bremstrommeldurchmesser (mm) | 180 | = |
| Gesamtbelagfläche ($cm^2$) | 170 | = |
| Räder und Reifen | | |
| Serienbereifung vorn | 185/70VR15 | 205/55VR16 |
| auf Rad | 6J x 15 | 7J x 16 |
| Serienbereifung hinten | 215/60VR15 | 225/50VR16 |
| auf Rad | 7J x 15 | 8J x 16 |
| Faltersatzrad | 165-15 89P | = |
| Reifendruck vorn (bar) | 2,0 | 2,0 |
| hinten (bar) | 2,4 | 3,0 |
| Faltersatzrad (bar) | 2,2 | 2,2 |
| **5. Karosserie, Innenausstattung** (Abmessungen bei Leergewicht) | | |
| Länge (mm) | 4291 | 4291 |
| Breite (mm) | 1652 | 1775 |
| Höhe (mm) | 1320 | 1310 |
| Radstand (mm) | 2272 | 2272 |
| Spurweite vorn (mm) | 1369 | 1432 |
| hinten (mm) | 1379 | 1501 |
| Bodenfreiheit bei zul.Ges.gewicht (mm) | 120 | 120 |
| **9. Elektrik** | | |
| Generator-Leistung (W/A) | 990/70 | = |
| Batterie (V/Ah) | 12/66 | = |

| Modellbezeichnung | 911 SC | 911 Turbo |
|---|---|---|
| **Gewichte nach DIN 70020** | | |
| Leergewicht (kg) | 1160 | 1300 |
| Zulässiges Gesamtgewicht. (kg) | 1500 | 1680 |
| Zulässige Anhängelast ungebremst (kg) | 480 | keine |
| gebremst (kg) | 800 | keine |
| **Fahrleistungen** | | |
| Höchstgeschwindigkeit Schaltgetriebe (km/h) | 235 | 260 |

| Modellbezeichnung | | 911 SC | 911 Turbo |
|---|---|---|---|
| Beschleunigung 0...100 km/h Schaltgetriebe (s) | | 6,8 | 5,4 |
| Kilometer mit stehendem Start Schaltgetriebe (s) | | 26,8 | 24,0 |
| **Füllmengen** | | | |
| Motorölmenge 1* | (l) | 13 | = |
| Ölwechselmenge 1* | (l) | 10 | = |
| Schaltgetriebe 2* | (l) | 3,0 | 3,7 |
| Kraftstoffbehälter | (l) | 80 | 80 |
| Bremsflüss.behält.6* | (l) | 0,20 | 0,20 |

* Ziffernerklärung:

1* Zugelassen API SE/SF mit Kombinationen API SE/CC - SF/CC - SF/CD - SE/CD Mehrbereichsöle nach Werksfreigabe.

2* Einbereichs-Getriebeöl SAE 90 nach MIL-L 2105 B bzw API-Klassifikation GL 5

6* Nur Bremsflüssigkeit entsprechend SAE J 1703 oder DOT 3 bzw. 4 verwenden

Hinweis:
Ab Modelljahr 1981 erhalten alle Fahrzeuge eine international einheitliche 17 stellige Fahrgestell-Nummer.

**Die Fahrgestell-Nummern**

| | | | | | | | | | | | | |
|---|---|---|---|---|---|---|---|---|---|---|---|---|
| WPO | Z | Z | Z | 91 | Z | B | S | 1 | 0 | 0001 ... 5000 | Restwelt | SC Coupé |
| WP0 | Z | Z | Z | 91 | Z | B | S | 1 | 2 | 9501 ... 9999 | Japan | SC Coupé |
| WP0 | Z | Z | Z | 91 | Z | B | S | 1 | 4 | 0001 ... 5000 | Restwelt | SC Targa |
| WP0 | Z | Z | Z | 91 | Z | B | S | 1 | 6 | 9501 ... 9999 | Japan | SC Targa |
| WP0 | A | A | O | 91 | C* | B | S | 1 | 2 | 0001 ... 5000 | USA/CDN | SC Coupé |
| WP0 | E | A | O | 91 | C* | B | S | 1 | 6 | 0001 ... 5000 | USA/CDN | SC Targa |
| WP0 | Z | Z | Z | 93 | Z | B | S | 0 | 0 | 0001 ... 2000 | Restwelt | 911 Turbo |
| WP0 | J | A | 0 | 93 | - | B | S | 0 | 5 | 0001 ... 2000 | CDN | 911 Turbo |

```
!   !   !   !   !   !   !   !   !   !      !
!   !   !   !   !   !   !   !   !   !      + ...Zählnummer
!   !   !   !   !   !   !   !   !   +.........Code für Karosserie+Motor
!   !   !   !   !   !   !   !   +   ..........Ergibt mit 7. und 8. Stelle den Fahrzeugtyp
!   !   !   !   !   !   !   +   ..............Fertigungsort (S = Stuttgart)
!   !   !   !   !   !   +   ..................Modelljahr (B = 1981, C = 1982 usw.)
!   !   !   !   !   +   ......................Prüfziffer/Füllzeichen
!   !   !   !   +   ..........................Erste und zweite Stelle des Fahrzeugtyps
!   !   !   +.................................Rückhaltesystem (0 = Gurt, 2 = Airbag) nur USA
!   !   +   ..................................Code für Motorvarianten (nur USA)
!   +   ......................................Code Karosserie USA (A = Coupé, B = Targa,
                                              C = Cabriolet)
+.............................................Weltherstellercode
```

C* = Prüfzeichen, kann 0 ... 9 oder X sein (nur USA)

Z = Füllzeichen für Restwelt-Fahrzeuge

# Modelljahr 1982 (C-Programm)

## Porsche 911 SC Coupé und Targa
## Porsche 911 Turbo 3,3 Coupé

Der Felgenstern der ATS-Felgen wurde ab Modelljahr 1982 schwarz lackiert, um die optische Anbindung an die schöneren Fuchs-Felgen zu schaffen.

Nur geringfügige Änderungen zum Modelljahr 1982. Rechtzeitig zum Jubiläum »50 Jahre Porsche« gab es ein Sondermodell (200 Einheiten) in Meteormetallic und einer aufwendigen Innenausstattung aus einer weinroten Leder-Stoff-Kombination.

### Kraftstoffanlage, Zündsystem

Keine Änderungen bei den Saugmotoren. Beim Turbo 3,3 setzte eine verbesserte Gemischaufbereitung und Zündung ein. Der Verbrauch konnte spürbar gesenkt werden. (Bei konstant 120 km/h statt 15,3 nur noch 11,8 Liter/100 km).

### Kraftübertragung

Beim 911 SC wurde das Ausgleichgetriebe verstärkt.

### Fahrwerk

Druckgußräder mit schwarzem Design und mit blankgedrehtem Felgenhorn wurden beim 911 SC montiert.

### Karosserie

Der 911 SC war ab Werk mit dem Heckflügel des 911 Turbo 3,0 als Sonderausstattung lieferbar.

Sitze aus dem Textilstoff »Berber« waren verfügbar.

Innenbelüftete Bremsscheiben gehörten inzwischen zur Selbstverständlichkeit.

## Ausstattung

Die Skala für die Öltemperaturanzeige war neu eingeteilt. Das weiße Feld begann bei ca. 20 °C und endete bei 60 °C. Zwei Markierungsstriche zeigen 90 °C und 120 °C an.

## Verkleidungen, Sitze

Angeboten wurden für die Fondsitzanlage spezielle Kindersitze.

## Heizung, Klimaanlage

Die Seitendüsen waren an den Heizluftstrom angeschlossen: Warmluft nun auch zu den Seitenfenstern.

## Elektrik

Verwendung des Drehstromgenerators (A 14 N11) mit 1050 Watt Leistung bei allen Sechszylinder-Motoren.

## Sonstiges

Für den Rennsport (Gruppe B) wurde ein 911 Turbo 3,3 mit Leistungssteigerung (plus 65 PS/47 kW) gebaut und verkauft. Mit einem als Sonderausstattung lieferbaren Dachtransportsystem konnten bis zu 75 kg befördert werden.

| Typenbezeichnung | Listenpreise 8/81 bzw. 3/82 | Produktionszahlen |
|---|---|---|
| 911 SC Coupé | DM 51.850,–/53.600,– | 3307 + 3085 USA |
| 911 SC Targa | | 1737 + 2488 USA |
| 911 Turbo 3,3 Coupé | DM 89.800,–/92.800,– | 938 + 89 CDN |

| Modellbezeichnung | 911 SC | 911 Turbo |
|---|---|---|
| **1. Motor** | | |
| Motor-Typ Schaltgetr. | 930/10 | 930/66 |
| Bohrung (mm) | 95 | 97 |
| Hub (mm) | 70,4 | 74,4 |
| Hubraum ($cm^3$) | 2994 | 3299 |
| Verd.verhältnis | 9,8:1 | 7,0:1 |
| Motorleistung (kW/PS) | 150/204 | 221/300 |
| bei Drehzahl (U/min) | 5900 | 5500 |
| Drehmoment (Nm) | 267 | 412 |
| bei Drehzahl (U/min) | 4300 | 4000 |
| Literleistung (kW/l) | 50,0 | 67 |
| Höchstdrehzahl (U/min) | 7000 | 7000 |
| Motorgewicht (kg) | 190 | 245 |
| **2. Gemischaufbereitung, Zündung, Einstellwerte** | | |
| Kraftstoffanlage | K-Jetronic | K-Jetronic |
| Kraftstoffart (ROZ) | 98 | 98 |
| Zündsystem | BHKZ | BHKZ |
| Zündkerzen Bosch | WR 4 C1 | W 3 DP |
| Beru | 14/4 C1 | ... |
| Elektrodenabstand (mm) | 0,8 | 0,8 |
| Leerlaufdrehz. (U/min) | 800...950 | 900+-50 |
| Abgasanlage/Entgiftung | SLE+ZLP | SLE+ZLP |
| CO-Gehalt (%) | 1,0...2,0 | 1,5...2,5 |

Zeichenerklärung:
BHKZ = Batterie-Hochspannungs-Kondensator-Zündung
SLE = Sekundärlufteinblasung,
ZLP = Zusatzluftpumpe

| Kraftstoffverbrauch nach EG-Norm, (l/100 km) | | |
|---|---|---|
| A. bei konstant 90 km/h | 8,0 | 8,1 |
| B. bei konstant 120 km/h | 9,7 | 15,3 |
| C. EG-Stadtzyklus | 13,4 | 20,0 |
| **3. Kraftübertragung** | | |
| Kupplung, Druckplatte | G MFZ 225 | G MFZ 240 |
| Mitnehmerscheibe | TD 225 | GUD 240 |
| Getriebetyp Schaltgetr. | 915/62 | 930/34 |
| Gangübersetzungen | | |
| 1. Gang | 3,181 | 2,250 |
| 2. Gang | 1,833 | 1,304 |
| 3. Gang | 1,261 | 0,893 |
| 4. Gang | 1,000 | 0,625 |
| 5. Gang | 0,785 | ... |
| Rückwärtsgang | 3,325 | 2,437 |
| Synchronsystem Gänge 1...5 | POSY | POSY |
| Achsantrieb | 3,875 | 4,222 |
| Sperrdifferential | M | M |
| Sperrwert Zug/Schub (%) | 40/40 | 40/40 |

Zeichenerklärung:
M Mehrausstattung (Sonderwunsch)
S Serie
POSY Porsche Sperrsynchronsystem, Synchronringe Mo-beschichtet

| Modellbezeichnung | 911 SC | 911 Turbo |
|---|---|---|
| **4. Fahrwerk, Lenkung, Bremsen, Räder** | | |
| Vorderachse | | |
| Stabilisator D. (mm) | 20 | 20 |
| Lenkungsübersetzung | 17,87 | 17,87 |
| Wendekreis D. (m) | 10,95 | 10,95 |
| Hinterachse | | |
| Stabilisator D.Schaltg. (mm) | 18 | 18 |
| Bremsanlage | | |
| Bremskraftverst. D (Zoll) | 7 | 8 |
| Hauptbremszylinder D. (mm) | 20,64 | 23,81 |
| Kolbendurchm. in den | | |
| Bremszangen vorn (mm) | 48 | 38+38 |
| hinten (mm) | 38 | 30+30 |
| Bremsscheibendurchmesser | | |
| vorn (mm) | 282,5 | 304 |
| hinten (mm) | 290 | 309 |
| Bremsscheibendicke | | |
| vorn (mm) | 24 | 32 |
| hinten (mm) | 24 | 28 |
| Wirksame Gesamtbelagfläche ($cm^2$) | 257 | 376 |
| Feststellbremse | Mechanisch auf beide Hinterräder wirkend | |
| Bremstrommeldurchmesser (mm) | 180 | = |
| Gesamtbelagfläche ($cm^2$) | 170 | = |
| Räder und Reifen | | |
| Serienbereifung vorn | 185/70VR15 | 205/55VR16 |
| auf Rad | 6J x 15 | 7J x 16 |
| Serienbereifung hinten | 215/60VR15 | 225/50VR16 |
| auf Rad | 7J x 15 | 8J x 16 |
| Faltersatzrad | 165-15 89P | = |
| Reifendruck vorn (bar) | 2,0 | 2,0 |
| hinten (bar) | 2,4 | 3,0 |
| Faltersatzrad (bar) | 2,2 | 2,2 |
| **5. Karosserie, Innenausstattung** (Abmessungen bei Leergewicht) | | |
| Länge (mm) | 4291 | 4291 |
| Breite (mm) | 1652 | 1775 |
| Höhe (mm) | 1320 | 1310 |
| Radstand (mm) | 2272 | 2272 |
| Spurweite vorn (mm) | 1369 | 1432 |
| hinten (mm) | 1379 | 1501 |
| Bodenfreiheit bei zul.Ges.gewicht (mm) | 120 | 120 |
| **9. Elektrik** | | |
| Generator-Leistung (W/A) | 1050/75 | = |
| Batterie (V/Ah) | 12/66 | = |
| **Gewichte nach DIN 70020** | | |
| Leergewicht (kg) | 1160 | 1300 |

| Modellbezeichnung | 911 SC | 911 Turbo |
|---|---|---|
| Zulässiges | | |
| Gesamtgewicht. (kg) | 1500 | 1680 |
| Zulässige Anhänge- | | |
| last ungebremst (kg) | 480 | keine |
| gebremst (kg) | 800 | keine |
| **Fahrleistungen** | | |
| Höchstgeschwindigkeit | | |
| Schaltgetriebe (km/h) | 235 | 260 |
| Beschleunigung 0...100 km/h | | |
| Schaltgetriebe (s) | 6,8 | 5,4 |
| Kilometer mit | | |
| stehendem Start | | |
| Schaltgetriebe (s) | 26,8 | 24,0 |

| Modellbezeichnung | | 911 SC | 911 Turbo |
|---|---|---|---|
| **Füllmengen** | | | |
| Motorölmenge 1* | (l) | 13 | = |
| Ölwechselmenge 1* | (l) | 10 | = |
| Schaltgetriebe 2* | (l) | 3,0 | 3,7 |
| Kraftstoffbehälter | (l) | 80 | 80 |
| Bremsflüss.behält. 6* | (l) | 0,20 | 0,20 |

* Ziffernerklärung:

1* Zugelassen API SE/SF mit Kombinationen API SE/CC - SF/CC - SF/CD - SE/CD Mehrbereichsöle nach Werksfreigabe.

2* Einbereichs-Getriebeöl SAE 90 nach MIL-L 2105 B bzw API-Klassifikation GL 5

6* Nur Bremsflüssigkeit entsprechend SAE J 1703 oder DOT 3 bzw. 4 verwenden

**Die Fahrgestell-Nummern**

| | | | | | | | | | | | | |
|---|---|---|---|---|---|---|---|---|---|---|---|---|
| WPO | Z | Z | Z | 91 | Z | C | S | 1 | 0 | 0001 ... 3307 | Restwelt | SC Coupé |
| WP0 | Z | Z | Z | 91 | Z | C | S | 1 | 0 | 9501 ... 9628 | Japan | SC Coupé |
| WP0 | Z | Z | Z | 91 | Z | C | S | 1 | 4 | 0001 ... 1737 | Restwelt | SC Targa |
| WP0 | Z | Z | Z | 91 | Z | C | S | 1 | 4 | 9501 ... 9562 | Japan | SC Targa |
| WP0 | A | A | O | 91 | C* | C | S | 1 | 2 | 0001 ... 2457 | USA/CDN | SC Coupé |
| WP0 | E | A | O | 91 | C* | C | S | 1 | 6 | 0001 ... 2426 | USA/CDN | SC Targa |
| WP0 | Z | Z | Z | 93 | Z | C | S | 0 | 0 | 0001 ... 0938 | Restwelt | 911 Turbo |
| WP0 | J | A | 0 | 93 | C* | C | S | 0 | 5 | 0001 ... 0089 | CDN | 911 Turbo |

```
!  !  !  !  !  !  !  !  !  !       !
!  !  !  !  !  !  !  !  !  !       + ...Zählnummer
!  !  !  !  !  !  !  !  !  +.....................Code für Karosserie+Motor
!  !  !  !  !  !  !  !  +  .......................Ergibt mit 7. und 8. Stelle den Fahrzeugtyp
!  !  !  !  !  !  !  +  ..........................Fertigungsort (S = Stuttgart)
!  !  !  !  !  !  +  .............................Modelljahr (B = 1981, C = 1982 usw.)
!  !  !  !  !  +  ................................Prüfziffer/Füllzeichen
!  !  !  !  +  ...................................Erste und zweite Stelle des Fahrzeugtyps
!  !  !  +......................................Rückhaltesystem (0 = Gurt, 2 = Airbag) nur USA
!  !  +  .........................................Code für Motorvarianten (nur USA)
!  +  ............................................Code Karosserie USA (A = Coupé, B = Targa,
                                                  C = Cabriolet)
+.................................................Weltherstellercode
```

C* = Prüfzeichen, kann 0 ... 9 oder X sein (nur USA)

Z* = Füllzeichen für Restwelt-Fahrzeuge

# Felgenchronik

Die verchromte Stahlfelge der ersten 911.

Der 911 S bekam 1967 geschmiedete Aluminium-Felgen.

Einige Kunden ließen die Fuchs-Felgen hochglanzpolieren.

Die Fuchs-Felgen ab Modelljahr 1969 waren zweifarbig.

Der Felgenstern der Modelle 911 Carrera RS 2.7 war farbig lackiert.

Diese Farbkombination stand den Fuchs-Felgen besonders gut zu Gesicht.

Nie geliebt, aber oft verbaut: ATS-Felge.

Der 964 stand ab Modelljahr 1989 auf Rädern mit schlichter Optik.

# *Werkszubehör aus drei Jahrzehnten*

Golfbag ab Modelljahr 1996.

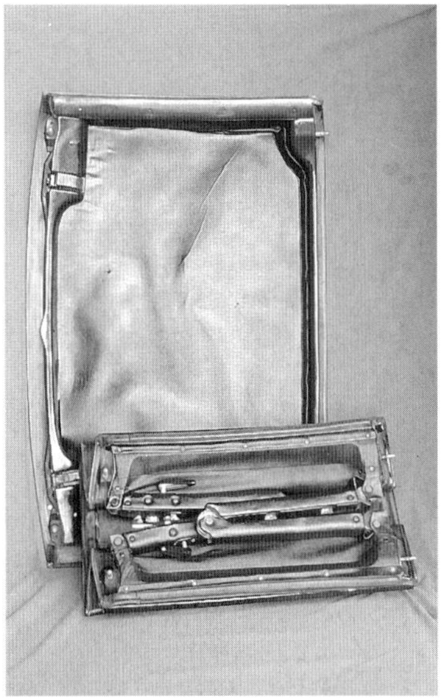

Zwei Versionen: Das feste Traga-Dach gab es nur 1975.

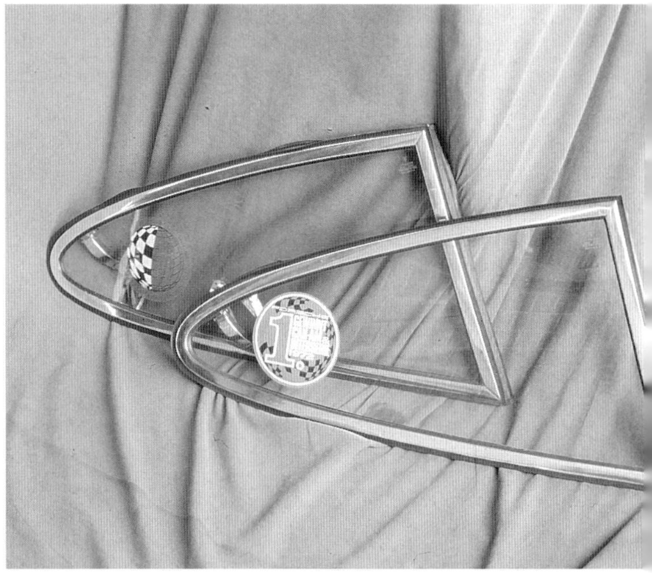

Es gab zwei verschiedene Ausführungen des »Can Am«-Aufklebers für die hinteren Seitenfenster.

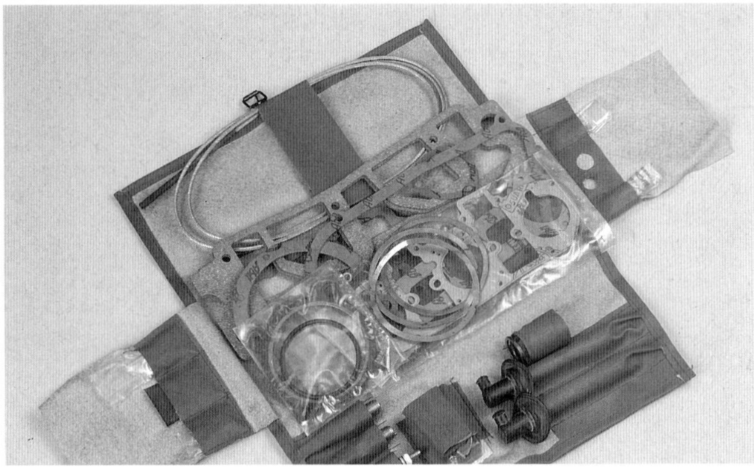

Gegen Aufpreis: Rare Ersatzteiltasche für die Reise Ende der 60er Jahre.

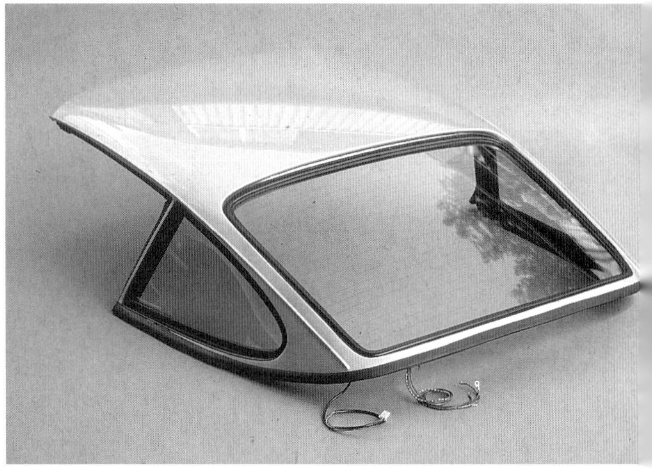

Das Hardtop für die Cabriolets mußte an jedes Fahrzeug individuell angepaßt werden.

Rarität für die Ur-Elfer: Webasto-Standheizung.

# Modelljahr 1983 (D-Programm: das Cabriolet)

## Porsche 911 SC Coupé, Targa und Cabriolet
## Porsche 911 Turbo 3,3 Coupé

An diesem abgebildeten 911 SC war die vordere Abschleppöse bereits an der vorderen Aufnahme des linken Dreieckslenkers befestigt.

1983 gab es keine nennenswerten Änderungen an der Motormechanik oder dem Antriebssystem. Doch die Auflagen der Gesetzgeber, Fahrgeräusche von Automobilen zu verringern, wurden immer härter. Insbesondere in der für Porsche so wichtigen Schweiz wurde die Typisierung immer schwieriger. Doch es gab auch Positives: Nach rund 20 Jahren Pause baute Porsche wieder ein Cabriolet. Die USA hatten jahrelang Sicherheitsgesetze in Vorbereitung, nach denen ein Cabriolet keine Zulassung zum Straßenverkehr mehr erhalten hätte. Diese Gesetze wurden jedoch endgültig verworfen, Porsche reagiert darauf und lancierte zum Genfer Salon das 911 Cabriolet.

### Kraftstoffanlage, Zündsystem

Neue Abgas- Vorschalldämpfer beim 911 SC. Für die Schweiz Spezialschalldämpfer. Beim 911 Turbo geänderter Hauptschalldämpfer. Die Bypass-Abgasleitung mündet nicht mehr in den Hauptschalldämpfer sondern unter den Abgas-Endrohren ins Freie. Diese Leitung besitzt einen eigenen Schalldämpfer. Feinarbeiten an der K-Jetronic und dem Zündsystem beim 911 Turbo.

Das 911 SC Cabriolet bot die lange erwartete Ergänzung zum 911 Targa.

## Kraftübertragung

Das Getriebe 930/34 (911 Turbo) für Schweiz-Fahrzeuge erhält einen länger übersetzten zweiten Gang (24:30), um die gesetzlichen Auflagen zu erfüllen.

Das Verdeck der ersten Cabrios mußte noch manuell geöffnet werden.

Sogar das Getriebe mußte geändert werden, damit das Vorbeifahrgeräusch des Turbo durch niedrigere Motordrehzahlen im zweiten Gang den Vorschrifen der Eidgenossen entsprach.

## Fahrwerk

Für 911 SC sind auch Räder 6 J x 16 vorn und 7 J x 16 hinten freigegeben.

## Karosserie

Der 911 SC wurde auch als Cabriolet hergestellt. Das Dach besaß eine neue Spriegeltechnik, bei der 50 Prozent des Daches aus geprägten Stahlblechprofilen bestanden. Diese Neuentwicklung gewährte Formstabilität auch bei hohen Geschwindigkeiten und Unfallschutz. Die Verdeckbetätigung erfolgte manuell. Mittels Reißverschluß konnte die flexible Heckscheibe geöffnet werden. Die Cabriolets besaßen zwei elektrisch von innen verstellbare und beheizbare Außenspiegel.

Bei der Neuentwicklung des Cabriolets waren verschiedene Gesichtspunkte zu berücksichtigen. Der Verlust des Targabügels nahm der Karosserie gewisse Festigkeit, die mit umfangreichen Versteifungsmaßnahmen im Bereich der Bodengruppe wieder aufgefangen werden mußte. Sicherheitsaspekte hatten auch die Gestaltung des Verdecks geprägt. Die weitgehende Verwendung von Metallprofilen, die sich beim Schließen des Verdecks wie ein Käfig über den Fahrgästen bildete, war das Resultat vieler Versuche. Das Öffnen und Schließen des manuell zu betätigenden Verdecks dauerte nur wenige Sekunden.

## Verkleidungen, Sitze

Mechanische Sicherheitsgurte für die Fondsitze. Alle Cabriolets erhalten grundsätzlich Ledersitze.

## Heizung, Klimaanlage

Zwei zusätzliche elektrische Heizgebläse sorgten beim 911 Turbo für bessere Wärmezufuhr, insbesondere in der Warmlaufphase des Motors. Der 911 SC erhielt die automatische Warmluftregelung, das 911 SC Cabriolet jedoch die manuell einstellbare Heizung, da beim Offenfahren die Automatik zu falscher Heizregulierung geführt hätte.

## Elektrik

Neue Blaupunkt-Radiogeneration SQR 22 Köln mit ARI für Deutschland, Atlanta ohne ARI für Rest der Welt und Monterey für USA. Und das bedeutet SQR 22: S steht für Search, Suchlauf; Q für Quartz Tuning (Digitale Abstimmung mit Stationsspeicher); R für Reverse (Kassette spielt ohne Wenden weiter); die erste 2 steht für 20 Watt Musikleistung, die zweite 2 für den Verkaufsbeginn 1982.

## Sonstiges

Die Wartungsintervalle bis zu einer Laufleistung von 40.000 Kilometern reduzierten sich von fünf auf drei. Die Inspektions Positionen nahmen um sieben auf insgesamt 16 ab.

| **Typenbezeichnung** | **Listenpreise 8/82 bzw. 3/83** | **Produktionszahlen** |
|---|---|---|
| 911 SC Coupé | DM 55.690,–/57.807,– | 2995 + 2704 USA |
| 911 SC Targa | | 1258 + 1492 USA |
| 911 SC Cabriolet | DM 64.500,– | 2406 + 1871 USA |
| 911 Turbo 3,3 Coupé | DM 96.400,–/99.800,– | 1015 + 65 CDN |

Das Anbringen der Persenning erforderte stets etwas Geduld, war aber nie vorgeschrieben.

Das Besondere am Cabriodach der 911 ist der hohe Festdachanteil.

| Modellbezeichnung | 911 SC | 911 Turbo |
|---|---|---|
| **1. Motor** | | |
| Motor-Typ Schaltgetr. | 930/10 | 930/66 |
| Bohrung (mm) | 95 | 97 |
| Hub (mm) | 70,4 | 74,4 |
| Hubraum ($cm^3$) | 2994 | 3299 |
| Verd.verhältnis | 9,8:1 | 7,0:1 |
| Motorleistung (kW/PS) | 150/204 | 221/300 |
| bei Drehzahl (U/min) | 5900 | 5500 |
| Drehmoment (Nm) | 267 | 430 |
| bei Drehzahl (U/min) | 4300 | 4000 |
| Literleistung (kW/l) | 50,0 | 67 |
| Höchstdrehzahl (U/min) | 7000 | 7200 |
| Motorgewicht (kg) | 190 | 230 |
| **2. Gemischaufbereitung, Zündung, Einstellwerte** | | |
| Kraftstoffanlage | K-Jetronic | K-Jetronic |
| Kraftstoffart (ROZ) | 98 | 98 |
| Zündsystem | BHKZ | BHKZ, kontaktlos |
| Zündkerzen Bosch | WR 4 C1 | W 3 DP |
| Beru | 14/4 CU | ... |
| Elektrodenabstand (mm) | 0,8 | 0,8 |
| Leerlaufdrehz. (U/min) | 800...950 | 900+-50 |
| Abgasanlage/Entgiftung | SLE+ZLP | SLE+ZLP |
| CO-Gehalt (%) | 1,0...1,5 | 1,5...2,5 |

Zeichenerklärung:
BHKZ = Batterie-Hochspannungs-Kondensator-Zündung
SLE = Sekundärlufteinblasung, ZLP = Zusatzluftpumpe

| Kraftstoffverbrauch nach DIN 70 030 (l/100 km) | | |
|---|---|---|
| A. bei konstant 90 km/h | 8,0 | 9,7 |
| B. bei konstant 120 km/h | 9,7 | 11,8 |
| C. EG-Stadtzyklus | 13,4 | 15,5 |
| **3. Kraftübertragung** | | |
| Kupplung, Druckplatte | G MFZ 225 | G MFZ 240 |
| Mitnehmerscheibe | TD 225 | GUD 240 |
| Getriebetyp Schaltgetr. | 915/62 | 930/34 |
| Gangübersetzungen | | |
| 1. Gang | 3,181 | 2,250 |
| 2. Gang | 1,833 | 1,304 |
| 3. Gang | 1,261 | 0,893 |
| 4. Gang | 1,000 | 0,625 |
| 5. Gang | 0,785 | ... |
| Rückwärtsgang | 3,325 | 2,437 |
| Synchronsystem Gänge 1...5 | POSY | POSY |
| Achsantrieb | 3,875 | 4,222 |
| Sperrdifferential | M | M |
| Sperrwert Zug/Schub (%) | 40/40 | 40/40 |
| Getriebegewicht mit Ölfüllung (kg) | 60 | 70,2 |

Zeichenerklärung:
M Mehrausstattung (Sonderwunsch)
S Serie

| Modellbezeichnung | 911 SC | 911 Turbo |
|---|---|---|

POSY Porsche Sperrsynchronsystem, Synchronringe Mo-beschichtet

| Modellbezeichnung | 911 SC | 911 Turbo |
|---|---|---|
| **4. Fahrwerk, Lenkung, Bremsen, Räder** | | |
| Vorderachse | | |
| Stabilisator D. (mm) | 20 | 20 |
| Lenkungsübersetzung | 17,87 | 17,87 |
| Wendekreis D. (m) | 10,95 | 10,95 |
| Hinterachse | | |
| Stabilisator D.Schaltg. (mm) | 18 | 18 |
| Bremsanlage | | |
| Bremskraftverst. D (Zoll) | 7 | 8 |
| Hauptbremszylinder D. (mm) | 20,64 | 23,81 |
| Kolbendurchm. in den Bremszangen vorn (mm) | 48 | 38+38 |
| hinten (mm) | 42 | 30+30 |
| Bremsscheibendurchmesser vorn (mm) | 282,5 | 304 |
| hinten (mm) | 290 | 309 |
| Bremsscheibendicke vorn (mm) | 24 | 32 |
| hinten (mm) | 24 | 28 |
| Wirksame Gesamtbelagfläche ($cm^2$) | 257 | 376 |
| Feststellbremse | Mechanisch auf beide Hinterräder wirkend | |
| Bremstrommeldurchmesser (mm) | 180 | = |
| Gesamtbelagfläche ($cm^2$) | 170 | = |
| Räder und Reifen | | |
| Serienbereifung vorn | 185/70VR15 | 205/55VR16 |
| auf Rad | 6J x 15 | 7J x 16 |
| Serienbereifung hinten | 215/60VR15 | 225/50VR16 |
| auf Rad | 7J x 15 | 8J x 16 |
| Faltersatzrad | 165-15 89P | = |
| Reifendruck vorn (bar) | 2,0 | 2,0 |
| hinten (bar) | 2,5 | 3,0 |
| Faltersatzrad (bar) | 2,2 | 2,2 |
| **5. Karosserie, Innenausstattung** (Abmessungen bei Leergewicht) | | |
| Länge (mm) | 4291 | 4291 |
| Breite (mm) | 1652 | 1775 |
| Höhe (mm) | 1320 | 1310 |
| Radstand (mm) | 2272 | 2272 |
| Spurweite vorn (mm) | 1369 | 1432 |
| hinten (mm) | 1379 | 1501 |
| Bodenfreiheit bei zul.Ges.gewicht (mm) | 120 | 120 |
| **9. Elektrik** | | |
| Generator-Leistung (W/A) | 1050/75 | = |
| Batterie (V/Ah) | 12/66 | = |

| Modellbezeichnung | 911 SC | 911 Turbo |
|---|---|---|
| **Gewichte nach DIN 70020** | | |
| Leergewicht (kg) | 1160 | 1300 |
| Zulässiges Gesamtgewicht. (kg) | 1500 | 1600 |
| Zulässige Anhängelast ungebremst (kg) | 480 | keine |
| gebremst (kg) | 800 | keine |

| Modellbezeichnung | | 911 SC | 911 Turbo |
|---|---|---|---|
| **Fahrleistungen** | | | |
| Höchstgeschwindigkeit Schaltgetriebe (km/h) | | 235 | 260 |
| Beschleunigung 0...100 km/h Schaltgetriebe (s) | | 6,8 | 5,4 |
| Kilometer mit stehendem Start Schaltgetriebe (s) | | 26,8 | 24,0 |
| **Füllmengen** | | | |
| Motorölmenge 1* | (l) | 13 | = |
| Schaltgetriebe 2* | (l) | 3,1 | 3,7 |
| Kraftstoffbehälter | (l) | 80 | 80 |
| Bremsflüss.behält. 6* | (l) | 0,20 | 0,20 |

* Ziffernerklärung:
1* Zugelassen API SE/SF mit Kombinationen API SE/CC - SF/CC - SF/CD - SE/CD Mehrbereichsöle nach Werksfreigabe.
2* Einbereichs-Getriebeöl SAE 90 nach MIL-L 2105 B bzw API-Klassifikation GL 5
6* Nur Bremsflüssigkeit entsprechend SAE J 1703 oder DOT 3 bzw. 4 verwenden

**Die Fahrgestell-Nummern**

```
WPO  Z  Z  Z  91  Z   D  S  1  0   0001 ... 2995  Restwelt  SC Coupé
WP0  Z  Z  Z  91  Z   D  S  1  0   9501 ... 9999  Japan     SC Coupé
WP0  Z  Z  Z  91  Z   D  S  1  4   0001 ... 1258  Restwelt  SC Targa
WP0  Z  Z  Z  91  Z   D  S  1  4   9501 ... 9645  Japan     SC Targa
WP0  Z  Z  Z  91  Z   D  S  1  5   0001 ... 2406  Restwelt  SC Cabriolet
WP0  A  A  O  91  C*  D  S  1  2   0001 ... 2599  USA/CDN   SC Coupé
WP0  E  A  O  91  C*  D  S  1  6   0001 ... 1430  USA/CDN   SC Targa
WP0  E  A  O  91  C*  D  S  1  7   0001 ... 1781  Restwelt  SC Cabriolet
WP0  Z  Z  Z  93  Z   D  S  0  0   0001 ... 1015  Restwelt  911 Turbo
WP0  J  A  0  93  C*  D  S  0  5   0001 ... 0065  CDN       911 Turbo
 !   !  !  !  !   !   !  !  !  !       !
 !   !  !  !  !   !   !  !  !  !       + ...Zählnummer
 !   !  !  !  !   !   !  !  !  +.................Code für Karosserie+Motor
 !   !  !  !  !   !   !  !  +  ..................Ergibt mit 7. und 8. Stelle den Fahrzeugtyp
 !   !  !  !  !   !   !  +  .....................Fertigungsort (S = Stuttgart)
 !   !  !  !  !   !   +  ........................Modelljahr (D = 1983, E = 1984 usw.)
 !   !  !  !  !   +  ............................Prüfziffer/Füllzeichen
 !   !  !  !  +  ...............................Erste und zweite Stelle des Fahrzeugtyps
 !   !  !  +.....................................Rückhaltesystem (0 = Gurt, 2 = Airbag) nur USA
 !   !  +  ......................................Code für Motorvarianten (nur USA)
 !   +  .........................................Code Karosserie USA (A = Coupé, B = Targa,
                                                 C = Cabriolet)
 +...............................................Weltherstellercode
```

C* = Prüfzeichen, kann 0 ... 9 oder X sein (nur USA)
Z = Füllzeichen für Restwelt-Fahrzeuge

# Modelljahr 1984
# (E-Programm: 3,2 Liter Hubraum)

## Porsche 911 Carrera Coupé, Targa und Cabriolet
## Porsche 911 Carrera Coupé Turbo Look
## Porsche 911 Turbo 3,3 Coupé

Tuning ab Werk: Den 911 Turbo gab es als Flachbau mit Klappscheinwerfern und mehr Leistung; im Hintergrund der Serien-Turbo und ein 911 Carrera.

Zum neuen Modelljahr erschien eine Motorengeneration mit 3,2 l Hubraum und digitaler Motor-Elektronik. Der gestiegenen Leistung angepaßt präsentierte sich auch die Bremsanlage.

Die Saugmotoren waren auf die neuen Abgasvorschriften abgestimmt, zwar gab es in vielen europäischen Ländern noch keinen unverbleiten Kraftstoff, die Motoren waren jedoch schon darauf vorbereitet. Der 911 Turbo wurde nicht mehr in die USA geliefert, da das Triebwerk nicht für Katalysatortechnik ausgelegt war. Zumindest optisch mußten US-Käufer allerdings nicht auf den Turbo verzichten: das 911 Carrera Coupé kam nun auch im Turbo Look daher. In Kanada übrigens war weiterhin der 911 Turbo typisiert und lieferbar.

### Motor

Der Saugmotor des 911 Carrera wurde überarbeitet. Neben Hubraumerweiterung auf 3,2 l wurden das Kurbelgehäuse verstärkt, die Kettenspanner verbessert und an den Ölkreislauf des Motors angeschlossen. Mit diesen hydraulisch gedämpften Kettenspannern elimi-

Die Nebellampen der Modelle ab 1984 waren in der Frontschürze integriert.

nierte Porsche eine Elfer-Kinderkrankheit. Die Kurbelwelle mit 74,4 mm Hub war nahezu baugleich mit der des 911 Turbo.

Die Daten der Carrera Motoren:

| Einsatz der Motoren | Rest der Welt | USA+Japan |
|---|---|---|
| Bezeichnung Motor | 911 Carrera | 911 Carrera |
| Typ Motor | 930/20 | 930/21 |
| Hubraum ($cm^3$) | 3164 | 3164 |
| Verdichtung | 10,3:1 | 9,5:1 |
| Oktanzahlbedarf (ROZ) | 98 | 91 unverbleit |
| Leistung (kW/PS) | 170/231 | 152/207 |
| bei Drehzahl (U/min) | 5900 | 5900 |
| Drehmoment (Nm) | 284 | 260 |
| bei Drehzahl (U/min) | 4800 | 4800 |

Keine Änderungen an der Mechanik des Turbo-Motors. Während die Saugmotoren größeren Änderungen unterzogen wurden, blieb die Mechanik des Turbo-Motors unangetastet. Als wesentlich für die Betriebssicherheit sollte sich die Modifikationen an den beiden Kettenspannern für die Steuerketten der Nockenwellen erweisen.

## Kraftstoffanlage, Zündsystem

Die Digitale Motor Elektronik (DME) wurde für die Einspritzung und die kennfeldgesteuerte Zündung beim Carrera Motor eingesetzt. Die DME besaß Schubabschaltung und eine Lambdaregelung für die Exportmärkte USA mit Kalifornien, Kanada und Japan. Alle Lambdasonden waren elektrisch beheizt. Keine Ände-

Für den Motorsport: 911 SC RS mit 255 PS.

rungen am Zündsystem und an der Gemischaufbereitung des Turbo-Motors.

Hinter der DME verbarg sich die intermittierend einspritzende, elektronisch gesteuerte Kraftstoffeinspritzung sowie die Zündung mit elektronisch gespeichertem Kennfeld, die von einem gemeinsamen digital arbeitenden Mikrocomputer gesteuert wurden. Die Einspritzung basierte auf der bekannten L-Jetronic. Die DME konnte Schiebebetrieb erkennen und bei diesem Betriebszustand die Einspritzung völlig unterbrechen. Je nach Exportmarkt konnte im Abgassystem eine Lambda-Sonde eingesetzt werden, die dem Steuergerät zusätzliche Informationen lieferte, um spontan die Einspritzmenge korrigieren zu können.

## Kraftübertragung

Die Schaltgetriebe Typ 915/67 (Carrera R.d.W.) und 915/69 (Turbo Look R.d.W.) unterschieden sich lediglich durch die Abtriebsflansche. Beide Getriebe besaßen eine fahrgeschwindigkeitsabhängig fördernde Getriebeölpumpe und einen außen am Getriebegehäuse angebrachten Rippenrohrkühler.
Die Übersetzungen der Gänge 4 und 5 wurden der gesteigerten Motorleistung angepaßt.

Die Getriebeölkühlung sorgte für rund 25 °C niedrigere Betriebstemperatur. Neben der besseren Kühlwirkung wurde bei gleichen Betriebszuständen eine höhere Viskosität des Schmiermittels und damit eine bessere Laufruhe der mechanischen Bauteile erreicht.

## Fahrwerk

Der 911 Carrera erhielt eine verstärkte Bremsanlage mit Bremskraftregler, Saugstrahlpumpe und größerem Bremskraftverstärker. Serienmäßig Druckgußräder im »Telefon-Design« vorn 6 J x 15 hinten 7 J x 15 Bereifung vorn 185/70 VR 15, hinten 215/60 VR 15. Turbo Look Fahrzeuge waren mit Vorderachsnaben, Hinterachsquerrohr, Lenker und Bremsanlage vom 911 Turbo ausgestattet, ferner mit Leichtmetallrädern vorn 7 J x 16 mit Bereifung 205/55 VR 16, hinten 8 J x 16 mit Bereifung 225/50 VR 16. Alle Sechszylinder-Fahrzeuge besaßen Bremsbelagverschleißanzeige und Radmutternschlösser gegen Raddiebstahl.



Die Bremsbelagverschleißanzeige sollte den Kunden eine zusätzliche Sicherheit vermitteln; die Wartungsintervalle wurden kundenfreundlich auf 20 000 Kilometer auseinandergezogen.

## Karosserie

Die Nebellampen waren bei allen Fahrzeugen im Bugspoiler integriert. Als Mehrausstattung M 491 war das 911 Coupé auch im Turbo Look lieferbar. Kotflügel, Fondseitenteile sowie Bug- und Heckspoiler waren identisch mit dem 911 Turbo.

## Ausstattung

Schwarzer Schriftzug »Carrera« auf dem Motordeckel. Getönte Heckscheibe, zweistufig beheizbar bei Coupé und Targa. Das Targadach mit allen Dichtungen war überarbeitet. Abschließbarer Kofferraum-Deckelzug auch für Coupé. Cabriolet-Verdeckfarben jetzt auch braun und blau. Make-up Spiegel auch in der Sonnenblende fahrerseitig.

Die Emanzipation der Frau schlug jetzt auch beim Elfer durch! Oder benutzten auch Männer den Spiegel in der Sonnenblende?

## Verkleidungen, Sitze

Neue Stoffe »Ton in Ton« mit Porsche-Schriftzug. Türinnengriffe farbig auf die Innenausstattung abgestimmt.

## Heizung, Klimaanlage

Zwei Zusatzgebläse waren auch für die Carrera-Fahrzeuge in den Heizschächten zur Verbesserung der Heizleistung untergebracht. Umstellung der Klimaanlagen auf Zehnzylinder Taumelscheiben-Kompressoren.

## Elektrik

Eingebaut war ein 92 A Generator mit 1288 Watt Leistung.

## Sonstiges

Für den Motorsport (Gruppe B) wurde eine Kleinserie (20 Stück) aufgelegt: 911 SC RS mit 3,0 l Hubraum und 184 kW (255 PS) bei 7000/min. Der Einsatzmotor für Rennen und Rallyes leistete 206 kW (280 PS).

| Typenbezeichnung | Listenpreise 8/83 bzw. 2/84 | Produktionszahlen |
|---|---|---|
| 911 Carrera Coupé | DM 61.950,–/ 63.950,– | 4033 + 2499 USA |
| 911 Carrera Targa | DM 64.950,–/ 67.050,– | 1469 + 2324 USA |
| 911 Carrera Cabriolet | DM 68.990,–/ 71.200,– | 1835 + 1268 USA |
| 911 Turbo 3,3 Coupé | DM 102.000,–/105.300,– | 804 + 77 CDN |

| Modellbezeichnung | 911 Carrera | 911 Turbo |
|---|---|---|
| **1. Motor** | | |
| Motor-Typ Schaltgetr. | 930/20 | 930/66 |
| Bohrung (mm) | 95 | 97 |
| Hub (mm) | 74,4 | 74,4 |
| Hubraum (cm$^3$) | 3164 | 3299 |
| Verd.verhältnis | 10,3:1 | 7,0:1 |
| Motorleistung (kW/PS) | 170/231 | 221/300 |
| bei Drehzahl (U/min) | 5900 | 5500 |
| Drehmoment (Nm) | 284 | 430 |
| bei Drehzahl (U/min) | 4800 | 4000 |
| Literleistung (kW/l) | 53,7 | 67 |
| Höchstdrehzahl (U/min) | 6560 | 7200 |
| Motorgewicht (kg) | 210 | 253 |
| **2. Gemischaufbereitung, Zündung, Einstellwerte** | | |
| Kraftstoffanlage | DME | K-Jetronic |
| Kraftstoffart (ROZ) | 98 | 98 |
| Zündsystem | DME | BHKZ, kontaktlos |
| Zündung | Einfach | Einfach |
| Zündkerzen Bosch | WR 4 CC | W 3 DP |
| Beru | 14/4 CU | ... |
| Elektrodenabstand (mm) | 0,7 | 0,8 |
| Leerlaufdrehz. (U/min) | 880+-20 | 900+-50 |
| Abgasanlage/Entgiftung | ... | SLE+ZLP |
| CO-Gehalt ohne Kat. (%) | 1,0...1,5 | 1,5...2,5 |

Zeichenerklärung:
BHKZ = Batterie-Hochspannungs-Kondensator-Zündung
SLE = Sekundärlufteinblasung, ZLP = Zusatzluftpumpe

| Kraftstoffverbrauch nach EG-Norm (l/100km) | | |
|---|---|---|
| A. bei konstant 90 km/h | 6,8 | 9.7 |
| B. bei konstant 120 km/h | 9,0 | 11,8 |
| C. EG-Stadtzyklus | 13,6 | 15,5 |
| Drittelmix | 9,8 | 12,3 |
| **3. Kraftübertragung** | | |
| Kupplung, Druckplatte | G MFZ 225 | G MFZ 240 |
| Mitnehmerscheibe | TD 225 | GUD 240 |
| Getriebetyp Schaltgetr. | 915/67 | 930/34 |

| Modellbezeichnung | 911 Carrera | 911 Turbo |
|---|---|---|
| Gangübersetzungen | | |
| 1. Gang | 3,181 | 2,250 |
| 2. Gang | 1,833 | 1,304 |
| 3. Gang | 1,261 | 0,829 |
| 4. Gang | 0,965 | 0,625 |
| 5. Gang | 0,7631 | ... |
| Rückwärtsgang | 3,325 | 2,437 |
| Synchronsystem Gänge 1...5 | POSY | POSY |
| Synchronsystem R.-Gang | nein | nein |
| Achsantrieb | 3,875 | 4,222 |
| Sperrdifferential | M | M |
| Sperrwert Zug/Schub (%) | 40/40 | 40/40 |
| Getriebegewicht mit Ölfüllung (kg) | 60 | 70,2 |

Zeichenerklärung:
M Mehrausstattung (Sonderwunsch)
S Serie
POSY Porsche Sperrsynchronsystem, Synchronringe Mo-beschichtet
DME Digitale Motor Elektronik (Einspritzung+Zündung)

| **4. Fahrwerk, Lenkung, Bremsen, Räder** | | |
|---|---|---|
| Vorderachse | | |
| Stabilisator D. (mm) | 20 | 20 |
| Lenkungsübersetzung | 17,87 | 17,87 |
| Wendekreis D. (m) | 10,95 | 10,95 |
| Hinterachse | | |
| Stabilisator D.Schaltg. (mm) | 18 | 18 |
| Bremsanlage | | |
| Bremskraftverst. D (Zoll) | 8 | 8 |
| Hauptbremszylinder D. (mm) | 20,64 | 23,81 |
| Kolbendurchm. in den Bremszangen vorn (mm) | 48 | 38+38 |
| hinten (mm) | 42 | 30+30 |
| Bremsscheibendurchmesser vorn (mm) | 282,5 | 304 |
| hinten (mm) | 290 | 309 |
| Bremsscheibendicke vorn (mm) | 24 | 32 |
| hinten (mm) | 24 | 28 |

| Modellbezeichnung | 911 Carrera | 911 Turbo |
|---|---|---|
| Wirksame Gesamtbelag- | | |
| fläche ($cm^2$) | 257 | 376 |
| Feststellbremse | Mechanisch auf beide Hin- | |
| terräder wirkend | | |
| Bremstrommel- | | |
| durchmesser (mm) | 180 | = |
| Gesamtbelagfläche ($cm^2$) | 170 | = |
| | | |
| Räder und Reifen | | |
| Serienbereifung vorn | 185/70VR15 | 205/55VR16 |
| auf Rad | 6J x 15 | 7J x 16 |
| Einpreßtiefe ET (mm) | 23,3 | |
| Serienbereifung hinten | 215/60VR15 | 225/50VR16 |
| auf Rad | 7J x 15 | 8J x 16 |
| Faltersatzrad | 165-15 89P | = |
| Reifendruck vorn (bar) | 2,0 | 2,0 |
| hinten (bar) | 2,5 | 3,0 |
| Faltersatzrad (bar) | 2,2 | 2,2 |

**5. Karosserie, Innenausstattung** (Abmessungen bei Leergewicht)

| Modellbezeichnung | 911 Carrera | 911 Turbo |
|---|---|---|
| Länge (mm) | 4291 | 4291 |
| Breite (mm) | 1652 | 1775 |
| Höhe (mm) | 1320 | 1310 |
| Radstand (mm) | 2272 | 2272 |
| Spurweite vorn (mm) | 1372 | 1432 |
| hinten (mm) | 1380 | 1501 |
| Bodenfreiheit bei | | |
| zul.Ges.gewicht (mm) | 120 | 120 |

| Modellbezeichnung | 911 Carrera | 911 Turbo |
|---|---|---|
| **9. Elektrik** | | |
| Generator-Leistung (W/A) | 1260/90 | = |
| Batterie (V/Ah) | 12/66 | = |
| | | |
| **Gewichte nach DIN 70020** | | |
| Leergewicht (kg) | 1160 | 1300 |
| Zulässiges | | |
| Gesamtgewicht. (kg) | 1500 | 1680 |
| Zulässige Anhänge- | | |
| last ungebremst (kg) | 480 | keine |
| gebremst (kg) | 800 | keine |
| | | |
| **Fahrleistungen** | | |
| Höchstgeschwindigkeit | | |
| Schaltgetriebe (km/h) | 245 | 260 |
| Beschleunigung 0...100 km/h | | |
| Schaltgetriebe (s) | 6,1 | 5,4 |
| | | |
| Kilometer mit | | |
| stehendem Start | | |
| Schaltgetriebe (s) | 26,8 | 24,0 |
| | | |
| **Füllmengen** | | |
| Motorölmenge 1* (l) | 13 | = |
| Schaltgetriebe 2* (l) | 3,4 | 3,7 |
| Kraftstoffbehälter (l) | 80 | 80 |
| Bremsflüss.behält. 6* (l) | 0,20 | 0,20 |

* Ziffernerklärung:

1* Zugelassen API SE/SF mit Kombinationen API SE/CC - SF/CC - SF/CD - SE/CD Mehrbereichsöle nach Werksfreigabe.

2* Einbereichs-Getriebeöl SAE 90 nach MIL-L 2105 B bzw API-Klassifikation GL 5

6* Nur Bremsflüssigkeit entsprechend SAE J 1703 oder DOT 3 bzw. 4 verwenden

| | | | | | | | | | | | | |
|---|---|---|---|---|---|---|---|---|---|---|---|---|
| WPO | Z | Z | Z | 91 | Z | E | S | 1 | 0 | 0001 ... 4033 | Restwelt | Carrera Coupé |
| WP0 | Z | Z | Z | 91 | Z | E | S | 1 | 0 | 9501 ... 9717 | Japan | Carrera Coupé |
| WP0 | Z | Z | Z | 91 | Z | E | S | 1 | 4 | 0001 ... 1469 | Restwelt | Carrera Targa |
| WP0 | Z | Z | Z | 91 | Z | E | S | 1 | 4 | 9501 ... 9564 | Japan | Carrera Targa |
| WP0 | Z | Z | Z | 91 | Z | E | S | 1 | 5 | 0001 ... 1835 | Restwelt | Carrera Cabriolet |
| WP0 | Z | Z | Z | 91 | Z | E | S | 1 | 5 | 9501 ... 9577 | Japan | Carrera Cabriolet |
| WP0 | A | B | O | 91 | C* | E | S | 1 | 2 | 0001 ... 2282 | USA/CDN | Carrera Coupé |
| WP0 | E | B | O | 91 | C* | E | S | 1 | 6 | 0001 ... 2260 | USA/CDN | Carrera Targa |
| WP0 | E | B | O | 91 | C* | E | S | 1 | 7 | 0001 ... 1191 | USA/CDN | Carrera Cabriolet |
| WP0 | Z | Z | Z | 93 | Z | E | S | 0 | 0 | 0001 ... 0804 | Restwelt | 911 Turbo |
| WP0 | J | A | 0 | 93 | C* | E | S | 0 | 5 | 0001 ... 0077 | CDN | 911 Turbo |

```
!    !    !    !    !    !    !    !    !    !        !
!    !    !    !    !    !    !    !    !    !        +  Zählnummer
!    !    !    !    !    !    !    !    !    +...........Code für Karosserie+Motor
!    !    !    !    !    !    !    !    +   .............Ergibt mit 7. und 8. Stelle den Fahrzeugtyp
!    !    !    !    !    !    !    +   ..................Fertigungsort (S = Stuttgart)
!    !    !    !    !    !    +   .......................Modelljahr (E = 1984, F = 1985 usw.)
!    !    !    !    !    +   ............................Prüfziffer/Füllzeichen
!    !    !    !    +   .................................Erste und zweite Stelle des Fahrzeugtyps
!    !    !    +.......................................Rückhaltesystem (0 = Gurt, 2 = Airbag) nur USA
!    !    +   ...........................................Code für Motorvarianten (nur USA)
!    +   ................................................Code Karosserie USA (A = Coupé, B = Targa,
                                                         C = Cabriolet)
+......................................................Weltherstellercode
```

C* = Prüfzeichen, kann 0 ... 9 oder X sein (nur USA)

Z = Füllzeichen für Restwelt-Fahrzeuge

# Modelljahr 1985 (F-Programm: Technologieträger 959)

## Porsche 911 Carrera Coupé, Targa und Cabriolet
## Porsche 911 Carrera Coupé, Targa und Cabriolet Turbo Look
## Porsche 911 Turbo 3,3 Coupé

Im Modelljahr 1985 waren wieder viele Elfer-Varianten angeboten; im Bild ein 911 Carrera Coupé.

Erstmals für Deutschland: Katalysator und Lambdasonde. Deutschland war innerhalb der Europäischen Gemeinschaft der Vorreiter mit unverbleitem Kraftstoff. Das Tankstellennetz war zwar noch unbefriedigend, trotzdem bot Porsche die ersten Fahrzeuge auf dem EG-Markt mit geregeltem Katalysator an. Der 911 Carrera im Turbo Look wurde nun auch als Targa und Cabriolet angeboten.

### Motor

Alle Sechszylinder erhielten – zur besseren Kühlung des Motoröls – Lamellenölkühler im rechten vorderen Kotflügel vor dem Rad. Der Lufteintritt befand sich unter dem vorderen Stoßfänger, über dem Nebelscheinwerfer.

Klassisch aus jeder Perspektive: 911 Carrera Targa in Schwarz.

## Kraftstoffanlage, Zündsystem

Neben den schon im Jahre 1984 gebauten Motoren M 930/20 und M 930/21, wurde als Sonderausstattung M 298 für Deutschland wahlweise, für Österreich, Australien und die Schweiz obligatorisch der Motor M 930/21 mit Katalysator und Lambdasonde geliefert. Bedingt durch das damals nicht verfügbare unverbleite Superbenzin, hatte dieser Motor nur eine Verdichtung von 9,5:1 und damit eine auf 152 kW (207 PS) reduzierte Leistung.

Der in Europa lieferbare unverbleite Kraftstoff (Eurosuper bleifrei) besaß nur eine Oktanzahl von ROZ 95. Übrigens: Der aus Erdöl gewonnene Kraftstoff hat immer einen natürlichen (geringen) Anteil an Pb (Blei). Um die Klopffestigkeit zu erhöhen, war es üblich, Additive dem Kraftstoff beizugeben, die stark bleihaltig, also gesundheitsgefährdend waren. Man sollte daher bei der neuen Generation von Kraftstoffen von »unverbleiten Kraftstoffen« reden. Auch in den USA: »unleaded fuel« und nicht »lead free«.

## Kraftübertragung

Bei den Getrieben der Baureihe 915 für die 911 Carrera, 915/72 mit Getriebeölpumpe und -Kühlung für alle Motoren ohne Katalysator, und 915/73* ohne Ölkühlung für die Motoren mit Katalysator, wurden Gehäuseverstärkungen durchgeführt. Die Porsche-Synchronisierung wurde überarbeitet: Die Schaltkräfte, insbesondere beim Einlegen des 1. Ganges wurden weiter reduziert. Die Schalthebelübersetzung wurde geändert: Schaltwege sind deutlich kürzer und damit sportlicher.

* Getriebe 915/73: Die Übersetzungen der Gänge 2, 4 und 5 sind der geringeren Motorleistung angepaßt und »kürzer« ausgelegt.

Ohne die Übersetzungsänderungen würde der leistungsreduzierte Motor das Fahrzeug nicht mehr auf die entsprechende Höchstgeschwindigkeit bringen.

Der abgebildete 1985er Turbo trägt bereits die 9-Zoll-Felgen des Folgejahres.

911 Cabriolet im Turbo Look ohne Heckspoiler und dem Frontspoiler ohne Gummilippe.

## Fahrwerk

Boge-Zweirohr-Gasdruckstoßdämpfer GZ kamen zum Einsatz; das Fahrwerk des 911 Turbo wurde neu abgestimmt und mit stärkeren Stabilisatoren versehen. Durchmesser vorn: 22 mm, hinten 20 mm. Das Übersetzungsverhältnis des Bremskraftverstärkers für alle Turbo Look Fahrzeuge wurde geändert: die Pedalkräfte sind spürbar geringer.

## Karosserie

Auch die Karosserievarianten Targa und Cabriolet sind im Turbo Look lieferbar, allerdings ohne den Turbo-Heckflügel. Durch Änderungen von Blechstärken und zusätzliche Versteifungen an der Rohkarosserie wurden die offenen Karosserievarianten den Anforderungen des Turbo-Fahrwerks angepaßt.

## Ausstattung

Vierspeichen Lenkrad; elektrische Zentralverriegelung auch von der Mittelkonsole aus zu aktivieren. Elektrisch beheizte Scheibenwaschdüsen. Sekuriflex Windschutzscheiben als Sonderausstattung.

Die Sekuriflex Windschutzscheiben besitzen auf der Innenseite eine glasklare, unsichtbare Folie, die bei

959 Familie: Paris-Dakar-Ausführung (links), Serienversion (Mitte) und das Rundstreckenfahrzeug (rechts), das in Le Mans zum Einsatz kam.

Bei einem 959 war der Drift nur schwer zu provozieren.

Kopfkontakt oder brutalen Steinschlägen die Insassen davor schützt, mit scharfen Glaskrümeln in Berührung zu kommen.

## Verkleidungen, Sitze

Neue Sitzgeneration für alle Fahrzeuge: Basissitz, auch teilelektrisch, Komfortsitz vollelektrisch, Sportsitz teilelektrisch. Der Handschalthebel erhält einen farblich passenden Lederbalg. Als Schallschutz wird darunter weiterhin eine Gummimanschette montiert.

## Heizung, Klimaanlage

Klimaanlage beim 911 Turbo 3,3 serienmäßig.

## Elektrik

Heckscheibe nur noch einstufig beheizbar. Aktive Windschutzscheiben-Antenne in der Frontscheibe beifahrerseitig. Antennenverstärker im Kofferraum.

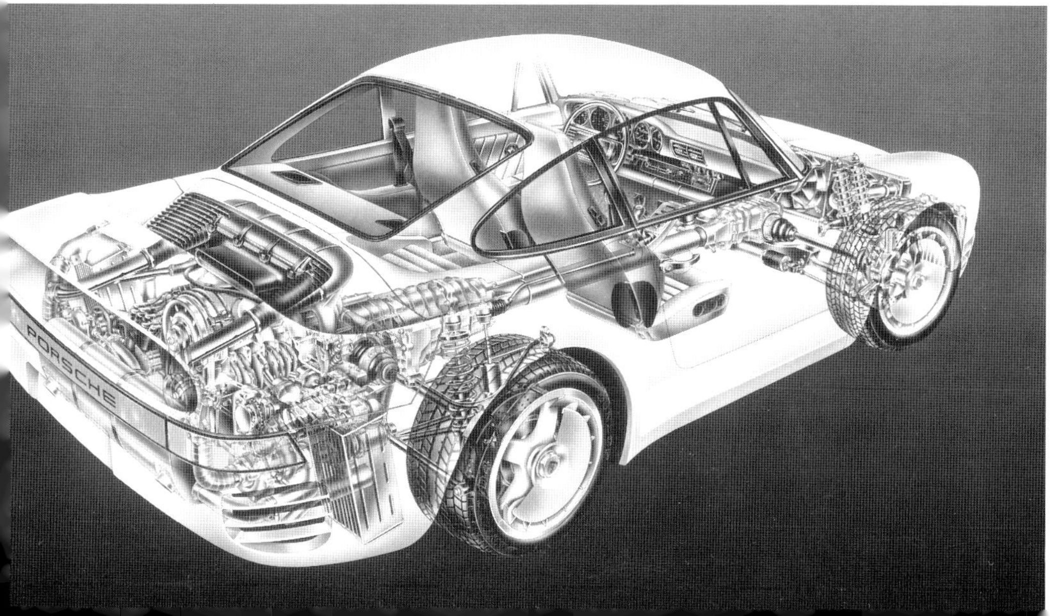


Der High-Tech-959 hatte bereits zwei Turbolader und Allradantrieb.

Die Scheibenantenne von Porsche basierte auf Erfahrungen mit Systemen, die an Überschallflugzeugen erprobt wurden.

| Typenbezeichnung | Listenpreise 8/84 bzw. 2/85 | Produktionszahlen |
|---|---|---|
| 911 Carrera Coupé | DM 66.950,–/ 68.560,– | 3529 + 2181 USA |
| 911 Carrera Targa | DM 69.980,–/ 71.660,– | 1435 + 2006 USA |
| 911 Carrera Cabriolet | DM 74.200,–/ 75.980,– | 1583 + 2025 USA |
| 911 Turbo 3,3 Coupé | DM 111.000,–/114.000,– | 1063 + 85 CDN |

| Modellbezeichnung | 911 Carrera | 911 Turbo |
|---|---|---|
| **1. Motor** | | |
| Motor-Typ Schaltgetr. | 930/20 | 930/66 |
| Bohrung (mm) | 95 | 97 |
| Hub (mm) | 74,4 | 74,4 |
| Hubraum ($cm^3$) | 3164 | 3299 |
| Verd.verhältnis | 10,3:1 | 7,0:1 |
| Motorleistung (kW/PS) | 170/231 | 221/300 |
| bei Drehzahl (U/min) | 5900 | 5500 |
| Drehmoment (Nm) | 284 | 430 |
| bei Drehzahl (U/min) | 4800 | 4000 |
| Literleistung (kW/l) | 53,7 | 67 |
| Höchstdrehzahl (U/min) | 6560 | 7200 |
| Motorgewicht (kg) | 219 | 253 |
| **2. Gemischaufbereitung, Zündung, Einstellwerte** | | |
| Kraftstoffanlage | DME | K-Jetronic |
| Kraftstoffart (ROZ) | 98 | 98 |
| Zündsystem | DME | BHKZ kontaktlos |
| Zündung | Einfach | Einfach |
| Zündkerzen Bosch | WR 4 CC | W 3 DP W3CP |
| Beru | ... | ... |
| Elektrodenabstand (mm) | 0,7 | 0,6 |
| Leerlaufdrehz. (U/min) | 880+-20 | 900+-50 |
| Abgasanlage/Entgiftung | .... | SLE+ZLP |
| CO-Gehalt ohne Kat. (%) | 1,0...1,5 | 1,5...2,5 |

Zeichenerklärung:
DME = Digitale Motor Elektronik, (Einspritzung+Zündung)
BHKZ = Batterie-Hochspannungs-Kondensator-Zündung
SLE = Sekundärlufteinblasung, ZLP = Zusatzluftpumpe

| Kraftstoffverbrauch nach EG-Norm, (l/100 km) | 911 Carrera | 911 Turbo |
|---|---|---|
| A. bei konstant 90 km/h | 6,8 | 9.7 |
| B. bei konstant 120 km/h | 9,0 | 11,8 |
| C. EG-Stadtzyklus | 13,6 | 15,5 |
| Drittelmix | 9,8 | 12,3 |
| **3. Kraftübertragung** | | |
| Kupplung, Druckplatte | G MFZ 225 | G MFZ 240 |
| Mitnehmerscheibe | TD 225 | GUD 240 |
| Getriebetyp Schaltgetr. | 915/72 | 930/36 |
| Gangübersetzungen | | |
| 1. Gang | 3,181 | 2,250 |
| 2. Gang | 1,833 | 1,304 |

| Modellbezeichnung | 911 Carrera | 911 Turbo |
|---|---|---|
| 3. Gang | 1,261 | 0,829 |
| 4. Gang | 0,965 | 0,625 |
| 5. Gang | 0,7631 | ... |
| Rückwärtsgang | 3,325 | 2,437 |
| Synchronsystem Gänge 1...5 | POSY | POSY |
| Synchronsystem R.-Gang | nein | nein |
| Achsantrieb | 3,875 | 4,222 |
| Sperrdifferential | M | M |
| Sperrwert Zug/Schub (%) | 40/40 | 40/40 |
| Getriebegewicht mit Ölfüllung (kg) | 60 | 70,2 |

Zeichenerklärung:
M Mehrausstattung (Sonderwunsch)
S Serie
POSY Porsche Sperrsynchronsystem, Synchronringe Mo-beschichtet

| **4. Fahrwerk, Lenkung, Bremsen, Räder** | 911 Carrera | 911 Turbo |
|---|---|---|
| Vorderachse | | |
| Stabilisator D. (mm) | 20 | 22 |
| Lenkungsübersetzung | 17,87 | 17,87 |
| Wendekreis D. (m) | 10,95 | 10,95 |
| Hinterachse | | |
| Stabilisator D.Schaltg. (mm) | 18 | 20 |
| Bremsanlage | | |
| Bremskraftverst. D (Zoll) | 8 | 8 |
| Hauptbremszylinder D. (mm) | 20,64 | 23,81 |
| Kolbendurchm. in den Bremszangen vorn (mm) | 48 | 38+38 |
| hinten (mm) | 42 | 30+30 |
| Bremsscheibendurchmesser vorn (mm) | 282,5 | 304 |
| hinten (mm) | 290 | 309 |
| Bremsscheibendicke vorn (mm) | 24 | 32 |
| hinten (mm) | 24 | 28 |
| Wirksame Gesamtbelagfläche ($cm^2$) | 258 | 344 |
| Feststellbremse | Mechanisch auf beide Hinterräder wirkend | |
| Bremstrommeldurchmesser (mm) | 180 | = |
| Gesamtbelagfläche ($cm^2$) | 170 | = |

| Modellbezeichnung | 911 Carrera | 911 Turbo |
|---|---|---|
| Räder und Reifen | | |
| Serienbereifung vorn | 185/70VR15 | 205/55VR16 |
| auf Rad | 6J x 15 | 7J x 16 |
| Einpreßtiefe ET (mm) | 23,3 | = |
| Serienbereifung hinten | 215/60VR15 | 225/45VR16 |
| auf Rad | 7J x 15 | 9J x 16 |
| Einpreßtiefe ET (mm) | 15 | = |
| Faltersatzrad | 165-15 89P | = |
| Reifendruck vorn (bar) | 2,0 | 2,0 |
| hinten (bar) | 2,5 | 3,0 |
| Faltersatzrad (bar) | 2,5 | 2,5 |
| **5. Karosserie, Innenausstattung** (Abmessungen bei Leergewicht) | | |
| Länge (mm) | 4291 | 4291 |
| Breite (mm) | 1652 | 1775 |
| Höhe (mm) | 1320 | 1310 |
| Radstand (mm) | 2272 | = |
| Spurweite vorn (mm) | 1372 | 1432 |
| hinten (mm) | 1380 | 1501 |
| Bodenfreiheit bei zul.Ges.gewicht (mm) | 120 | 120 |
| **9. Elektrik** | | |
| Generator-Leistung (W/A) | 1260/90 | = |
| Batterie (V/Ah) | 12/66 | = |

| Modellbezeichnung | 911 Carrera | 911 Turbo |
|---|---|---|
| **Gewichte nach DIN 70020** | | |
| Leergewicht (kg) | 1160 | 1300 |
| Zulässiges Gesamtgewicht. (kg) | 1500 | 1680 |
| Zulässige Anhängelast ungebremst (kg) | 480 | keine |
| gebremst (kg) | 800 | keine |
| **Fahrleistungen** | | |
| Höchstgeschwindigkeit Schaltgetriebe (km/h) | 245 | 260 |
| Beschleunigung 0...100 km/h Schaltgetriebe (s) | 6,1 | 5,4 |
| Kilometer mit stehendem Start Schaltgetriebe (s) | 26,8 | 24,0 |
| **Füllmengen** | | |
| Motorölmenge 1* (l) | 13 | = |
| Schaltgetriebe 2* (l) | 3,4 | 3,7 |
| Kraftstoffbehälter (l) | 80 | 80 |
| Bremsflüss.behält. 6* (l) | 0,20 | 0,20 |

* Ziffernerklärung:

1* Zugelassen API SE/SF mit Kombinationen API SE/CC - SF/CC - SF/CD - SE/CD Mehrbereichsöle nach Werksfreigabe.

2* Einbereichs-Getriebeöl SAE 90 nach MIL-L 2105 B bzw API-Klassifikation GL 5

6* Nur Bremsflüssigkeit entsprechend SAE J 1703 oder DOT 3 bzw. 4 verwenden

**Die Fahrgestell-Nummern**

| | | | | | | | | | | | | |
|---|---|---|---|---|---|---|---|---|---|---|---|---|
| WPO | Z | Z | Z | 91 | Z | F | S | 1 | 0 | 0001 ... 3529 | Restwelt | Carrera Coupé |
| WP0 | Z | Z | Z | 91 | Z | F | S | 1 | 0 | 9501 ... 9722 | Japan | Carrera Coupé |
| WP0 | Z | Z | Z | 91 | Z | F | S | 1 | 4 | 0001 ... 1435 | Restwelt | Carrera Targa |
| WP0 | Z | Z | Z | 91 | Z | F | S | 1 | 4 | 9501 ... 9564 | Japan | Carrera Targa |
| WP0 | Z | Z | Z | 91 | Z | F | S | 1 | 5 | 0001 ... 1583 | Restwelt | Carrera Cabriolet |
| WP0 | Z | Z | Z | 91 | Z | F | S | 1 | 5 | 9501 ... 9575 | Japan | Carrera Cabriolet |
| WP0 | A | B | O | 91 | C* | F | S | 1 | 2 | 0001 ... 1959 | USA/CDN | Carrera Coupé |
| WP0 | E | B | O | 91 | C* | F | S | 1 | 6 | 0001 ... 1942 | USA/CDN | Carrera Targa |
| WP0 | E | B | O | 91 | C* | F | S | 1 | 7 | 0001 ... 1050 | USA/CDN | Carrera Cabriolet |
| WP0 | Z | Z | Z | 93 | Z | F | S | 0 | 0 | 0001 ... 1063 | Restwelt | 911 Turbo |
| WP0 | J | A | 0 | 93 | C* | F | S | 0 | 5 | 0001 ... 0085 | CDN | 911 Turbo |

```
!  !  !  !  !  !  !  !  !  !      !
!  !  !  !  !  !  !  !  !  !      + Zählnummer
!  !  !  !  !  !  !  !  !  +.......Code für Karosserie+Motor
!  !  !  !  !  !  !  !  +  ........Ergibt mit 7. und 8. Stelle den Fahrzeugtyp
!  !  !  !  !  !  !  +  ...........Fertigungsort (S = Stuttgart)
!  !  !  !  !  !  +  ..............Modelljahr (F = 1985, G = 1986 usw.)
!  !  !  !  !  +  .................Prüfziffer/Füllzeichen
!  !  !  !  +  ....................Erste und zweite Stelle des Fahrzeugtyps
!  !  !  +.........................Rückhaltesystem (0 = Gurt, 2 = Airbag) nur USA
!  !  +  ..........................Code für Motorvarianten (nur USA)
!  +  .............................Code Karosserie USA (A = Coupé, B = Targa,
                                   C = Cabriolet)
+..................................Weltherstellercode
```

C* = Prüfzeichen, kann 0 ... 9 oder X sein (nur USA)

Z = Füllzeichen für Restwelt-Fahrzeuge

# Modelljahr 1986 (G-Programm: Langzeitgarantie)

## Porsche 911 Carrera Coupé, Targa und Cabriolet
## Porsche 911 Coupé, Targa und Cabriolet Turbo Look
## Porsche 911 Turbo 3,3 Coupé, Targa und Cabriolet,

Der abgebildete 911 Carrera mit Front- und Heckspoiler ab Werk sieht dem 911 Turbo auf den ersten Blick zum Verwechseln ähnlich; er hat aber die schmale Karosserie.

Keine größeren Änderungen am 911 Carrera und Turbo R.d.W. Neuer Turbomotor für USA mit geregeltem Katalysator. Erweiterung der Langzeitgarantie gegen Durchrostung auf 10 Jahre. Drei Jahre Lackgarantie, zwei Jahre ohne Kilometerbegrenzung auf das übrige Fahrzeug. Zwölf Monate Garantie für Original Porscheteile, die beim Händler gekauft wurden.

Porsche war der erste Hersteller, der weltweit eine Garantie gegen Durchrostung der Karosserie über einen Zeitraum von zehn Jahren gewährte.

### Motor

Der Turbomotor für die USA unterscheidet sich vom leistungsstärkeren R.d.W.Motor durch Gemischaufbereitung und Zündung.

Die Nebelschlußleuchte der 911-Modelle rechts neben des Auspuffendrohrs war unglücklich plaziert, da sie ständig verschmutzte.

Gegenüberstellung der Turbomotoren:

| Einsatz der Motoren | USA | Rest der Welt |
|---|---|---|
| Bezeichnung Motor | 911 Turbo USA | 911 Turbo |
| Typ Motor | 930/68 | 930/66 |
| Hubraum ($cm^3$) | 3299 | 3299 |
| Verdichtung | 7,0:1 | 7,0:1 |
| Oktanzahlbedarf (ROZ) | 96* | 98 |
| Leistung (kW/PS) | 210/282 | 221/300 |
| bei Drehzahl (U/min) | 5500 | 5500 |
| Drehmoment (Nm) | 390 | 430 |
| bei Drehzahl (U/min) | 4000 | 4000 |

* unverbleiter Kraftstoff erforderlich

## Kraftstoffanlage, Zündsystem

Keine Änderungen an den R.d.W.-Motoren. Der Turbo USA besitzt Lambdasonde, Zusatzlufteinblasung und Dreiwegekatalysator. Abgasnachbehandlung: Bei kaltem Motor wird Zusatzluft hinter die Auslaßventile, bei betriebswarmem Motor in den Abgaskatalysator geblasen. Das Zündsystem ist den strengen USAAbgasvorschriften angepaßt.

Speziell für die USA-Kunden wurde der Turbo mit geregeltem Katalysator entwickelt. Nur durch aufwendige Maßnahmen an der Gemischaufbereitung K-Jetronic

Den abgebildeten 911 Targa charakterisierten die neuen Felgen im Telefon-Design, die auch alle Vier- und Achtzylinder-Modelle trugen.

Das 911 Cabriolet fand schnell eine große Fangemeinde und drängte den 911 Targa immer mehr ins Abseits.

mit Taktventil wurde es möglich, alle US-Abgasgesetze zu erfüllen.

## Kraftübertragung

Keine Änderungen an der Kraftübertragung der R.d.W.-Fahrzeuge. Der USA Turbo erhält das Viergang Schaltgetriebe 930/36, das schon im Vorjahr bei den R.d.W.Fahrzeugen eingesetzt war.

## Fahrwerk

Beim Carrera Änderung der Fahrwerkabstimmung. Der Vorderachs Stabilisator wird 22 mm dick (war 20). An der Hinterachse wurde der Drehstab von Durchmesser 24 auf 25 mm geändert. Hinterachsstabilisator geändert von 18 auf 21 mm. Neue Radgrößen hinten beim 911 Turbo und 911 Turbo Look: Geschmiedete Leichtmetallräder 9 J x 16 H2, ET 15* mit Bereifung 245/45 VR 16.

* ET : Einpreßtiefe; Maß in mm zwischen Mitte Rad und Auflagefläche Rad/Radnabe.

## Karosserie

Elektrisches Cabriolet-Verdeck als Sonderausstattung lieferbar.

## Ausstattung

USA-Fahrzeuge erhalten dritte, hochgesetzte Bremsleuchte. Neue Diebstahlsicherung für Radmuttern. Alle Fahrzeuge mit Intensiv-Scheibenreinigungsanlage. Die Make-up Spiegel in beiden Sonnenblenden erhalten Schiebeblenden. Größere Luftaustrittsdüsen.

## Verkleidungen, Sitze

Vordersitze 20 mm tiefergesetzt. Kofferraumauskleidung nach Interieur-Muster

Erstmals gegen Aufpreis: elektrischer Verdeck für das Cabriolet; es öffnet und schließt in 20 Sekunden.

Der 911 Turbo war eigentlich immer ein Coupé.

Setzte sich nicht durch: 911 Turbo als Cabriolet.

## Heizung, Klimaanlage

Neuer Heizungs-Innenfühler.

## Elektrik

Änderungen am Antennenverstärker. Neue Radiogeneration Bremen SQR/Toronto SQR.

| Typenbezeichnung | Listenpreise 8/85 bzw. 3/86 | Produktionszahlen |
|---|---|---|
| 911 Carrera Coupé | DM 72.000,–/ 73.800,– | 4031 + 2619 USA |
| 911 Carrera Targa | DM 76.000,–/ 77.900,– | 1758 + 2055 USA |
| 911 Carrera Cabriolet | DM 82.000,–/ 84.050,– | 1583 + 1125 USA |
| 911 Turbo Coupé | DM 119.000,–/122.000,– | 1158 + 1512 USA |
| 911 Turbo Targa | | 1 |
| 911 Turbo Cabriolet | | 3 |

| Modellbezeichnung | 911 Carrera | 911 Turbo |
|---|---|---|

### 1. Motor

| | | |
|---|---|---|
| Motor-Typ Schaltgetr. | 930/20 | 930/66 |
| Bohrung (mm) | 95 | 97 |
| Hub (mm) | 74,4 | 74,4 |
| Hubraum ($cm^3$) | 3164 | 3299 |
| Verd.verhältnis | 10,3:1 | 7,0:1 |
| Motorleistung (kW/PS) | 170/231 | 221/300 |
| bei Drehzahl (U/min) | 5900 | 5500 |
| Drehmoment (Nm) | 284 | 430 |
| bei Drehzahl (U/min) | 4800 | 4000 |
| Literleistung (kW/l) | 53,7 | 67 |
| Höchstdrehzahl (U/min) | 6570 | 7200 |
| Motorgewicht (kg) | 219 | 253 |

### 2. Gemischaufbereitung, Zündung, Einstellwerte

| | | |
|---|---|---|
| Kraftstoffanlage | DME | K-Jetronic |
| Kraftstoffart (ROZ) | 98 | 98 |
| Zündsystem | DME | BHKZ kontaktlos |
| Zündung | Einfach | Einfach |
| Zündkerzen Bosch | WR 4 CC | W 3 DP |
| Beru | … | … |
| Elektrodenabstand (mm) | 0,7 | 0,7 |
| Klopfregelung | nein | nein |
| Leerlaufdrehz. (U/min) | 880 | 900+-50 |
| Abgasanlage/Entgiftung | …. | SLE+ZLP |
| CO-Gehalt ohne Kat. (%) | 0,5…1,5 | 1,5…2,5 |
| mit Kat.(%) | 0,4…0,8 | … |

Zeichenerklärung:
DME = Digitale Motor Elektronik (Einspritzung+Zündung)
BHKZ = Batterie-Hochspannungs-Kondendator-Zündung
SLE = Sekundärlufteinblasung, ZLP = Zusatzluftpumpe

| | | |
|---|---|---|
| Kraftstoffverbrauch nach EG-Norm, Schaltgetriebe (l/100 km) | | |
| A. bei konstant 90 km/h | 6,8 | 9,7 |
| B. bei konstant 120 km/h | 9,0 | 11,8 |
| C. EG-Stadtzyklus | 13,6 | 15,5 |
| Drittelmix | 9,8 | 12,3 |

### 3. Kraftübertragung

| | | |
|---|---|---|
| Kupplung, Druckplatte | G MFZ 225 | G MFZ 240 |
| Mitnehmerscheibe | TD 225 | GUD 240 |
| Getriebetyp Schaltgetr. | 915/72 | 930/36 |
| Gangübersetzungen | | |
| 1. Gang | 3,181 | 2,250 |
| 2. Gang | 1,833 | 1,304 |
| 3. Gang | 1,261 | 0,829 |
| 4. Gang | 0,965 | 0,625 |
| 5. Gang | 0,7631 | … |
| Rückwärtsgang | 3,325 | 2,437 |
| Synchronsystem Gänge 1…5 | POSY | POSY |
| Synchronsystem R.-Gang | nein | nein |

| Modellbezeichnung | 911 Carrera | 911 Turbo |
|---|---|---|
| Achsantrieb | 3,325 | 4,222 |
| Sperrdifferential | M | M |
| Sperrwert Zug/Schub (%) | 40/40 | 40/40 |
| Getriebegewicht mit Ölfüllung (kg) | 60 | 70,2 |

Zeichenerklärung:
M Mehrausstattung (Sonderwunsch)
S Serie
POSY Porsche Sperrsynchronsystem, Synchronringe Mo-beschichtet

### 4. Fahrwerk, Lenkung, Bremsen, Räder

| | | |
|---|---|---|
| Vorderachse | | |
| Stabilisator D. (mm) | 22 | 22 |
| Lenkungsübersetzung | 17,87 | 17,87 |
| Wendekreis D. (m) | 10,95 | 10,95 |
| Hinterachse | | |
| Stabilisator D.Schaltg. (mm) | 21 | 20 |
| Bremsanlage | | |
| Bremskraftverst. D (Zoll) | 8 | 8 |
| Hauptbremszylinder D. (mm) | 20,64 | 23,81 |
| Kolbendurchm. in den Bremszangen vorn (mm) | 48 | 38+38 |
| hinten (mm) | 42 | 30+30 |
| Bremsscheibendurchmesser vorn (mm) | 282,5 | 304 |
| hinten (mm) | 290 | 309 |
| Bremsscheibendicke vorn (mm) | 24 | 32 |
| hinten (mm) | 24 | 28 |
| Wirksame Gesamtbelagfläche ($cm^3$) | 258 | 344 |
| Feststellbremse | Mechanisch auf beide Hinterräder wirke | |
| Bremstrommeldurchmesser (mm) | 180 | = |
| Gesamtbelagfläche ($cm^2$) | 170 | = |
| Räder und Reifen | | |
| Serienbereifung vorn | 185/70VR15 | 205/55VR16 |
| auf Rad | 6J x 15 | 7J x 16 |
| Einpreßtiefe ET (mm) | 23,3 | = |
| Serienbereifung hinten | 215/60VR15 | 245/45VR16 |
| auf Rad | 7J x 15 | 9J x 16 |
| Einpreßtiefe ET (mm) | 15 | = |
| Faltersatzrad | 165-15 89P | = |
| Reifendruck vorn (bar) | 2,0 | 2,0 |
| hinten (bar) | 2,5 | 3,0 |
| Faltersatzrad (bar) | 2,5 | 2,5 |

### 5. Karosserie, Innenausstattung (Abmessungen bei Leergewicht)

| | | |
|---|---|---|
| Länge (mm) | 4291 | 4291 |
| Breite (mm) | 1652 | 1775 |
| Höhe (mm) | 1320 | 1310 |
| Radstand (mm) | 2272 | = |

| Modellbezeichnung | 911 Carrera | 911 Turbo |
|---|---|---|
| Spurweite vorn (mm) | 1372 | 1432 |
| hinten (mm) | 1380 | 1501 |
| Bodenfreiheit bei zul.Ges.gewicht (mm) | 130 | 120 |
| **9. Elektrik** | | |
| Generator-Leistung (W/A) | 1260/90 | = |
| Batterie (V/Ah) | 12/66 | = |
| **Gewichte nach DIN 70020** | | |
| Leergewicht (kg) | 1210 | 1335 |
| Zulässiges Gesamtgewicht. (kg) | 1530 | 1680 |
| Zulässige Anhängelast ungebremst (kg) | 480 | keine |
| gebremst (kg) | 800 | keine |

| Modellbezeichnung | | 911 Carrera | 911 Turbo |
|---|---|---|---|
| **Fahrleistungen** | | | |
| Höchstgeschwindigkeit Schaltgetriebe (km/h) | | 245 | 260 |
| Beschleunigung 0...100 km/h Schaltgetriebe (s) | | 6,1 | 5,4 |
| Kilometer mit stehendem Start Schaltgetriebe (s) | | 26,1 | 24,0 |
| **Füllmengen** | | | |
| Motorölmenge 1* | (l) | 13 | = |
| Schaltgetriebe 2* | (l) | 3,4 | 3,7 |
| Vorderachse 2* | (l) | ... | ... |
| Kraftstoffbehälter | (l) | 85 | 85 |
| Bremsflüss.behält. 6* | (l) | 0,24 | 0,24 |
| Kältemittel 4* | (g) | 1350 | 1300 |
| Kälteöl 5* | (ml) | 120 | 120 |

* Ziffernerklärung:

1* Zugelassen API SE/SF mit Kombinationen API SE/CC - SF/CC - SF/CD - SE/CD Mehrbereichsöle nach Werksfreigabe.

2* Einbereichs-Getriebeöl SAE 90 nach MIL-L 2105 B bzw API-Klassifikation GL 5

4* Kältemittel R 12

5* Handelsübliche Kälteöle

6* Nur Bremsflüssigkeit entsprechend SAE J 1703 oder DOT 3 bzw. 4 verwenden

**Die Fahrgestell-Nummern**

| | | | | | | | | | | | | |
|---|---|---|---|---|---|---|---|---|---|---|---|---|
| WPO | Z | Z | Z | 91 | Z | G | S | 1 | 0 | 0001 ... 4031 | Restwelt | Carrera Coupé |
| WP0 | Z | Z | Z | 91 | Z | G | S | 1 | 0 | 9501 ... 9733 | Japan | Carrera Coupé |
| WP0 | Z | Z | Z | 91 | Z | G | S | 1 | 4 | 0001 ... 1976 | Restwelt | Carrera Targa |
| WP0 | Z | Z | Z | 91 | Z | G | S | 1 | 4 | 9501 ... 9579 | Japan | Carrera Targa |
| WP0 | Z | Z | Z | 91 | Z | G | S | 1 | 5 | 0001 ... 1986 | Restwelt | Carrera Cabriolet |
| WP0 | Z | Z | Z | 91 | Z | G | S | 1 | 5 | 9501 ... 9580 | Japan | Carrera Cabriolet |
| WP0 | A | B | O | 91 | C* | G | S | 1 | 2 | 0001 ... 2619 | USA/CDN | Carrera Coupé |
| WP0 | E | B | O | 91 | C* | G | S | 1 | 6 | 0001 ... 1976 | USA/CDN | Carrera Targa |
| WP0 | E | B | O | 91 | C* | G | S | 1 | 7 | 0001 ... 1986 | USA/CDN | Carrera Cabriolet |
| WP0 | Z | Z | Z | 93 | Z | G | S | 0 | 0 | 0001 ... 1158 | Restwelt | 911 Turbo |
| WP0 | J | A | O | 93 | C* | G | S | 0 | 5 | 5001 ... 5088 | CDN | 911 Turbo |
| WP0 | J | B | 0 | 93 | C* | G | S | 0 | 5 | 0001 ... 1424 | USA | 911 Turbo |

```
!    !    !    !    !    !    !    !    !    !         !
!    !    !    !    !    !    !    !    !    !         +  Zählnummer
!    !    !    !    !    !    !    !    !    +..................Code für Karosserie+Motor
!    !    !    !    !    !    !    !    +  ..................Ergibt mit 7. und 8. Stelle den Fahrzeugtyp
!    !    !    !    !    !    !    +  ......................Fertigungsort (S = Stuttgart)
!    !    !    !    !    !    +  ..........................Modelljahr (G = 1986, H = 1987 usw.)
!    !    !    !    !    +  ..............................Prüfziffer/Füllzeichen
!    !    !    !    +  ..................................Erste und zweite Stelle des Fahrzeugtyps
!    !    !    +......................................Rückhaltesystem (0 = Gurt, 2 = Airbag) nur USA
!    !    +  ..........................................Code für Motorvarianten (nur USA)
!    +  ..............................................Code Karosserie USA (A = Coupé, B = Targa,
                                                      C = Cabriolet)
+.....................................................Weltherstellercode
```

C* = Prüfzeichen, kann 0 ... 9 oder X sein (nur USA)

Z = Füllzeichen für Restwelt-Fahrzeuge

# Modelljahr 1987 (H-Programm: 911 Turbo als Cabriolet und Targa)

## Porsche 911 Carrera Coupé, Targa und Cabriolet, Porsche 911 Carrera Coupé, Targa und Cabriolet Turbo Look Porsche 911 Turbo 3,3 Coupé, Targa und Cabriolet

Die Verdecke der Cabriolets waren in verschiedenen Farben lieferbar, die sehr schön auf die angebotenen Lackierungen abgestimmt waren; diese Möglichkeit besteht auch heute noch.

Bedingt durch den weltweit immer mehr verbreitenden unverbleiten Kraftstoff gibt es 1987 eine Vielzahl von 911 Saugmotoren. Neu bei allen Carrera: Kupplung und Schaltgetriebe G 50. Weltweit und innerhalb der EG ging die Einführung von unverbleitem Kraftstoff weiter. Das Wirrwar war komplett: Viele Länder, auch innerhalb der EG boten 1987 kein unverbleites Superbenzin an. Notgedrungen mußten viele Varianten für die einzelnen Märkte angeboten werden.

## Motor

Gegenüberstellung der 911 Saugmotoren:

| | | | | |
|---|---|---|---|---|
| Einsatz der Motoren | R.d.W D ohne Kat<br>D ohne Kat. | USA + Japan<br>D +A+CH | Australien | Schweden |
| Bezeichnung | alle Motoren: | | 911 Carrera | |
| Typ Motor | 930/20 | 930/25 | 930/25 | 930/26 |
| Hubraum (cm³) | 3299 | 3299 | 3299 | 3299 |
| Verdichtung | 10,3:1 | 9,5:1 | 9,5:1 | 9,5 |
| Oktanzahlbed.(ROZ) | 98 +/- | 95 * | 91 * | 98 +/- |
| Leistung (kW/PS) | 170/231 | 160/217 | 152/207 | 170/231 |
| bei Drehzahl (U/min) | 5900 | 5900 | 5900 | 5900 |
| Drehmoment (Nm) | 284 | 265 | 260 | 265 |
| bei Drehzahl (U/min) | 4800 | 4800 | 4800 | 4800 |
| Bemerkungen | ohne Kat. | mit Kat. (M 298) | mit Kat. (DME) | ohne Kat (Zus.-Luft) |

+/- = unverbleit oder verbleit, Oktanzahl beachten
* = unverbleiter Kraftstoff
(M 298) = Als Mehrausstattung ist Motor mit G-Kat. lieferbar
(DME) = Änderungen an der Digitalen Motor Elektronik: Zündkennfeld später
(Zus.Luft) = Zusatzlufteinblasung hinter die Auslaßventile

Saug- und Turbofahrzeuge mit Katalysator erhalten ein elektrisches Kühlgebläse vor den Ölkühler im rechten vorderen Radlauf.

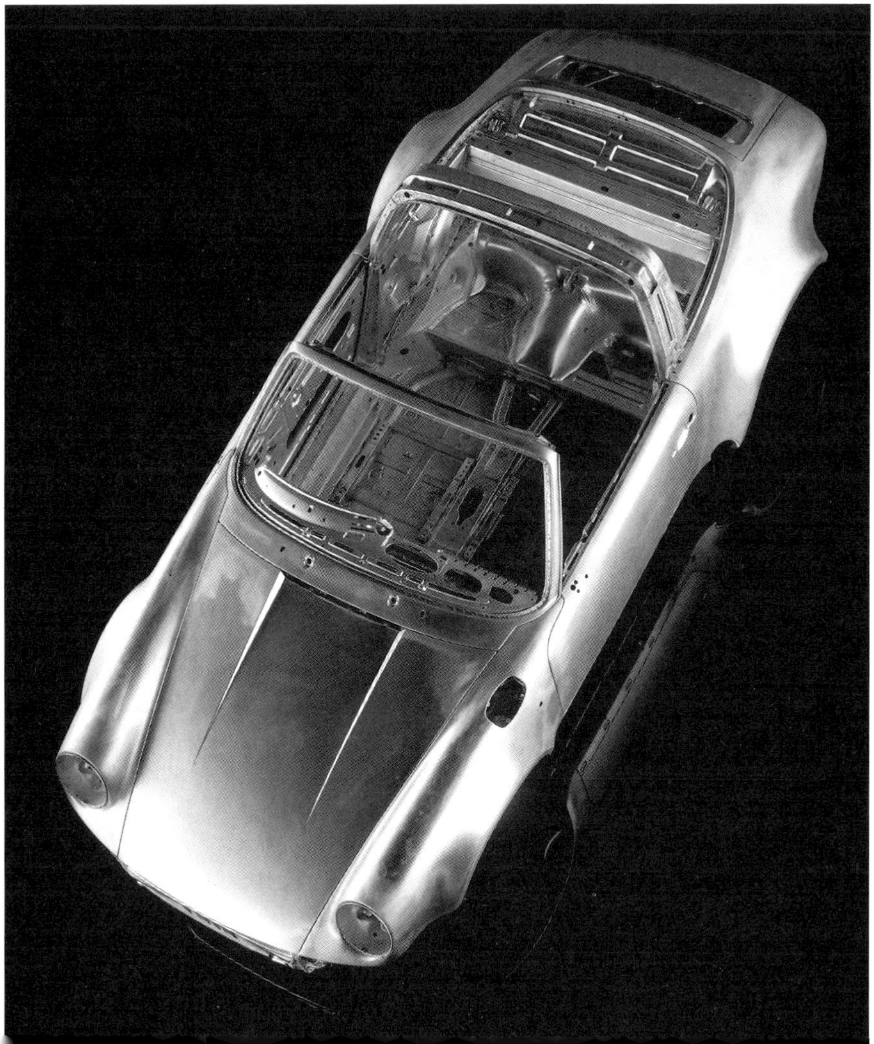

Vollverzinkt für eine lange Lebensdauer: Rohkarosserie eines 911 Carrera Targa im Turbo Look.

## Kraftstoffanlage, Zündsystem

Sechs verschiedene DME-Steuergeräte für die Carrera-Motoren:

| | |
|---|---|
| 911.618.111.12 | für hochverdichtete Motoren weltweit |
| 911.618.111.13 | für Länder mit niederoktanigem Kraftstoff (z. B. Belgien, Frankreich, Griechenland) |
| 911.618.111.14 | für USA, Kalifornien, Japan, Kanada, Österreich, Schweiz und Europa/ R.d.W. mit Kat. |
| 911.618.111.15* | für hochverdichtete Motoren mit Ausstattung »Sportpaket I« |
| 911.618.111.16* | für niederoktanigen Kraftstoff mit Ausstattung »Sportpaket I« |
| 911.618.111.17* | für USA usw. mit Ausstattung »Sportpaket I« |

* = mit höherer Abschaltdrehzahl 6840 1/min (Serie 6520 1/min)

## Kraftübertragung

Für die Carrera-Modelle wird eine hydraulisch betätigte Kupplung (F&S MFZ 240) und eine gummigedämpfte Mitnehmerscheibe (F&S 240 GUD) eingebaut. Völlig neu ist das Fünfgang-Getriebe G50, das eine neue Getriebegeneration darstellt: Wellen, Stirnräder, Wälzlager und Kegelräder sind wesentlich verstärkt. Neue Gehäusekonstruktion, Kupplungsbetätigung hydraulisch. Neues Synchronsystem, auch der Rückwärtsgang ist vollsynchronisiert. Schaltstangen in Längsrichtung mit reibungsarmen Kugelbüchsen geführt. Neues Viergassen-Schaltbild: Rückwärtsgang links vorn, der fünfte Gang rechts vorn angeordnet.

Nach 15 Jahren Getriebebaureihe 915 gab es 1987 eine neue Generation: G50. Das neue Schaltgetriebe ist in vielen Details mit denen des Porsche 959 identisch, beziehungsweise sehr ähnlich. Erfahrungen, die bei der Entwicklung des 959 gemacht wurden, flossen hier in folgenden Punkten ein: die reibungsarme und damit leichtgängige Schaltbetätigung, die Anordnung der Hauptlager, die Betätigung der Kupplung und so weiter.

Neu ist auch der vollsynchronisierte Rückwärtsgang. Es ist möglich, bei vorwärts rollendem Fahrzeug schon den Rückwärtsgang einzulegen. Das Viergassen-Schaltbild läßt es leicht zu, später auf ein Sechsganggetriebe zu erweitern.

## Fahrwerk

Bedingt durch das neue Getriebe G50 ist ein neues

Das abgebildete Targa-Modell verfügte bereits über die im Durchschnitt größere Drehstababdeckung, die im Modelljahr 1987 eingeführt wurde.

Achsquerrohr erforderlich. Die Drehstäbe hinten sind mit SAE Feinverzahnung ausgeführt.

## Karosserie

Cabriolet-Verdeckbetätigung wahlweise auch elektrisch.

## Ausstattung

Alle Fahrzeuge mit lederüberzogenem Schalthebel und Ledermanschette.

## Verkleidungen, Sitze

Turbo erhält vollelektrische Sitze.

## Elektrik

Zwei Nebelrückleuchten bei allen Fahrzeugen. Die elektrische Außenspiegel Betätigung wurde geändert.

## Sonstiges

Der 911 Carrera wird als Club Sport Version (Sportpaket M.-Nr. 637) angeboten: Motor höhere Abschaltdrehzahl, Sportstoßdämpfer, Räder 7 und 8 J x 16, Motorlager härter. Durch Wegfall vieler Ausstattungsdetails Leergewicht 1160 kg (911 Carrera, Ausführung R.d.W. 1210 kg).

| Typenbezeichnung | Listenpreise 8/86 bzw. 3/87 | Produktionszahlen |
|---|---|---|
| 911 Carrera Coupé | DM 75.250,–/ 76.880,– | 3381 + 3224 USA |
| 911 Carrera Targa | DM 79.250,–/ 80.880,– | 1354 + 2311 USA |
| 911 Carrera Cabriolet | DM 85.250,–/ 86.880,– | 1464 + 2738 USA |
| 911 Turbo Coupé | DM 125.000,–/127.850,– | 720 + 1693 USA |
| 911 Turbo Targa | DM 134.850,– | 69 + 87 USA |
| 911 Turbo Cabriolet | DM 147.850,– | 142 + 183 USA |
| 911 Clubsport | | 81 + 300 USA |

| Modellbezeichnung | 911 Carrera | 911 Carrera CLUB SPORT | 911 Turbo |
|---|---|---|---|
| **1. Motor** | | | |
| Motor-Typ Schaltgetr. | 930/20 | = | 930/66 |
| Bohrung (mm) | 95 | = | 97 |
| Hub (mm) | 74,4 | = | 74,4 |
| Hubraum ($cm^3$) | 3164 | = | 3299 |
| Verd.verhältnis | 10,3:1 | = | 7,0:1 |
| Motorleistung (kW/PS) | 170/231 | = | 221/300 |
| bei Drehzahl (U/min) | 5900 | = | 5500 |
| Drehmoment (Nm) | 284 | = | 430 |
| bei Drehzahl (U/min) | 4800 | = | 4000 |
| Literleistung (kW/l) | 53,7 | = | 67 |
| Höchstdrehzahl (U/min) | 6570 | = | 7200 |
| Motorgewicht (kg) | 219 | = | 269 |
| **2. Gemischaufbereitung, Zündung, Einstellwerte** | | | |
| Kraftstoffanlage | DME | = | K-Jetronic |
| Kraftstoffart (ROZ) | 98 | = | 98 |
| Zündsystem | DME | = | BHKZ kontaktlos |
| Zündung | Einfach | = | Einfach |
| Zündkerzen Bosch | WR 4 CK | = | W 3 DP 0 |
| Beru | ... | = | ... |
| Elektrodenabstand (mm) | 0,7 | = | 0,7 |
| Klopfregelung | nein | nein | nein |
| Leerlaufdrehz. (U/min) | 880 | = | 900+-50 |

| Modellbezeichnung | 911 Carrera | 911 Carrera CLUB SPORT | 911 Turbo |
|---|---|---|---|
| Abgasanlage/Entgiftung | .... | .... | SLE+ZLP |
| CO-Gehalt ohne Kat. (%) | 0,5...1,5 | = | ... |
| mit Kat. (%) | 0,4...0,8 | = | ... |

Zeichenerklärung:
DME = Digitale Motor Elektronik (Einspritzung+Zündung)
BHKZ = Batterie-Hochspannungs-Kondensator-Zündung
SLE = Sekundärlufteinblasung, ZLP = Zusatzluftpumpe

| | | | |
|---|---|---|---|
| Kraftstoffverbrauch nach EG-Norm, Schaltgetriebe (l/100 km) | | = | |
| A. bei konstant 90 km/h | 6,8 | = | 9,7 |
| B. bei konstant 120 km/h | 9,0 | = | 11,8 |
| C. EG-Stadtzyklus | 13,6 | = | 15,5 |
| Drittelmix | 9,8 | = | 12,3 |

**3. Kraftübertragung**

| | | | |
|---|---|---|---|
| Kupplung, Druckplatte | G MFZ 240 | = | = |
| Mitnehmerscheibe | GUD 240 | = | = |
| Getriebetyp Schaltgetr. | G50/00 | = | 930/36 |
| Gangübersetzungen | | | |
| 1. Gang | 3,500 | = | 2,250 |
| 2. Gang | 2,059 | = | 1,304 |
| 3. Gang | 1,409 | = | 0,829 |
| 4. Gang | 1,074 | = | 0,625 |
| 5. Gang | 0,861 | = | ... |
| Rückwärtsgang | 2,857 | = | 2,437 |
| Synchronsystem Gänge 1...5 | VK | = | POSY |
| Synchronsystem R.-Gang | VK | = | nein |
| Achsantrieb | 3,444 | = | 4,222 |
| Sperrdifferential | M | = | M |
| Sperrwert Zug/Schub (%) | 40/40 | = | 40/40 |
| Getriebegewicht mit Ölfüllung (kg) | 66 | = | 70,2 |

Zeichenerklärung:
M Mehrausstattung (Sonderwunsch)
S Serie
VK Vollkonus-Synchronsystem mit Mo-beschichteten Synchronringen
POSY Porsche Sperrsynchronsystem, Synchronringe Mo-beschichtet

**4. Fahrwerk, Lenkung, Bremsen, Räder**

| | | | |
|---|---|---|---|
| Vorderachse | | | |
| Stabilisator D. (mm) | 22 | = | 22 |
| Lenkungsübersetzung | 17,87 | = | 17,87 |
| Wendekreis D. (m) | 10,95 | = | 10,95 |
| Hinterachse | | | |
| Stabilisator D.Schaltg. (mm) | 21 | = | 18 |
| Bremsanlage | | | |
| Bremskraftverst. D (Zoll) | 8 | = | 8 |
| Hauptbremszylinder D. (mm) | 20,64 | = | 23,81 |
| Druckminderer | | | |
| Einschaltdruck (bar) | 33 | = | 55 |
| Minderungsfaktor | 0,46 | = | 0,46 |

| Modellbezeichnung | 911 Carrera | 911 Carrera CLUB SPORT | 911 Turbo |
|---|---|---|---|
| Kolbendurchm. in den | | | |
| Bremszangen vorn (mm) | 48 | = | 38+38 |
| hinten (mm) | 42 | = | 30+30 |
| Bremsscheibendurchmesser | | | |
| vorn (mm) | 282,5 | = | 304 |
| hinten (mm) | 290 | = | 309 |
| Bremsscheibendicke | | | |
| vorn (mm) | 24 | = | 32 |
| hinten (mm) | 24 | = | 28 |
| Wirksame Gesamtbelag-fläche ($cm^2$) | 258 | = | 344 |
| Feststellbremse | Mechanisch auf beide Hinterräder wirkend | | |
| Bremstrommel-durchmesser (mm) | 180 | = | = |
| Gesamtbelagfläche ($cm^2$) | 170 | = | = |
| | | | |
| Räder und Reifen | | | |
| Serienbereifung vorn | 185/70VR15 | 205/55ZR16 | 205/55VR16 |
| auf Rad | 6J x 15 | 7J x 16 | 7J x 16 |
| Einpreßtiefe ET (mm) | | 23,3 | |
| Serienbereifung hinten | 215/60VR15 | 225/50ZR16 | 245/45VR16 |
| auf Rad | 7J x 15 | 8J x 16 | 9J x 16 |
| Einpreßtiefe ET (mm) | | 15 | |
| Faltersatzrad | 165-15 89P | = | = |
| Reifendruck vorn (bar) | 2,0 | 2,0 | 2,0 |
| hinten (bar) | 2,5 | 2,5 | 3,0 |
| Faltersatzrad (bar) | 2,5 | 2,5 | 2,5 |
| | | | |
| **5. Karosserie, Innenausstattung** (Abmessungen bei Leergewicht) | | | |
| Länge (mm) | 4291 | = | 4291 |
| Breite (mm) | 1652 | = | 1775 |
| Höhe (mm) | 1320 | = | 1310 |
| Radstand (mm) | 2272 | = | 2272 |
| Spurweite vorn (mm) | 1398 | = | 1432 |
| hinten (mm) | 1405 | = | 1492 |
| Bodenfreiheit bei zul.Ges.gewicht (mm) | 130 | = | 120 |
| Überhangwinkel vorn (Grad) | 12,3 | = | 11,7 |
| hinten (Grad) | 13,9 | = | 14,0 |
| | | | |
| **9. Elektrik** | | | |
| Generator-Leistung (W/A) | 1260/90 | = | = |
| Batterie (V/Ah) | 12/66 | = | = |
| | | | |
| **Gewichte nach DIN 70020** | | | |
| Leergewicht (kg) | 1210 | 1160 | 1335 |
| Zulässiges Gesamtgewicht. (kg) | 1530 | 1530 | 1680 |
| Zulässige Anhänge-last ungebremst (kg) | 480 | keine | keine |
| gebremst (kg) | 800 | keine | keine |

| Modellbezeichnung | | 911 Carrera | 911 Carrera CLUB SPORT | 911 Turbo |
|---|---|---|---|---|
| **Fahrleistungen** | | | | |
| Höchstgeschwindigkeit | | | | |
| Schaltgetriebe (km/h) | | 245 | = | 260 |
| Beschleunigung 0...100 km/h | | | | |
| Schaltgetriebe (s) | | 6,1 | 5,9 | 5,2 |
| Kilometer mit stehendem Start | | | | |
| Schaltgetriebe (s) | | 26,1 | 25,9 | 24,0 |
| **Füllmengen** | | | | |
| Motorölmenge 1* | (l) | 13 | = | = |
| Schaltgetriebe 2* | (l) | 3,4 | = | 3,7 |
| Kraftstoffbehälter | (l) | 85 | = | = |
| Bremsflüss.behält. 6* | (l) | 0,24 | = | = |
| Kältemittel 4* | (g) | 1350 | = | 1300 |
| Kälteöl 5* | (ml) | 120 | = | = |

* Ziffernerklärung:

1* Zugelassen API SE/SF mit Kombinationen API SE/CC - SF/CC - SF/CD - SE/CD Mehrbereichsöle nach Werksfreigabe.

2* Mehrbereichs-Getriebeöl 75 W 90 nach MIL-L 2105 B bzw API-Klassifikation GL 5

4* Kältemittel R 12

5* Handelsübliche Kälteöle

6* Nur Bremsflüssigkeit entsprechend SAE J 1703 oder DOT 3 bzw. 4 verwenden

# Die Nummernbereiche Modelljahr 1987

Hinweis: Durch die 8. Änderungsverordnung zur STVZO* wurde die Bezeichnung »Fahrgestell-Nummer« den internationalen Bestimmungen angepaßt und in Fahrzeug-Identifizierungs-Nummer umbenannt (abgekürzt: Fahrzeug-Ident-Nummer)

**Die Fahrzeug-Ident-Nummern**

| | | | | | | | | | | | | |
|---|---|---|---|---|---|---|---|---|---|---|---|---|
| WPO | Z | Z | Z | 91 | Z | H | S | 1 | 0 | 0001 … 3381 | Restwelt | Carrera Coupé |
| WP0 | Z | Z | Z | 91 | Z | H | S | 1 | 0 | 5001 … 5081 | Restwelt | Carrera Coupé (M637) |
| WP0 | Z | Z | Z | 91 | Z | H | S | 1 | 0 | 9501 … 9808 | Japan | Carrera Coupé |
| WP0 | Z | Z | Z | 91 | Z | H | S | 1 | 4 | 0001 … 1354 | Restwelt | Carrera Targa |
| WP0 | Z | Z | Z | 91 | Z | H | S | 1 | 4 | 9501 … 9579 | Japan | Carrera Targa |
| WP0 | Z | Z | Z | 91 | Z | H | S | 1 | 5 | 0001 … 1464 | Restwelt | Carrera Cabriolet |
| WP0 | Z | Z | Z | 91 | Z | H | S | 1 | 5 | 9501 … 9585 | Japan | Carrera Cabriolet |
| WP0 | A | B | O | 91 | C* | H | S | 1 | 2 | 0001 … 2916 | USA/CDN | Carrera Coupé |
| WP0 | A | B | O | 91 | C* | H | S | 1 | 2 | 5001 … 5300 | USA/CDN | Carrera Coupé (M637) |
| WP0 | E | B | O | 91 | C* | H | S | 1 | 6 | 0001 … 2232 | USA/CDN | Carrera Targa |
| WP0 | E | B | O | 91 | C* | H | S | 1 | 7 | 0001 … 2653 | USA/CDN | Carrera Cabriolet |
| WP0 | Z | Z | Z | 93 | Z | H | S | 0 | 0 | 0001 … 0720 | Restwelt | 911 Turbo |
| WP0 | J | A | O | 93 | C* | H | S | 0 | 5 | 5001 … 5088 | CDN | 911 Turbo |
| WP0 | Z | Z | Z | 93 | Z | H | S | 0 | 2 | 0001 … 0142 | Restwelt | 911 Turbo Cabriolet |
| WP0 | E | B | O | 93 | C* | H | S | 0 | 7 | 0001 … 0183 | USA | 911 Turbo Cabriolet |
| WP0 | E | A | O | 93 | C* | H | S | 0 | 7 | 5000 … 7000 | CDN | 911 Turbo Cabriolet |
| WP0 | Z | Z | Z | 93 | Z | H | S | 0 | 1 | 0001 … 0069 | Restwelt | 911 Turbo Targa |
| WP0 | E | B | O | 93 | C* | H | S | 0 | 6 | 0001 … 0087 | USA | 911 Turbo Targa |
| WP0 | E | A | O | 93 | C* | H | S | 0 | 6 | 5001 … 7000 | CDN | 911 Turbo Targa |
| WP0 | Z | Z | Z | 95 | Z | H | S | 9 | 0 | 0001 … 1000 | weltweit | 959 Coupé |

```
!    !    !    !    !    !    !    !    !    !          !
!    !    !    !    !    !    !    !    !    !          +  Zählnummer
!    !    !    !    !    !    !    !    !    +.............Code für Karosserie+Motor
!    !    !    !    !    !    !    !    +  ...............Ergibt mit 7. und 8. Stelle den Fahrzeugtyp
!    !    !    !    !    !    !    +  ...................Fertigungsort (S = Stuttgart)
!    !    !    !    !    !    +  .......................Modelljahr (G = 1986, H = 1987 usw.)
!    !    !    !    !    +  ...........................Prüfziffer/Füllzeichen
!    !    !    !    +  ...............................Erste und zweite Stelle des Fahrzeugtyps
!    !    !    +....................................Rückhaltesystem (0 = Gurt, 2 = Airbag) nur USA
!    !    +  .......................................Code für Motorvarianten (nur USA)
!    +  ...........................................Code Karosserie USA (A = Coupé, B = Targa,
                                                    C = Cabriolet)
+..................................................Weltherstellercode
```

C* = Prüfzeichen, kann 0 … 9 oder X sein (nur USA)

Z = Füllzeichen für Restwelt-Fahrzeuge

STVZO* = Straßenverkehrs-Zulassungsordung in der Bundesrepublik Deutschland

M 637 (Mehrausstattung 637) ist das 911 Coupé in CLUB SPORT VERSION

# Modelljahr 1988 (J-Programm)

## Porsche 911 Carrera Coupé, Targa und Cabriolet, Porsche 911 Carrera Coupé, Targa und Cabriolet Turbo Look Porsche 911 Turbo 3,3 Coupé, Targa und Cabriolet

Der gezeigte 911 Carrera hatte bereits 16-Zoll-Felgen, die erst im Modelljahr 1989 Serie waren; die Optik wurde dadurch noch ansprechender.

In diesem Jahr gab es keine größeren Änderungen am 911 Carrera oder 911 Turbo. Bemerkenswert scheint lediglich die Umrüstung der Kupplungsbeläge weltweit auf asbestfrei, wobei für die skandinavischen Länder auch asbestfreie Bremsbeläge zum Einsatz kommen. Schließlich waren dort seit dem 1. 1. 1988 keine asbesthaltigen Stoffe mehr erlaubt. Am 5. Juni 1987 wurde der 250 000. Elfer gebaut. Das Jubiläum wurde mit einem in Diamantmetallic lackierten Sondermodell mit in Wagenfarbe gehaltenem Felgenstern und silberblauen Raffledersitzen gefeiert, das in einer Auflage von 875 Einheiten entstand.

### Kraftübertragung

Weltweit werden bei allen Elfer-Modellen asbestfreie Kupplungsbeläge (Porter Thermoid 505/01) eingeführt.

Sonderserie in Diamantblaumetallic zum Verkauf des 250 000sten Elfers.

## Fahrwerk

Umstellung der Bremsbeläge für die skandinavischen Länder auf asbestfreie Qualität. Beim Carrera jetzt geschmiedete Räder vorn 7 J x 15, hinten 8 J x 15 als »Flügelräder« (Fuchs-Räder).

Zurück zu den Anfängen: geschmiedete Leichtmetall »Flügelräder« wie schon 1967.

## Karosserie

Überarbeitete Gasdruckfedern an Motorraum- und Kofferraumdeckel. Frontscheiben-Zierleiste jetzt aus Kunststoff, war eloxiertes Aluminium-Profil.

## Ausstattung

Neuer Bordkompressor in Servicekoffer. Prallplatte im Lenkrad, gleichzeitig Huptaste, erhält »Waldhornsymbol«.

Damit entsprach Porsche einem neuen Gesetz in den USA: Taste oder Hebel, mit denen akustische Warnsignale abgegeben werden, müssen optisch für den Fahrer erkennbar sein.

Flat nose-Turbo-Umbau ab Werk: besonders bullig in der Seitenansicht.

Dieser Heckspoiler kam ausschließlich beim 911 Carrera zum Einsatz; der Turboflügel war größer.

## Verkleidungen, Sitze

Beim Carrera jetzt serienmäßig elektrische Höhenverstellung der Sitze. Raffleder-Sitze als Sonderausstattung erhältlich.

## Elektrik

Tempostatsystem jetzt mit feinfühliger elektrischer Verstellung. (War unterdruckgeregelt). Elektromotorische Zentralverriegelung mit Sicherungstaste auf der Mittelkonsole.

Der 911 Turbo mit serienmäßigem »Klangpaket« (8 Lautsprecher).

## Sonstiges

Der 911 Turbo wird auch als Flachbau-Version angeboten:

Vorderpartie als Flachbau, Klappscheinwerfer; Radhausentlüftungen an den vorderen Kotflügeln; Einstiegverkleidungen links und rechts; Lufteinlaßschächte mit Stegen an den hinteren Kotflügeln; Ölkühler mit Gebläse im Lufteinlaßschacht hinten rechts. Für Europa ist ein leistungsgesteigerter Motor mit 243 kW (330 PS) lieferbar, die serienmäßige Bereifung stammt von Bridgestone (RE 71 N0). Übernommen vom erfolgreichen Rennsportwagen Porsche 935 ist die Form der Bugpartie und die Lüftungen in den Kotflügeln. Gegenüber den von Porsche-»Veredlern« angebotenen Plastikteilen besteht die Flachbau-Version des Werks aus beiderseits verzinktem Stahlblech, auch die Vorsorgemaßnahmen gegen Korrosion und die Lackierung der Karosserie erfolgen in der Serienfertigung in Zuffenhausen, so daß auch die Langzeit-Garantie gewährt werden konnte. Der Flachbau erfreute sich nur kurze Zeit der Zustimmung der Kunden.

Angeboten wurde im Modelljahr 1988 auch ein Sondermodell »25 Jahre 911«: ein 911 Carrera in Diamantblaumetallic mit silbergrauer Raffleder Innenausstattung. In die Rückenlehnen war das Autogramm »Ferry Porsche« eingearbeitet.

| Typen-bezeichnung | Listenpreise 8/87 bzw. 4/88 | Produktions-zahlen |
|---|---|---|
| 911 Carrera Coupé | DM 80.500,–/ 82.000,– | 3580 + 2496 USA |
| mit Kat. | DM 82.075,–/ 83.575,– | |
| 911 Carrera Targa | DM 84.600,–/ 86.200,– | 1281 + 1586 USA |
| mit Kat. | DM 86.175,–/ 87.975,– | |
| 911 Carrera Cabriolet | DM 90.800,–/ 92.500,– | 1501 + 2197 USA |
| mit Kat. | DM 92.375,–/ 94.075,– | |
| 911 Turbo Coupé | DM 131.000,–/133.000,– | 677 + 701 USA |
| 911 Turbo Targa | DM 138.000,–/140.500,– | 136 + 141 USA |
| 911 Turbo Cabriolet | DM 152.000,–/155.000,– | 242 + 591 USA |

| Modellbezeichnung | 911 Carrera | 911 Turbo |
|---|---|---|
| **1. Motor** | | |
| Motor-Typ Schaltgetr. | 930/20 | 930/66 |
| Bohrung (mm) | 95 | 97 |
| Hub (mm) | 74,4 | 74,4 |
| Hubraum ($cm^3$) | 3164 | 3299 |
| Verd.verhältnis | 10,3:1 | 7,0:1 |
| Motorleistung (kW/PS) | 170/231 | 221/300 |
| bei Drehzahl (U/min) | 5900 | 5500 |
| Drehmoment (Nm) | 284 | 430 |
| bei Drehzahl (U/min) | 4800 | 4000 |

| Modellbezeichnung | 911 Carrera | 911 Turbo |
|---|---|---|
| Literleistung (kW/l) | 53,7 | 67 |
| Höchstdrehzahl (U/min) | 6570 | 7200 |
| Motorgewicht (kg) | 219 | 269 |
| **2. Gemischaufbereitung, Zündung, Einstellwerte** | | |
| Kraftstoffanlage | DME | K-Jetronic |
| Kraftstoffart (ROZ) | 98 | 98 |
| Zündsystem | DME | BHKZ kontaktlos |
| Zündung | Einfach | Einfach |
| Zündkerzen Bosch | WR 4 CK | W 3 DP 0 |
| Beru | … | … |

| Modellbezeichnung | 911 Carrera | 911 Turbo |
|---|---|---|
| Elektrodenabstand (mm) | 0,7 | 0,7 |
| Klopfregelung | nein | nein |
| Leerlaufdrehz. (U/min) | 880 | 900+-50 |
| Abgasanlage/Entgiftung | .... | SLE+ZLP |
| CO-Gehalt ohne Kat. (%) | 0,5...1,5 | 1,5...2,5 |
| mit Kat. (%) | 0,4...0,8 | ... |

Zeichenerklärung:
DME = Digitale Motor Elektronik (Einspritzung+Zündung)
BHKZ = Batterie-Hochspannungs-Kondensator-Zündung
SLE = Sekundärlufteinblasung, ZLP = Zusatzluftpumpe

| Kraftstoffverbrauch nach EG-Norm, Schaltgetriebe (l/100 km) | | |
|---|---|---|
| A. bei konstant 90 km/h | 7,9 | 10.7 |
| B. bei konstant 120 km/h | 9,8 | 13,0 |
| C. EG-Stadtzyklus | 14,9 | 14,3 |
| Drittelmix | 10,9 | 12,7 |

**3. Kraftübertragung**

| | | |
|---|---|---|
| Kupplung, Druckplatte | G MFZ 240 | = |
| Mitnehmerscheibe | GUD 240 | = |
| Getriebetyp Schaltgetr. | G50/00 | 930/36 |
| Gangübersetzungen | | |
| 1. Gang | 3,500 | 2,250 |
| 2. Gang | 2,059 | 1,304 |
| 3. Gang | 1,409 | 0,829 |
| 4. Gang | 1,074 | 0,625 |
| 5. Gang | 0,861 | ... |
| Rückwärtsgang | 2,857 | 2,437 |
| Synchronsystem Gänge 1...5 | VK | POSY |
| Synchronsystem R.-Gang | VK | nein |
| Achsantrieb | 3,444 | 4,222 |
| Sperrdifferential | M | M |
| Sperrwert Zug/Schub (%) | 40/40 | 40/40 |
| Getriebegewicht mit Ölfüllung (kg) | 66 | 70,2 |

Zeichenerklärung:
M Mehrausstattung (Sonderwunsch)
S Serie
VK Vollkonus-Synchronsystem mit Mo-beschichteten Synchronringen
POSY Porsche Sperrsynchronsystem, Synchronringe Mo-beschichtet

**4. Fahrwerk, Lenkung, Bremsen, Räder**

| | | |
|---|---|---|
| Vorderachse | | |
| Stabilisator D. (mm) | 22 | 22 |
| Lenkungsübersetzung | 17,87 | 17,87 |
| Wendekreis D. (m) | 10,95 | 10,95 |
| Hinterachse | | |
| Stabilisator D.Schaltg. (mm) | 21 | 18 |
| Bremsanlage | | |
| Bremskraftverst. D (Zoll) | 8 | 8 |
| Hauptbremszylinder D. (mm) | 20,64 | 23,81 |
| Druckminderer | | |
| Einschaltdruck (bar) | 33 | 55 |
| Minderungsfaktor | 0,46 | 0,46 |
| Kolbendurchm. in den Bremszangen vorn (mm) | 48 | 38+38 |
| hinten (mm) | 42 | 30+30 |
| Bremsscheibendurchmesser vorn (mm) | 282,5 | 304 |
| hinten (mm) | 290 | 309 |
| Bremsscheibendicke vorn (mm) | 24 | 32 |
| hinten (mm) | 24 | 28 |
| Wirksame Gesamtbelagfläche (cm²) | 258 | 344 |
| Feststellbremse | Mechanisch auf beide Hinterräder wirkend | |
| Bremstrommeldurchmesser (mm)) | 180 | = |
| Gesamtbelagfläche (cm²) | 170 | = |
| Räder und Reifen | | |
| Serienbereifung vorn | 195/65VR15 | 205/55VR16 |
| auf Rad | 7J x 15 | 7J x 16 |
| Einpreßtiefe ET (mm) | 23,3 | |
| Serienbereifung hinten | 215/60VR15 | 245/45VR16 |
| auf Rad | 8J x 15 | 9J x 16 |
| Einpreßtiefe ET (mm) | 15 | |
| Faltersatzrad | 165-15 89P | = |
| Reifendruck vorn (bar) | 2,0 | 2,0 |
| hinten (bar) | 2,5 | 3,0 |
| Faltersatzrad (bar) | 2,5 | 2,5 |

**5. Karosserie, Innenausstattung** (Abmessungen bei Leergewicht)

| | | |
|---|---|---|
| Länge (mm) | 4291 | 4291 |
| Breite (mm) | 1652 | 1775 |
| Höhe (mm) | 1320 | 1310 |
| Radstand (mm) | 2272 | = |
| Spurweite vorn (mm) | 1398 | 1432 |
| hinten (mm) | 1405 | 1492 |
| Bodenfreiheit bei zul.Ges.gewicht (mm) | 130 | 120 |
| Überhangwinkel vorn (Grad) | 12,3 | 11,7 |
| hinten (Grad) | 13,9 | 14,0 |

**9. Elektrik**

| | | |
|---|---|---|
| Generator-Leistung (W/A) | 1260/90 | = |
| Batterie (V/Ah) | 12/66 | = |

**Gewichte nach DIN 70020**

| | | |
|---|---|---|
| Leergewicht (kg) | 1210 | 1335 |
| Zulässiges Gesamtgewicht. (kg) | 1530 | 1680 |
| Zulässige Anhängelast ungebremst (kg) | 480 | keine |
| gebremst (kg) | 800 | keine |

| Modellbezeichnung | 911 Carrera | 911 Turbo |
|---|---|---|
| **Fahrleistungen** | | |
| Höchstgeschwindigkeit | | |
| Schaltgetriebe (km/h) | 245 | 260 |
| Beschleunigung 0...100 km/h | | |
| Schaltgetriebe (s) | 6,1 | 5,2 |
| Kilometer mit stehendem Start | | |
| Schaltgetriebe (s) | 26,1 | 24,0 |

| Füllmengen | | | |
|---|---|---|---|
| Motorölmenge 1* | (l) | 13 | = |
| Schaltgetriebe 2* | (l) | 3,4 | 3,7 |
| Vorderachse 2* | (l) | ... | ... |
| Kraftstoffbehälter | (l) | 85 | 85 |
| Bremsflüss.behält. 6* | (l) | 0,24 | 0,24 |
| Kältemittel 4* | (g) | 1350 | 1300 |
| Kälteöl 5* | (ml) | 120 | 120 |

* Ziffernerklärung:

1* Zugelassen API SE/SF mit Kombinationen API SE/CC - SF/CC - SF/CD - SE/CD Mehrbereichsöle nach Werksfreigabe.

2* Mehrbereichs-Getriebeöl 75 W 90 nach MIL-L 2105 B bzw API-Klassifikation GL 5

4* Kältemittel R 12

5* Handelsübliche Kälteöle

6* Nur Bremsflüssigkeit entsprechend SAE J 1703 oder DOT 3 bzw. 4 verwenden

**Die Fahrzeug-Ident-Nummern**

| | | | | | | | | | | | | |
|---|---|---|---|---|---|---|---|---|---|---|---|---|
| WPO | Z | Z | Z | 91 | Z | J | S | 1 | 0 | 0001 ... 3580 | Restwelt | Carrera Coupé |
| WP0 | Z | Z | Z | 91 | Z | J | S | 1 | 0 | 5001 ... 5148 | Restwelt | Carrera Coupé (M637) |
| WP0 | Z | Z | Z | 91 | Z | J | S | 1 | 0 | 9501 ... 9930 | Japan | Carrera Coupé |
| WP0 | Z | Z | Z | 91 | Z | J | S | 1 | 4 | 0001 ... 1281 | Restwelt | Carrera Targa |
| WP0 | Z | Z | Z | 91 | Z | J | S | 1 | 4 | 9501 ... 9586 | Japan | Carrera Targa |
| WP0 | Z | Z | Z | 91 | Z | J | S | 1 | 5 | 0001 ... 1501 | Restwelt | Carrera Cabriolet |
| WP0 | Z | Z | Z | 91 | Z | J | S | 1 | 5 | 9501 ... 9581 | Japan | Carrera Cabriolet |
| WP0 | A | B | O | 91 | C* | J | S | 1 | 2 | 0001 ... 2066 | USA/CDN | Carrera Coupé |
| WP0 | A | B | O | 91 | C* | J | S | 1 | 2 | 5001 ... 5082 | USA/CDN | Carrera Coupé (M637) |
| WP0 | E | B | O | 91 | C* | J | S | 1 | 6 | 0001 ... 1500 | USA/CDN | Carrera Targa |
| WP0 | E | B | O | 91 | C* | J | S | 1 | 7 | 0001 ... 2116 | USA/CDN | Carrera Cabriolet |
| WP0 | Z | Z | Z | 93 | Z | J | S | 0 | 0 | 0001 ... 0677 | Restwelt | 911 Turbo |
| WP0 | J | B | O | 93 | C* | J | S | 0 | 5 | 0001 ... 0701 | USA/CDN | 911 Turbo |
| WP0 | Z | Z | Z | 93 | Z | J | S | 0 | 2 | 0001 ... 0242 | Restwelt | 911 Turbo Cabriolet |
| WP0 | E | B | O | 93 | C* | J | S | 0 | 7 | 5000 ... 0591 | USA/CDN | 911 Turbo Cabriolet |
| WP0 | Z | Z | Z | 93 | Z | J | S | 0 | 1 | 0001 ... 0136 | Restwelt | 911 Turbo Targa |
| WP0 | T | 0 | E | 93 | C* | J | S | 0 | 6 | 0001 ... 0141 | USA/CDN | 911 Turbo Targa |

```
 !   !   !   !   !   !   !   !   !   !         !
 !   !   !   !   !   !   !   !   !   !         +  Zählnummer
 !   !   !   !   !   !   !   !   !   +............Code für Karosserie+Motor
 !   !   !   !   !   !   !   !   +  ..............Ergibt mit 7. und 8. Stelle den Fahrzeugtyp
 !   !   !   !   !   !   !   +  ..................Fertigungsort (S = Stuttgart)
 !   !   !   !   !   !   +  ......................Modelljahr (J = 1988, K = 1989 usw.)
 !   !   !   !   !   +  ..........................Prüfziffer/Füllzeichen
 !   !   !   !   +  ..............................Erste und zweite Stelle des Fahrzeugtyps
 !   !   !   +....................................Rückhaltesystem (0 = Gurt, 2 = Airbag) nur USA
 !   !   +  ......................................Code für Motorvarianten (nur USA)
 !   +  ..........................................Code Karosserie USA (A = Coupé, B = Targa,
                                                  C = Cabriolet)
 +................................................Weltherstellercode
```

C* = Prüfzeichen, kann 0 ... 9 oder X sein (nur USA)

Z = Füllzeichen für Restwelt-Fahrzeuge

STVZO* = Straßenverkehrs-Zulassungsordnung in der Bundesrepublik Deutschland

M 637 (Mehrausstattung 637) ist das 911 Coupé in CLUB SPORT VERSION.

# Modelljahr 1989 (K-Programm: mit Allradantrieb, ABS und als Speedster)

## Porsche 911 Carrera Coupé, Targa und Cabriolet und Speedster
## Porsche 911 Coupé, Targa und Cabriolet und Speedster Turbo Look
## Porsche 911 Carrera 4 Coupé
## Porsche 911 Turbo Coupé, Targa und Cabriolet

Sechs und acht Zoll breite Fuchs-Felgen waren nur im Modelljahr 1989 Serie; der abgebildete Carrera trägt Front- und Heckspoiler.

Der 911 Carrera wurde auch 1989 mit geringen Änderungen weitergebaut. Für den 911 Turbo gibt es endlich das langerwartete Fünfgang-Getriebe. Als weitere Karosserievariante wurde der Speedster gebaut, ab Januar 1989 entstand im neuen Karosseriewerk der allradgetriebene 911 Carrera 4, auch optisch ein völliger Gegensatz zum bisherigen Modell. 911 Carrera und Turbo werden bis zum Modelljahresende (Juli 1989) noch parallel zum Carrera 4 produziert, dann wird das »alte« Karosseriewerk vorübergehend stillgelegt. Im »neuen« Karosseriewerk auf der gegenüberliegenden Seite der Bundesstraße 10 werden schon die Karosse-

Die Nebelschlußleuchte der 911er wanderte in das Design-bestimmende Leuchtenband.

rien des Carrera 4 gebaut und über eine geschützte Hochbrücke mittels Transportband automatisch zur Lackierei befördert, wo die Oberflächenbehandlung durchgeführt wird. Das letzte Fahrzeug mit der seitherigen Basis-Karosserie: der 911 Speedster.

Links vom Nummernschild ist die Abdeckung für das Gewinde des Abschlepphakens zu erkennen.

Im »alten« Karosseriewerk, das noch aus Gebäudeteilen der früheren Firma Reutter bestand, werden dann nach kurzer Umbauphase täglich rund 20 Rohkarosserien für den 500 E von Mercedes-Benz im Lohnauftrag nachbearbeitet und verstärkt. Im sogenannten »Rößlebau«, wo zuvor die Porsche 959 gebaut wurden, werden die bei Mercedes Benz lackierten und ausgestatteten Karosserien mit Antrieb und Fahrwerk versehen und fertiggestellt.

## Motor

Die Motoren 930/20 und 930/25 für den 911 Carrera, sowie 930/66 und 930/68 für den 911 Turbo werden ohne nennenswerte Änderungen weitergebaut. Aufbauend auf den bekannten Motoren entstand der Motor für den 911 Carrera 4, Typ M64/01, ein 3,6 l Motor, der mit oder ohne Katalysator 184 kW (250 PS) leistet. Besonderheiten des Motors: Zwei Zündkerzen pro Brennraum (Doppelzündung); Klopfregelung; Auslaßkanäle im Zylinderkopf als Keramik-Portliner ausgebildet; Nockenwellenantriebe mittels Duplex-Rollenketten; hydraulische Kettenspanner; getrennte Antriebe für Motor-Kühlgebläse und Drehstrom-Generator; Ölkühler mit Zweistufengebläse im Fahrzeugbug rechts; Zweistufen-Resonanz Ansauganlage.

Zwar bleibt das bewährte Kurbelgehäuse aus Al-Si-Leichtmetall-Legierung weitgehend erhalten, doch schon die Kurbelwelle ist vollständig neu entwickelt. Der neue Motor ist schon von vornherein auf Abgasentgiftung und G-Kat-Technik ausgelegt. Bei 100 mm Kolbendurchmesser bewährt sich die gleichzeitige Zündung im Brennraum an zwei gegenüberliegenden Punkten: gleichmäßigere Verbrennung, geringere Schadstoffanteile im Abgas schon vor dem Katalysator.

## Kraftstoffanlage, Zündsystem

Erweiterte Digitale Motor Elektronik:
Sequentielle Einspritzung; Klopfregelung, ein Sensor je Zylinderreihe; adaptive Lambdaregelung; neuer Metallkatalysator; elektronisch gesteuerte Tankentlüftung; Doppelzündverteiler mit Hallgeber; Abgasanlage vollständig aus Edelstahl.

Eine Klopfregelung gibt es jetzt auch bei den neuen luftgekühlten Motoren. Da immer noch nicht gewährleitet ist, daß flächendeckend unverbleiter Kraftstoff mit ROZ 95 verfügbar ist, stellt die Klopfregelung eine Sicherheit gegen Motorschäden dar.

Der 911 Carrera 4 ist der erste Pkw mit serienmäßigem geregeltem Metallkatalysator.

## Kraftübertragung

Nur 911 Turbo: neue Kupplungsbetätigung hydraulisch wie 911 Carrera. Neues Fünfgang Getriebe G50/50, prinzipiell gleich wie G50/00, jedoch in wesentlichen Punkten verstärkt.

911 Carrera 4: hydraulisch betätigte Einscheiben-Trockenkupplung (F&S GMFZ 240), gummigedämpfte Mitnehmerscheibe (F&S GUD 240). Neues Kraftübertragungssystem G64/00. Das Kraftübertragungssystem des 911 Carrera 4 bestand aus einem vollsynchronisierten Fünfgang-Schaltgetriebe mit integriertem Hinterachsdifferential sowie einem Verteilergetriebe für den permanenten Allradantrieb.

Die Verbindung zum Vorderachsdifferential erfolgt in bewährter Transaxle-Bauweise mit einem starren Tragrohr und innenlaufender Zentralwelle. Das Verteilergetriebe unterteilt das Antriebsmoment zu 31% auf die Vorderachse und 69% zur Hinterachse. Der Hinterachsantrieb ist im Getriebegehäuse integriert und besitzt ein schlupfgesteuertes Porsche-Lamellensperrdifferential (PDAS). Diese Quersperre erzeugt bei Kurvenfahrt ein stabilisierendes Giermoment.

Das »Porsche Dynamische Allrad System« (PDAS) arbeitet mit einem Planeten-Verteilergetriebe zwischen Vorder- und Hinterachse. Bei normaler Fahrweise wurden die Antriebsmomente so verteilt, daß für den Fahrer der Eindruck entstand, ein Fahrzeug mit Heckantrieb zu bewegen. Beim Durchdrehen einer Achse (was die ABS-Sensoren meldeten), wurde das Verteilergetriebe durch die längs angeordnete Lamellenkupplung teilweise oder ganz blockiert. Durch das Zusammenspiel von Längs- und Quersperre entstand so das PDAS, das dynamische Allrad-System.

Die neue Karosserie war anfangs nur in Verbindung mit dem Allradantrieb erhältlich.

911 Carrera Cabriolet mit Nadelstreifen-Interieur, das auf Sonderwunsch geordert werden konnte.

Speedster-Revival auf der IAA 1987 als Studie; 1989 war der puristische Elfer bereits lieferbar.

## Fahrwerk

Der 911 Carrera 4 erhält ein völlig neues Fahrwerk: McPherson Einzelrad-Aufhängung mit Leichtmetall-Querlenkern an der Vorderachse; Hinterräder einzeln an Schräglenkern aus Leichtmetall geführt; servounterstützte Zahnstangenlenkung; Schraubenfederung an der Vorder- und Hinterachse; Zweikreisbremsanlage mit hydraulischem Bremskraftverstärker; innenbelüftete Bremsscheiben an Vorder- und Hinterachse mit je einem Leichtmetall-Vierkolben-Festsattel pro Rad; Antiblockiersystem (ABS); Leichtmetall-Gußräder vorn 6 J x 16 H2 ET 52,3, hinten y8 J x 16 H2 ET 52,3; Bereifung vorn 205/55 ZR 16 N1, hinten 225/50 ZR 16 N1.

Änderungen auch beim 911 Turbo-Fahrwerk: Achsquerrohr im Mittelbereich geändert (wegen Fünfganggetriebe). Umstellung der Verzahnung der HA-Drehstäbe auf SAE-Profil. Stabdurchmesser jetzt 27 mm (war 26 mm). Der Stabilisator-Durchmesser wird von 20 mm auf 18 mm reduziert (Reduzierung der Übersteuer-Tendenz). Serienmäßig Bilstein-Gasdruckdämpfer vorn und hinten mit degressiver Dämpferkennung (Verbesserung des Fahrkomforts). Asbestfreie Bremsbeläge.

Der erste 911, wenn man vom Porsche 959 absieht, der keine Drehstäbe mehr als Ferderungselemente gesaß. Servolenkung und Antiblockiersystem waren beim Carrera 4 serienmäßig.

Diese Clubsport-Variante des Speedsters kam nie in Serie.

## Karosserie

Die Karosserie des Carrera 4 ähnelte zwar dem seitherigen 911 Carrera, war jedoch komplett überarbeitet. Bug- und Heckteile waren in die Karosserieform integriert, der Heckspoiler fuhr automatisch aus, das Fahrzeug besaß eine glattflächige Bodenverkleidung. Die Struktur des Karosserieaufbaus und die Bodengruppe waren dem Allradantrieb angepaßt. Sehr aerodynamisch, absoluter Lufwiderstandsbeiwert $C_w = 0{,}32$, der mit der Stirnfläche AF = 1,79 $m^2$ multipliziert den tatsächlichen Wert für Luftwiderstand 0,57 ergibt. Erfreulich, daß der Auftriebsbeiwert $C_A$ nahe Null in allen Geschwindigkeitsbereichen bleibt.

Nur 1989 hatte der Turbo 3.3 Fünfganggetriebe; der aufgeklebte Steinschlagschutz auf den hinteren Kotflügeln war Notwendigkeit.

Die glatte Karosserieform gefiel den Kunden nicht auf Anhieb, setzte sich aber allmählich durch.

## Ausstattung

Beim 911 Carrera 4 erfolgte der Antrieb des Heckscheibenwischers durch eine Bohrung in der Heckscheibe.

## Verkleidungen, Sitze

Die Innenverkleidungen sind beim 911 Carrera 4 völlig neu gestaltet, die Sitze entsprechen den übrigen Serienmodellen von Porsche.

## Heizung, Klimaanlage

Der 911 Carrera 4 wurde mit zwei Systemen angeboten: Serie: Automatisch geregelte Heizanlage. Mehrausstattung (M 573): Automatisch geregelte Heiz- und Klimaanlage. Sitzheizung mittels Rändelrad einstellbar. Auch die seitlichen Sitzwangen waren heizbar.

## Elektrik

Die Elektrik des 911 Carrera 4 unterschied sich völlig von der der seitherigen Carrera-Modelle: Die Zentralelektrik war im vorderen Kofferraum untergebracht; alle Instrumente waren neu gestaltet in Durchlicht-Technik. Es gab einen Zentralinformator für Warnanzeigen, auch akustisch, einen elektrothermischen Tankgeber sowie völlig neue Kabelstränge. Die Alarmanlage vom 928 wurde übernommen: Die Schärfung der Anlage erfolgte durch die Türverriegelung. War die Anlage in Betrieb, blinkten Leuchtdioden in den Sicherungsknöpfen der Türen.

## Sonstiges

Bereicherung der Sechszylinder-Baureihe durch den 911 Speedster: Die Basis bildete der 911 Carrera im Turbo Look, war jedoch auch in schmaler Version lieferbar. Dazu kam eine verkürzte Windschutzscheibe, ein manuell zu betätigendes Notverdeck, eine Fondab-

Die breiten Kotflügel signalisieren sofort »Turbo«.

Technik transparent gemacht: Der intern 964 genannte Elfer läutete mit zahlreichen Verbesserungen eine neue Generation ein.

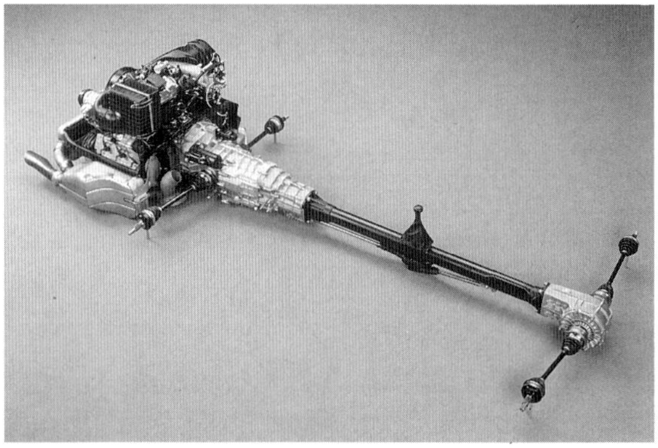

Noch umstritten: Allradtechnik für den Elfer für bessere Traktion.

deckung aus Kunststoff, unter der das offene Verdeck völlig verschwand. Als Antrieb diente der 3,2 l Carrera-Motor, lieferbar mit oder ohne Katalysator.

Ein Wunschtraum vieler Porsche Fahrer ging in Erfüllung: für Freunde des offenen Fahrens gibt es das Schönwetterfahrzeug 911 Speedster. Im Gegensatz zum 911 Cabriolet, das mit einem vollwertigen Verdeck durchaus wintertauglich war, besaß der 911 Speedster nur ein Notverdeck.

| **Typen-bezeichnung** | **Listenpreise 8/88 bzw. 4/89** | **Produktions-zahlen** |
|---|---|---|
| 911 Carrera Coupé | DM 83.700,–/ 86.000,– | 3532 + 1156 USA |
| mit Kat. | DM 85.275,– /87.575,– | |
| 911 Carrera Targa | DM 88.000,–/ 90.500,– | 1281 + 1586 USA |
| mit Kat. | DM 89.575,–/ 92.075,– | |
| 911 Carrera Cabriolet | DM 94.200,–/ 96.800,– | 1501 + 2197 USA |
| mit Kat. | DM 95.775,–/ 98.375,– | |
| 911 Speedster | DM 110.000,– | 2102 |
| mit Kat. | DM 111.575,– | |
| 911 Carrera 4 Kat. | DM 114.500,–/114.500,– | 2068 + 1117 USA |
| 911 Turbo Coupé | DM 135.000,–/138.800,– | 2068 + 1117 USA |
| 911 Turbo Targa | DM 142.000,–/156.500,– | 56 |
| 911 Turbo Cabriolet | DM 156.500,–/160.900,– | 330 |

| Modellbezeichnung | 911 Carrera | Speedster | Carrera 4 | 911 Turbo |
|---|---|---|---|---|
| **1. Motor** | | | | |
| Motor-Typ Schaltgetr. | 930/20 (930/25)* | = | M64/01 | 930/66 |
| Bohrung (mm) | 95 | = | 100 | 97 |
| Hub (mm) | 74,4 | = | 76,4 | 74,4 |
| Hubraum ($cm^3$) | 3164 | = | 3600 | 3299 |
| Verd.verhältnis | 10,3:1 (9,5:1)* | = | 11,3:1 | 7,0:1 |
| Motorleistung (kW/PS) | 170/231 (160/217)* | = | 184/250 | 221/300 |
| bei Drehzahl (U/min) | 5900 | = | 6100 | 5500 |
| Drehmoment (Nm) | 284 (265)* | = | 310 | 430 |
| bei Drehzahl (U/min) | 4800 | = | 4800 | 4000 |
| Literleistung (kW/l) | 53,7 (50,6)* | = | 51,1 | 67 |
| Höchstdrehzahl (U/min) | 6570 | = | 6720 | 7200 |
| Motorgewicht (kg) | 219 | = | 238 | 269 |
| **2. Gemischaufbereitung, Zündung, Einstellwerte** | | | | |
| Kraftstoffanlage | DME | = | DME S | K-Jetronic |
| Kraftstoffart (ROZ) | 98 (95)* | = | 95 | 98 |
| Zündsystem | DME | = | DME | BHKZ kontaktlos |
| Zündung | Einfach | = | Doppel | Einfach |
| Zündkerzen Bosch | WR 4 CK | = | FR 5 DTC | W 3 DP 0 |
| Beru | ... | ... | ... | ... |
| Elektrodenabstand (mm) | 0,7 | | 0,8 | 0,7 |
| Klopfregelung | nein | nein | ja | nein |
| Leerlaufdrehz. (U/min) | 880 | = | 880+-40 | 900+-50 |
| Abgasanlage/Entgiftung | L-Sonde+Kat | L-Sonde+Kat | L-Sonde+Kat | SLE+ZLP |
| CO-Gehalt ohne Kat. (%) | 0,5...1,5 | = | 0,5...1,0 | 1 ,5...2,5 |
| mit Kat. (%) | 0,4...0,8 | = | 0,4...1,2 | ... |
| Kraftstoffverbrauch nach EG-Norm, Schaltgetriebe (l/100 km) | | | | |
| A. bei konstant 90 km/h | 6,8 (7,9)* | = | 8,0 | 10.7 |
| B. bei konstant 120 km/h | 9,0 (9,8)* | = | 9,5 | 13,0 |
| C. EG-Stadtzyklus | 13,6 (14,9)* | = | 17,9 | 14,3 |
| Drittelmix | 9,8 (10,9)* | = | 11,8 | 12,7 |
| * Kat-Werte in Klammern | | | | |
| **3. Kraftübertragung** | | | | |
| Kupplung, Druckplatte | G MFZ 240 | = | = | = |
| Mitnehmerscheibe | GUD 240 | = | GUD 240 | = |
| Getriebetyp Schaltgetr. | G50/00 | G50/00 | G64/00 | G50/50 |
| Gangübersetzungen | | | | |
| 1. Gang | 3,500 | = | 3,500 | 3,145 |
| 2. Gang | 2,059 | = | 2,118 | 1,789 |
| 3. Gang | 1,409 | = | 1,444 | 1,269 |
| 4. Gang | 1,074 | = | 1,086 | 0,967 |
| 5. Gang | 0,861 | = | 0,868 | 0,756 |
| Rückwärtsgang | 2,857 | = | = | = |
| Synchronsystem Gänge 1...5 | VK | = | = | = |
| Synchronsystem R.-Gang | VK | = | = | = |
| Achsantrieb | 3,444 | = | = | = |
| Sperrdifferential | M | M | S | M |
| Sperrwert Zug/Schub (%) | 40/40 | 40/40 | variabel 0...100 | 40/40 |

| Modellbezeichnung | 911 Carrera | Speedster | Carrera 4 | 911 Turbo |
|---|---|---|---|---|
| Getriebegewicht | | | | |
| mit Ölfüllung (kg) | 66 | = | 79,65 | 70,2 |
| Vorderachsgetriebe (kg) | ... | ... | 22,65 | ... |

Zeichenerklärung:
M = Mehrausstattung (Sonderwunsch), S = Serie
VK = Vollkonus-Synchronsystem mit Mo-beschichteten Synchronringen
BHKZ = Batterie-Hochspannungs-Kondensator-Zündung
DME = Digitale Motor Elektronik (Einspritzung+Zündung)
DME S = Digitale Motor Elektronik mit sequentieller Einspritzung
SLE = Sekundärlufteinblasung, ZLP = Zusatzluftpumpe

**4. Fahrwerk, Lenkung, Bremsen, Räder**

| | | | | |
|---|---|---|---|---|
| Vorderachse | | | | |
| Stabilisator D. (mm) | 22 | = | 20 | 22 |
| Lenkungsübersetzung | 17,87 | = | 18,48 | 17,87 |
| Wendekreis D. (m) | 10,95 | = | 11,95 | 10,95 |
| Hinterachse | | | | |
| Stabilisator D.Schaltg. (mm) | 21 | = | 20 | 18 |
| Bremsanlage | | | | |
| Bremskraftverst. D (Zoll) | 8 | = | hydr. | 8 |
| Hauptbremszylinder D. (mm) | 20,64 | = | 23,81 | = |
| Druckminderer | | | | |
| Einschaltdruck (bar) | 33 | = | 55 | ... |
| Minderungsfaktor | 0,46 | 0,46 | 0,46 | ... |
| Kolbendurchm. in den | | | | |
| Bremszangen vorn (mm) | 48 | = | 40+36 | 38+38 |
| hinten (mm) | 42 | = | 30+28 | 30+30 |
| Bremsscheibendurchmesser | | | | |
| vorn (mm) | 282,5 | = | 298 | 304 |
| hinten (mm) | 290 | = | 299 | 309 |
| Bremsscheibendicke | | | | |
| vorn (mm) | 24 | = | 28 | 32 |
| hinten (mm) | 24 | = | 24 | 28 |
| Wirksame Gesamtbelag- | | | | |
| fläche ($cm^2$) | 258 | = | 344 | 344 |
| Feststellbremse | Mechanisch auf beide Hinterräder wirkend | | | |
| Bremstrommel- | | | | |
| durchmesser (mm) | 180 | = | = | = |
| Gesamtbelagfläche ($cm^2$) | 170 | = | = | = |
| | | | | |
| Räder und Reifen | | | | |
| Serienbereifung vorn | 205/55ZR16 | = | = | = |
| auf Rad | 6J x 16 H2 | = | 7J x 16 H2 | = |
| Einpreßtiefe ET (mm) | 52 | = | 55 | 23,3 |
| Serienbereifung hinten | 225/50ZR16 | = | = | 245/45ZR16 |
| auf Rad | 8J x 16 H2 | = | = | 9J x 16 |
| Einpreßtiefe ET (mm) | 10,6 | = | 52 | 15 |
| Faltersatzrad | 165-15 89P | = | = | = |
| Reifendruck vorn (bar) | 2,0 | 2,0 | 2,5 | 2,0 |
| hinten (bar) | 2,5 | 2,5 | 3,0 | 3,0 |
| Faltersatzrad (bar) | 2,5 | 2,5 | 2,5 | 2,5 |

| Modellbezeichnung | 911 Carrera | Speedster | Carrera 4 | 911 Turbo |
|---|---|---|---|---|
| **5. Karosserie, Innenausstattung** (Abmessungen bei Leergewicht) | | | | |
| Länge (mm) | 4291 | = | 4250 | 4291 |
| Breite (mm) | 1652 | = | 1652 | 1775 |
| Höhe (mm) | 1320 | 1220 | 1310 | 1310 |
| Radstand (mm) | 2272 | = | = | = |
| Spurweite vorn (mm) | 1380 | = | = | = |
| hinten (mm) | 1372 | = | 1380 | 1432 |
| Bodenfreiheit bei zul.Ges.gewicht (mm) | 130 | = | 120 | 120 |
| Überhangwinkel vorn (Grad) | 12,3 | = | 12,5 | 11,7 |
| hinten (Grad) | 13,9 | = | 12,0 | 14,0 |
| **9. Elektrik** | | | | |
| Generator-Leistung (W/A) | 1260/90 | = | = | = |
| Batterie (V/Ah) | 12/66 | = | = | = |
| **Gewichte nach DIN 70020** | | | | |
| Leergewicht (kg) | 1210 | 1220 | 1450 | 1335 |
| Zulässiges Gesamtgewicht. (kg) | 1530 | = | 1790 | 1680 |
| Zulässige Anhängelast ungebremst (kg) | 480 | keine | 500 | keine |
| gebremst (kg) | 800 | keine | 1200 | keine |
| **Fahrleistungen** | | | | |
| Höchstgeschwindigkeit Schaltgetriebe (km/h) | 245 (240)* | = | = | 260 |
| Beschleunigung 0...100 km/h Schaltgetriebe (s) | 6,1 (6,3)* | = | 5,7 | 5,2 |
| Kilometer mit stehendem Start Schaltgetriebe (s) | 26,1 | = | 25,5 | 24,0 |
| * Kat-Werte in Klammern | | | | |
| **Füllmengen** | | | | |
| Motorölmenge 1* (l) | 13 | = | 11,5 | = |
| Schaltgetriebe 2* (l) | 3,4 | = | 3,6 | 3,7 |
| Vorderachse 2* (l) | ... | ... | 1,2 | ... |
| Kraftstoffbehälter (l) | 85 | = | 77 | 85 |
| Bremsflüss.behält. 6* (l) | 0,24 | = | 0,75 | 0,34 |
| Flüss.für Servolenk. 3 (l) | ... | ... | 1,0 | ... |
| Kältemittel 4* (g) | 1350 | = | 930 | 1300 |
| Kälteöl 5* (ml) | 120 | = | 100 | 120 |

* Ziffernerklärung:

1* Zugelassen API SE/SF mit Kombinationen API SE/CC - SF/CC - SF/CD - SE/CD Mehrbereichsöle nach Werksfreigabe.

2* Mehrbereichs-Getriebeöl 75 W 90 nach MIL-L 2105 B bzw API-Klassifikation GL 5

3* ATF DEXRON II D

4* Kältemittel R 12

5* Handelsübliche Kälteöle

6* Nur Bremsflüssigkeit entsprechend SAE J 1703 oder DOT 3 bzw. 4 verwenden

| | | | | | | | | | | | | |
|---|---|---|---|---|---|---|---|---|---|---|---|---|
| WPO | Z | Z | Z | 91 | Z | K | S | 1 | 0 | 0001 … 3532 | Restwelt | Carrera Coupé |
| WP0 | Z | Z | Z | 91 | Z | K | S | 1 | 4 | 0001 … 1063 | Restwelt | Carrera Targa |
| WP0 | Z | Z | Z | 91 | Z | K | S | 1 | 5 | 0001 … 2787 | Restwelt | Carrera Cabriolet |
| WP0 | A | B | O | 91 | C* | K | S | 1 | 2 | 0001 … 1156 | USA/CDN | Carrera Coupé |
| WP0 | E | B | O | 91 | C* | K | S | 1 | 6 | 0001 … 0860 | USA/CDN | Carrera Targa |
| WP0 | C | B | O | 91 | C* | K | S | 1 | 7 | 0001 … 1361 | USA/CDN | Carrera Cabriolet |
| WP0 | Z | Z | Z | 93 | Z | K | S | 0 | 0 | 0001 … 0857 | Restwelt | 911 Turbo Coupé |
| WP0 | Z | Z | Z | 93 | Z | K | S | 0 | 1 | 0001 … 0115 | Restwelt | 911 Turbo Targa |
| WP0 | Z | Z | Z | 93 | Z | K | S | 0 | 2 | 0001 … 0244 | Restwelt | 911 Turbo Cabriolet |
| WP0 | J | B | O | 93 | C* | K | S | 0 | 5 | 0001 … 0109 | USA/CDN | 911 Turbo Coupé |
| WP0 | E | B | O | 93 | C* | K | S | 0 | 6 | 0001 … 2000 | USA/CDN | 911 Turbo Targa |
| WP0 | E | B | O | 93 | C* | K | S | 0 | 7 | 0001 … 0600 | USA/CDN | 911 Turbo Cabriolet |
| WP0 | Z | Z | Z | 96 | Z | K | S | 4 | 0 | 0001 … 2068 | Restwelt | 911 Carrera 4 |
| WP0 | A | B | O | 96 | C* | K | S | 4 | 5 | 0001 … 1117 | USA/CDN | 911 Carrera 4 |

```
 !   !   !   !   !   !   !   !   !   !        !
 !   !   !   !   !   !   !   !   !   !        + Zählnummer
 !   !   !   !   !   !   !   !   !   +.........Code für Karosserie+Motor
 !   !   !   !   !   !   !   !   +   ..........Ergibt mit 7. und 8. Stelle den Fahrzeugtyp
 !   !   !   !   !   !   !   +   ..............Fertigungsort (S = Stuttgart)
 !   !   !   !   !   !   +   ..................Modelljahr (K = 1989, L = 1990 usw.)
 !   !   !   !   !   +   ......................Prüfziffer/Füllzeichen
 !   !   !   !   +   ..........................Erste und zweite Stelle des Fahrzeugtyps
 !   !   !   +.................................Rückhaltesystem (0 = Gurt, 2 = Airbag) nur USA
 !   !   +   ..................................Code für Motorvarianten (nur USA)
 !   +   ......................................Code Karosserie USA (A = Coupé, B = Targa,
                                               C = Cabriolet)
 +.............................................Weltherstellercode
```

C* = Prüfzeichen, kann 0 … 9 oder X sein (nur USA)

Z = Füllzeichen für Restwelt-Fahrzeuge

Den 911 gab es nur noch in der neuen Form als Coupé, Targa und Cabriolet; zusätzlich stand der moderne Schaltautomat »Tiptronic« (unten rechts) zur Verfügung; ein Turbo war nicht lieferbar.

# Modelljahr 1990
# (L-Programm: Tiptronic)

## Porsche 911 Carrera 2 Coupé, Targa und Cabriolet
## Porsche 911 Carrera 4 Coupé, Targa und Cabriolet

Typenbereinigung bei Porsche: Neben dem allradgetriebenen 911 Carrera 4 wird der 911 Carrera 2 nur mit Hinterachsantrieb gebaut. Die Aggregate des 911 Carrera 2 sind, ausgenommen die Allradtechnik, identisch mit denen des 911 Carrera 4. Die Versionen Turbo, Turbo Look und Speedster sind im Modelljahr 1990 nicht lieferbar. Für den Carrera 2 wurde erstmals die Tiptronic, ein intelligentes, lastschaltbares Antriebssystem angeboten, das Hoch- und Rückschaltungen ohne Zugkraftunterbrechung zuließ.

## Motor

Keine nennenswerten Änderungen am Motor M64/01. Für die Bundesrepublik Deutschland wurden nur noch Fahrzeuge mit Dreiwege Katalysator und Lambdaregelung angeboten.

Deutschland war endlich flächendeckend mit unverbleitem Kraftstoff »Eurosuper bleifrei« versorgt, die anderen europäischen Länder waren noch im Verzug.

## Kraftstoffanlage, Zündsystem

An der Digitalen Motor Elektronik keine Änderungen, Ausnahme beim 911 Carrera 2, wo DME und das Steuergerät der Tiptronic zusammenwirken.

## Kraftübertragung

Der 911 Carrera 2 konnte ab Januar 1990 mit dem Porsche Tiptronic-Antriebssystem ausgerüstet werden. Die Viergang Tiptronic ermöglichte es, wie mit einem herkömmlichen Automatik Getriebe zu fahren. Wurde jedoch der Wählhebel aus Stellung D in die rechts liegende Schaltebene gebracht, konnte durch Antippen des Wählhebels spontan der nächste Gang »geholt« werden. Antippen nach hinten: spontane Rückschaltung, Antippen nach vorne: spontane Hochschaltung. Wahlweise war für den 911 Carrera 2 auch ein Fünfganggetriebe (G50/03) erhältlich. 911 Carrera 4 nur mit mechanischem Fünfganggetriebe (G64/00). Bei allen Fahrzeugen 911 Carrera 4 und den 911 Carrera 2 mit Schaltgetriebe Einführung des Zweimassen-Schwungrades zur Absenkung lästiger Getriebegeräusche bei niedrigen Motordrehzahlen.
Das von Porsche entwickelte Antriebssystem Tiptronic stützt sich auf die Erfahrungen im Rennsport mit dem Porsche 962, wo über mehrere Jahre ein Antriebssystem »PDK« eingesetzt war. PDK, die Abkürzung für Porsche-Doppel-Kupplung, war der Vorreiter einer ganzen Generation von automatischen Renngetrieben. Beim Rennsportwagen 962 wurden die Schaltungen (wie bei der Tiptronic S ab Modelljahr 1994) am Lenkrad mittels Tastschaltern ausgelöst. Bei der Tiptronic im Carrera 2 im Modelljahr 1990 wurden die Schaltungen noch durch Antippen des Schalthebels ausgelöst. Bedingt durch die Arbeitstakte und die Zündfolge des Motors.

## Fahrwerk

Das Fahrwerk des 911 Carrera 2 entsprach weitgehend dem des 911 Carrera 4. Die hintere Bremsanlage des 911 Carrera 2 war noch mit Zweikolben-Bremssätteln ausgeführt. (911 Carrera 4 mit Vierkolben-Bremsanlage himten). Die Räder für Carrera 2 und 4 waren gleich: Leichtmetall-Gußräder im Design 90. Am Rad, links und rechts neben dem Füllventil, war die Felgenmaulweite (z. B. 8) und die Rad-Einpreßtiefe, (z. B. 52) eingegossen. Als Mehrausstattung (M 395) waren auch geschmiedete Leichtmetallräder (Design Scheibenrad) lieferbar.

Beim 911 Carrera 4 wird die Servounterstützung der Bremsanlage durch ein Hochdruck-Hydraulik-System erreicht. Beim 911 Carrera 2 dagegen wird Saugrohr-Unterdruck des Motors im Bremskraftverstärker genutzt.

## Karosserie

Bei Cabrios ging die längst erwartete und sehr aufwendige vollelektrische Verdeckbetätigung in Serie. Elfer für die USA und Kanada wurden auf Fahrer- und Beifahrerseite mit Airbags ausgeliefert.

Die guten Erfahrungen mit den Airbags beim 944 Turbo in den USA machten die Entscheidung leicht, alle USA-Fahrzeuge des Modelljahrgangs 1990 mit Airbags auszurüsten.

## Ausstattung

Dreipunkt-Automatik-Sicherheitsgurte (Ausnahme Cabriolet) für die hinteren Sitze serienmäßig.

## Elektrik

Alle Fahrzeuge erhielten Leuchtweitenregulierung. Fahrzeuge mit dem Tiptronic-Antriebssystem waren mit den Bordcomputer serienmäßig ausgerüstet, außerdem wurde der elektronische Tachometer nicht mehr mit Wegimpulsen aus dem Getriebe, sondern mit den Radimpulsen der ABS-Anlage informiert. Bedingt durch das Zweimassen-Schwungrad mußte ein fremdgelagerter 1,7 kW Starter (Anlasser) eingebaut werden. Alle Wagen erhielten einen Schalter auf der Mittelkonsole zum elektrtischen Ein- und Ausfahren des Heckspoilers.

Der Bordcomputer informierte über die Restwegstrecke (wie weit noch der Kraftstoff reicht), fungierte als Tageskilometerzähler, berechnete den durchschnittlichen Kraftstoffverbrauch und die Geschwindigkeit, zeigte die Außentemperatur an und verfügte über eine digitale Geschwindigkeitsanzeige.

## Sonstiges

Neben den serienmäßigen Carrera 2 wurden für den Einsatz auf der Rennstrecke »Carrera Cup«-Fahrzeuge gebaut. Ausgangsbasis für die Cup-Fahrzeuge war der serienmäßige 911 Carrera 2. Unterschiede zur Serie: Die Motoren waren im Werk sorgfältig auf gleiche Leistung ausgewählt, verzichteten auf Luftfilter und Zweimassenschwungrad. Die Motor-Steuergeräte waren auf Gleichheit geprüft und verplombt. Die Bremsanlage mit großen, innenbelüfteten Bremsscheiben und Vierkolben-Alu-Bremssätteln war vom 911 Turbo abgeleitet und mit hydraulischer Bremskraftverstärkung und ABS versehen. Die Leichtmetallräder verfügten über einen asymmetrischem Sicherheitshump gegen Ablösen der Reifen von den Rädern bei Luftverlust. Für die Sicherheit sorgte der eingeschweißte Stahl-Überrollbügel (Fa. Matter). Zur IAA überraschte Porsche mit der Studie »Panamericana«, einem Entwurf auf Basis des Porsche 911.

| Typen-bezeichnung | Listenpreise 8/89 bzw. 2/90 | Produktions-zahlen |
|---|---|---|
| 911 Carrera 2 Coupé | DM 103.500,–/107.100,– | 8328* + 2196* USA |
| Tiptronic | DM 113.250,– | |
| 911 Carrera 2 Targa | DM 108.700,–/112.450,– | 3410* + 2230* USA |
| Tiptronic | DM 118.600,– | |
| 911 Carrera 2 Cabriolet | DM 118.000,–/121.950,– | 1298* + 788* USA |
| Tiptronic | DM 128.100,– | |
| 911 Carrera 4 Coupé | DM 116.600,–/120.550,– | |
| 911 Carrera 4 Targa | DM 121.800,–/125.900,- | |
| 911 Carrera 4 Cabriolet | DM 131.100,–/135.400,– | |

* Anmerkung. Die Fahrzeug-Identnummern lassen keine Unterscheidung zwischen Carrera 2 und Carrera 4 mehr zu. Die genannten Produktionszahlen beziehen sich also auf beide Fahrzeugtypen

| Modellbezeichnung | Carrera 2 | Carrera 4 | Carrera 2 CUP |
|---|---|---|---|
| **1. Motor** | | | |
| Motor-Typ Schaltgetr. | M64/01 | M64/01 | M30/ |
| Tiptronic | M64/02 | ... | ... |
| Bohrung (mm) | 100 | 100 | 100 |
| Hub (mm) | 76,4 | 76,4 | 76,4 |
| Hubraum (cm³) | 3600 | 3600 | 3600 |
| Verd.verhältnis | 11,3:1 | 11,3:1 | 11,3:1 |
| Motorleistung (kW/PS) | 184/250 | 184/250 | 195/265 |
| bei Drehzahl (U/min) | 6100 | 6100 | |
| Drehmoment (Nm) | 310 | 310 | |
| bei Drehzahl (U/min) | 4800 | 4800 | |
| Literleistung (kW/l) | 51,1 | 51,1 | |
| Höchstdrehzahl (U/min) | 6720 | 6720 | 6800 |
| Motorgewicht (kg) | 238 | 238 | 238 |
| **2. Gemischaufbereitung, Zündung, Einstellwerte** | | | |
| Kraftstoffanlage | DME S | DME S | DME S |
| Kraftstoffart (ROZ) | 95 | 95 | 95 |
| Zündsystem | DME | = | KFZ |

| Modellbezeichnung | Carrera 2 | Carrera 4 | Carrera 2 CUP |
|---|---|---|---|
| Zündung | Doppel | Doppel | Doppel |
| Zündkerzen Bosch | FR 5 DTC | = | = |
| Beru | | | |
| Elektrodenabstand (mm) | 0,7 | = | 0,6 |
| Klopfregelung | ja | ja | ja |
| Leerlaufdrehz. (U/min) | 880+-40 | = | |
| Abgasanlage/Entgiftung | L-Sonde+Kat | L-Sonde+Kat | L-Sonde+Kat |
| CO-Gehalt ohne Kat. (%) | 0,5...1,0 | = | |
| mit Kat. (%) | 0,4...1,2 | = | |
| Kraftstoffverbrauch nach EG-Norm, Schaltgetriebe (l/100 km) | | | |
| A. bei konstant | 90 km/h | 7,8 | 8,0 |
| B. bei konstant 120 km/h | 9,7 | 9,5 | |
| C. EG-Stadtzyklus | 17,1 | 17,9 | |
| Drittelmix | 11,5 | 11,8 | |
| Mit Tiptronic | | | |
| A. bei konstant 90 km/h | 7,9 | ... | ... |
| B. bei konstant 120 km/h | 9,6 | ... | ... |
| C. EG-Stadtzyklus | 17,1 | ... | ... |
| C. Drittelmix | 11,4 | ... | ... |
| **3. Kraftübertragung** | | | |
| Zweimassenschwungrad | Syst.F* | nein | nein |
| Kupplung, Druckplatte | G MFZ 240 | = | = |
| Mitnehmerscheibe | starr 240 | GUD 240 | Sport |
| Getriebetyp Schaltgetr. | G50/03 | G64/00 | G50/ |
| Gangübersetzungen | | | |
| 1. Gang | 3,500 | 3,500 | |
| 2. Gang | 2,059 | 2,118 | |
| 3. Gang | 1,407 | 1,444 | |
| 4. Gang | 1,086 | 1,086 | |
| 5. Gang | 0,868 | 0,868 | |
| Rückwärtsgang | 2,857 | = | = |
| Synchronsystem Gänge 1...5 | VK | = | = |
| Synchronsystem R.-Gang | VK | = | = |
| Achsantrieb | 3,444 | 3,444 | 3,444 |

Zeichenerklärung:
DME S = Digitale Motor Elektronik, Einspritzung sequentiell
KFZ = Kennfeldzündung, druckgesteuert
Syst.F* = Zweimassenschwungrad System Freudenberg (Gummidämpfung)
Syst.LUK = Zweimassenschwungrad System LUK (Stahlfederdämpfung)
VK = Vollkonus-Synchronsystem mit Molybdän-beschichteten Synchronringen

| | | | |
|---|---|---|---|
| Sperrdifferential | M | S | S |
| Sperrwert Zug/Schub (%) | 40/40 | variabel 0...100 | 40/40 |
| Getriebegewicht mit Ölfüllung (kg) | 66 | 79,65 | 66 |
| Vorderachsgetriebe (kg) | ... | 22,65 | ... |
| Tiptronic | A50/02 | ... | ... |
| Drehmomentwandler D. (mm) | 260 | ... | ... |

| Modellbezeichnung | Carrera 2 | Carrera 4 | Carrera 2 CUP |
|---|---|---|---|
| Festbremsdrehzahl (U/min) | 2300 -400 | ... | ... |
| Anfahrwandlung | 1,98:1 | ... | ... |
| Gangübersetzungen | | | |
| 1. Gang | 2,479 | ... | ... |
| 2. Gang | 1,479 | ... | ... |
| 3. Gang | 1,000 | ... | ... |
| 4. Gang | 0,728 | ... | ... |
| Rückwärtsgang | 2,086 | ... | ... |
| Zwischenwelle | 1,100 | ... | ... |
| Achsantrieb | 3,667 | ... | ... |
| Sperrdifferential | nein | ... | ... |
| Getriebegewicht mit Öl- und ATF-Füllung (kg) | 105 | ... | ... |
| **4. Fahrwerk, Lenkung, Bremsen, Räder** | | | |
| Vorderachse | | | |
| Stabilisator D. (mm) | 20 | = | 20 |
| Lenkungsübersetzung | 18,48 | = | = |
| Wendekreis D. (m) | 11,95 | = | = |
| Hinterachse | | | |
| Stabilisator D.Schaltg. (mm) | 20 | = | 20 |
| Tiptron. (mm) | 19 | ... | ... |
| Bremsanlage | | | |
| Bremskraftverstärker Übers. | 3,0:1 | hydr. | 4,8:1 |
| Hauptbremszylinder D. (mm) | 20,64 | 23,81 | 23,81 |
| Druckminderer | | | |
| Einschaltdruck (bar) | 45 | 55 | 45 |
| Minderungsfaktor | 0,46 | 0,46 | 0,46 |
| Kolbendurchm. in den | | | |
| Bremszangen vorn (mm) | 40+36 | 40+36 | 36+44 |
| hinten (mm) | 44 | 30+28 | 30+34 |
| Bremsscheibendurchmesser | | | |
| vorn (mm) | 298 | 298 | 322 |
| hinten (mm) | 299 | 299 | 299 |
| Bremsscheibendicke | | | |
| vorn (mm) | 28 | 28 | 32 |
| hinten (mm) | 24 | 24 | 24 |
| Wirksame Gesamtbelagfläche ($cm^2$) | 284 | 344 | 422 |
| Feststellbremse | Mechanisch auf beide Hinterräder wirkend | | |
| Bremstrommeldurchmesser (mm) | 180 | = | = |
| Gesamtbelagfläche ($cm^2$) | 170 | = | = |
| Räder und Reifen | | | |
| Serienbereifung vorn | 205/55ZR16 | = | 235/45ZR17 |
| auf Rad | 6J x 16 H2 | = | 8J x 17 H2 |
| Einpreßtiefe ET (mm) | 52 | = | 55 |
| Serienbereifung hinten | 225/50ZR16 | = | 255/40ZR17 |
| auf Rad | 8J x 16 H2 | = | 9,5J x 17 H2 |
| Einpreßtiefe ET (mm) | 52 | = | 55 |

| Modellbezeichnung | Carrera 2 | Carrera 4 | Carrera 2 CUP |
|---|---|---|---|
| Faltersatzrad | 165-15 89P | = | 165/70-16 89P |
| Reifendruck vorn (bar) | 2,5 | 2,5 | 2,5 |
| hinten (bar) | 3,0 | 3,0 | 2,5 |
| Faltersatzrad (bar) | 2,5 | 3,0 | 2,5 |
| **5. Karosserie, Innenausstattung** | | | |
| Abmessungen bei Leergewicht | | | |
| Länge (mm) | 4250 | = | = |
| Breite (mm) | 1652 | = | = |
| Höhe (mm) | 1310 | = | |
| Radstand (mm) | 2272 | = | = |
| Spurweite vorn (mm) | 1380 | = | = |
| hinten (mm) | 1374 | = | = |
| Bodenfreiheit bei | | | |
| zul.Ges.gewicht (mm) | 115 | 120 | 115 |
| Überhangwinkel vorn (Grad) | 11,5 | = | |
| hinten (Grad) | 12,5 | = | |
| **9. Elektrik** | | | |
| Generator-Leistung (W/A) | 1610/115 | = | = |
| Batterie (V/Ah) | 12/75 | = | = |
| **Gewichte nach DIN 70020** | | | |
| Leergewicht mit | | | |
| Schaltgetriebe (kg) | 1350 | 1450 | 1220 |
| Tiptronic (kg) | 1380 | ... | ... |
| Zulässiges Gesamt- | | | |
| gewicht Schaltgetr. (kg) | 1690 | 1790 | 1810 |
| Tiptronic (kg) | 1720 | ... | ... |
| Zulässige Anhänge- | | | |
| last ungebremst (kg) | 500 | 500 | keine |
| gebremst (kg) | 1200 | 1200 | keine |
| **Fahrleistungen** | | | |
| Höchstgeschwindigkeit | | | |
| Schaltgetriebe (km/h) | 260 | 260 | |
| Tiptronic (km/h) | 256 | ... | ... |
| Beschleunigung 0...100 km/h | | | |
| Schaltgetriebe (s) | 5,7 | 5,7 | |
| Tiptronic (s) | 6,6 | ... | ... |
| Kilometer mit | | | |
| stehendem Start | | | |
| Schaltgetriebe (s) | 25,2 | 25,5 | |
| Tiptronic (s) | 26,2 | ... | ... |

**Füllmengen**

| | | | | |
|---|---|---|---|---|
| Motorölmenge 1* | (l) | 11,5 | = | = |
| Schaltgetriebe 2* | (l) | 3,6 | 3,8 | 3,6 |
| Vorderachse 2* | (l) | ... | 1,2 | ... |
| Automatikgetr. 3* | (l) | 9,0 | ... | ... |
| Autom. Achsantr. 2* | (l) | 0,9 | ... | ... |
| Kraftstoffbehälter | (l) | 77 | = | = |

| Modellbezeichnung | | Carrera 2 | Carrera 4 | Carrera 2 CUP |
|---|---|---|---|---|
| Bremsflüss.behält. 6* | (l) | 0,34 | 0,75 | 0,34 |
| Flüss.für Servolenk. 3 | (l) | 1,0 | 1,0 | 1,0 |
| Kältemittel 4* | (g) | 930 | = | ... |
| Kälteöl 5* | (ml) | 100 | = | ... |

* Ziffernerklärung:

1* Zugelassen API SE/SF mit Kombinationen API SE/CC - SF/CC - SF/CD - SE/CD Mehrbereichsöle nach Werksfreigabe.

2* Mehrbereichs-Getriebeöl 75 W 90 nach MIL-L 2105 B bzw API-Klassifikation GL 5

3* ATF DEXRON II D

4* Kältemittel R 12

5* Handelsübliche Kälteöle

6* Nur Bremsflüssigkeit entsprechend SAE J 1703 oder DOT 3 bzw. 4 verwenden

## Die Nummernbereiche Modelljahr 1990

### 9Die Fahrzeug-Ident-Nummern

```
WPO  Z  Z  Z  96  Z   L  S  4  0   0001 ... 8328  Restwelt  Coupé
WP0  Z  Z  Z  96  Z   L  S  4  1   0001 ... 1298  Restwelt  Carrera Targa
WP0  Z  Z  Z  96  Z   L  S  4  2   0001 ... 3410  Restwelt  Carrera Cabriolet
WP0  A  B  2  96  C*  L  S  4  5   0001 ... 2116  USA/CDN   Coupé mit Airbag
WP0  B  B  2  96  C*  L  S  4  6   0001 ... 0727  USA/CDN   Targa mit Airbag
WP0  C  B  2  96  C*  L  S  4  7   0001 ... 2169  USA/CDN   Cabriolet mit Airbag
 !   !  !  !  !   !   !  !  !  !        !
 !   !  !  !  !   !   !  !  !  !        +   Zählnummer
 !   !  !  !  !   !   !  !  !  +............Code für Karosserie+Motor
 !   !  !  !  !   !   !  !  +  .............Ergibt mit 7. und 8. Stelle den Fahrzeugtyp
 !   !  !  !  !   !   !  +  ................Fertigungsort (S = Stuttgart)
 !   !  !  !  !   !   +  ...................Modelljahr (L = 1990, M = 1991 usw.)
 !   !  !  !  !   +  .......................Prüfziffer/Füllzeichen
 !   !  !  !  +  ...........................Erste und zweite Stelle des Fahrzeugtyps
 !   !  !  +................................Rückhaltesystem (0 = Gurt, 2 = Airbag) nur USA
 !   !  +  .................................Code für Motorvarianten (nur USA)
 !   +  ....................................Code Karosserie USA (A = Coupé, B = Targa,
                                            C = Cabriolet)
 +..........................................Weltherstellercode
```

C* = Prüfzeichen, kann 0 ... 9 oder X sein (nur USA)

Z = Füllzeichen für Restwelt-Fahrzeuge

# Modelljahr 1991
# (M-Programm: Airbag für alle)

## Porsche 911 Carrera 2 Coupé, Targa und Cabriolet
## Porsche 911 Carrera 4 Coupé, Targa und Cabriolet
## Porsche 911 Turbo Coupé Coupé, Targa und Cabriolet

Der abgebildete Turbo gefiel zwar durch die Felgen im Cup-Design, war aber bald als Säufer und wegen zu geringer Leistung verschrien.

911 Carrera 2 und 4 wurden mit geringen Änderungen im Modelljahr 1991 weitergebaut. Wieder gebaut wurde der 911 Turbo mit Dreiwegekatalysator, Lambdasonde und 235 kW (320 PS). Damit hatte die 911-Bauweise ihr traditionelles Spitzenmodell wieder. Trotz weitreichender Übereinstimmung der Rohkarosserie mit den Saugmotor-Modellen blieb die typische Turbo-Optik mit verbreiterten Kotflügeln erhalten. Unter dem großen Heckflügel verbarg sich ein um 20 Prozent vergrößerter Ladeluftkühler.

## Motor

In den Motoren M64/01 für die Carrera Typen kamen neue Kolben zum Einsatz. Überarbeitet wurde auch die Zylinderkopfabdichtung; das Kerzenwechselintervall jetzt auf 40 000 km verdoppelt.

Für den 911 Turbo wurde ein neuer Motor (M30/69) entwickelt, und weltweit eingesetzt. Neben den geänderten technischen Daten (s. Tabelle) kamen weitere Verbesserungen zum Einsatz: Neue thermisch opti-

Die Fahrleistungen des Turbo konnten keinesfalls die Erwartungen der Fans erfüllen.

mierte Zylinder; Zylinderkopfdichtung aus Edelstahl; Ölfilter im Hauptstrom; Getrennter Riemenantrieb von Generator (115 A) und Kühlgebläse.

Die EG-Gesetze verlangten 1991 auch beim 911 Turbo den Dreiwege-Katalysator mit Lambdaregelung.

## Kraftstoffanlage, Zündsystem

Für den neuen Turbo Motor wurde ein vergrößerter Abgasturbolader und die vom Turbo USA bekannte und bewährte K Jetronic mit Lambdaregelung übernommen. Eine elektronische Kennfeldzündung, Metallträger-Katalysator und ein vergrößerter Ladeluftkühler ermöglichten die Leistungsanhebung bei gleichzeitiger Reduktion der Abgas-Schadstoffe.

Da alle 911 Carrera-Motoren jetzt mit unverbleitem Kraftstoff betrieben wurden, reduzierten sich die Ablagerungen in den Brennräumen. Zusätzlich verringerte sich der Abbrand der freigegebenen Zündkerzen. Die zulässige Betriebsdauer für Zündkerzen konnte daher verdoppelt werden.

## Kraftübertragung

Keine Änderungen an den Antriebssystemen der Carrera Baureihe. Zweimassenschwungrad jetzt auch für den 911 Turbo.
Neues Fünfgang Schaltgetriebe G50/52 mit serienmäßigem mechanischem ZF-Sperrdifferential. Das neue Getriebe basierte auf dem Getriebe G50/50 des früheren Turbo und war außerdem funktionsgleich mit dem Getriebe des 911 Carrera 2. Das neue Sperrdifferential war im Gegensatz zu früher eingesetzten Systemen in Zug- und Schubrichtung unterschiedlich ausgelegt.

Das ZMS unterschied sich jedoch im Aufbau wesentlich vom bekannten System bei den Carrera-Typen: Anstelle eines elastischen Gummidämpfers wurden beim 911 Turbo Stahlfedern eingesetzt, die Dämpfung erfolgte durch mechanische Reibungsdämpfer. Hersteller war LUK.

## Fahrwerk

Die 911 Carrera-Baureihe erhielt hinten einen verstärkten Stabilisator mit 20 mm Durchmesser. Das Fahrwerk des neuen 911 Turbo entsprach in seinen Grundzügen

Das Felgen-Design des Carrera wirkte sachlich und nüchtern; die eckigen Spiegel wirkten bereits etwas antiquiert.

dem der 911 Carrera Baureihe, es wurde auf die hohen Fahrleistungen des 911 Turbo weiterentwickelt. Im Einzelnen: McPherson-Einzelradaufhängung mit Leichtmetall-Querlenkern an der Vorderachse; Hinterräder einzeln an spurkorrigierenden Schräglenkern aus Leichtmetall geführt; servounterstützte Zahnstangenlenkung; Schraubenfederung an Vorder- und Hinterachse; Zweikreis-Bremsanlage mit hydraulischem Bremskraftverstärker; Antiblockiersystem (ABS). Stabilisator vorn 21 mm Durchmesser, hinten 22 mm. Neue Druckguß-Leichtmetallräder im Cup-Design, vorn 7 J x 17 H2 ET 55, Bereifung 205/55 ZR 17; hinten 9 J x 17 H2 ET 55, Bereifung 255/40 ZR 17.

Erstmals gab Porsche einen Raddurchmesser von 17 Zoll für ein Serienfahrzeug frei. Auch das Höhen/Breitenverhältnis von 40 an den Hinterrädern beim 911 Turbo war Neuland bei Serienfahrzeugen.

## Karosserie

Ab Produktionstag 01.02.1991 wurden alle linksgelenkten Porsche Fahrzeuge mit Airbags auf Fahrer- und Beifahrerseite serienmäßig ausgerüstet.
Aufbau und Struktur der Turbo-Karosserien waren baugleich mit den Carrera-Typen. Vorderkotflügel, hintere Seitenteile und Anbauteile waren entsprechend der breiteren Karosserie-Außenhaut geändert. Die neue Unterbodenverkleidung verbesserte die Luftströmung. Neue Spiegelgeneration beim 911 Turbo: Oval, verbesserte Optik, reduzierter Luftwiderstand, geringere Windgeräusche, reduziertes Gewicht.

Die Vorstandsentscheidung, alle linksgelenkten Fahrzeuge ab Februar 1991 serienmäßig mit zwei Airbags auszurüsten, ging auf die Überlegung zurück, »Sicherheit ist bei Porsche nicht käuflich, sondern Serienausstattung«.

## Verkleidungen, Sitze

Die Entriegelung der Rücksitzlehnen erfolgte durch eine Druckentriegelungstaste. Beim 911 Turbo war die Schalttafel serienmäßig mit Leder in der jeweiligen Ausstattungsfarbe bezogen. (Übrige 911 Modelle: Lederausstattung gegen Mehrpreis).

## Heizung, Klimaanlage

Der 911 Turbo besaß zwei Heckheizgebläse jeweils verkleidet in den hinteren Kotflügeln. Ab den Wärmetauschern war die Warmluftführung identisch mit den Carrera, ebenso die Klimaanlage.

## Elektrik

Geänderte Alarmsteuergeräte bei allen Fahrzeugen. Der 911 Turbo erhielt serienmäßig einen Bordcomputer, der auch den Ladedruck digital anzeigt.

| Typenbezeichnung | Listenpreise 8/90 bzw. 2/91 | Produktionszahlen |
|---|---|---|
| 911 Carrera 2 Coupé | DM 108.920,–/112.420,– | 7840* + 1608* USA |
| Tiptronic | DM 115.175,–/118.675,– | |
| 911 Carrera 2 Targa | DM 114.360,–/117.860,– | 1196* + 746* USA |
| Tiptronic | DM 120.615,–/124.115,– | |
| 911 Carrera 2 Cabriolet | DM 124.025,–/127.525,– | 3410* + 2230* USA |
| Tiptronic | DM 130.280,–/133.780,– | |
| 911 Carrera 4 Coupé | DM 122.600,–/126.100,– | |
| 911 Carrera 4 Targa | DM 128.040,–/131.540,– | |
| 911 Carrera 4 Cabriolet | DM 137.705,–/141.205,– | |
| 911 Turbo Coupé | DM 178.500,–/183.600,– | 2288 + 674 USA |

| Modellbezeichnung | Carrera 2 | Carrera 4 | 911 Turbo |
|---|---|---|---|
| **1. Motor** | | | |
| Motor-Typ Schaltgetr. | M64/01 | M64/01 | M30/69 |
| Tiptronic | M64/02 | ... | ... |
| Bohrung (mm) | 100 | 100 | 97 |
| Hub (mm) | 76,4 | 76,4 | 74,4 |
| Hubraum ($cm^3$) | 3600 | 3600 | 3299 |
| Verd.verhältnis | 11,3:1 | 11,3:1 | 7,0:1 |
| Motorleistung (kW/PS) | 184/250 | 184/250 | 235/320 |
| bei Drehzahl (U/min) | 6100 | 6100 | 5750 |
| Drehmoment (Nm) | 310 | 310 | 450 |
| bei Drehzahl (U/min) | 4800 | 4800 | 4500 |
| Literleistung (kW/l) | 51,1 | 51,1 | 71,2 |
| Höchstdrehzahl (U/min) | 6720 | 6720 | 6900 |
| Motorgewicht (kg) | 238 | 238 | 275 |
| **2. Gemischaufbereitung, Zündung, Einstellwerte** | | | |
| Kraftstoffanlage | DME S | DME S | K-Jetronic |
| Kraftstoffart (ROZ) | 95 | 95 | 95 |
| Zündsystem | DME | = | KFZ |
| Zündung | Doppel | Doppel | Einfach |
| Zündkerzen Bosch | FR 5 DTC | = | WR 4 DPO |
| Beru | | | |
| Elektrodenabstand (mm) | 0,7 | = | 0,6 |
| Klopfregelung | ja | ja | nein |
| Leerlaufdrehz. (U/min) | 880+-40 | = | 1000 +-50 |
| Abgasanlage/Entgiftung | L-Sonde+Kat | L-Sonde+Kat | L-Sonde+Kat |
| CO-Gehalt ohne Kat. (%) | 0,5...1,0 | = | 1+- 0,2 |
| mit Kat. (%) | 0,4...1,2 | = | 1+- 0,2 |
| Kraftstoffverbrauch nach EG-Norm, Schaltgetriebe (l/100 km) | | | |
| A. bei konstant 90 km/h | 7,8 | 8,0 | 8,5 |
| B. bei konstant 120 km/h | 9,7 | 9,5 | 10,4 |
| C. EG-Stadtzyklus | 17,1 | 17,9 | 21,0 |
| Drittelmix | 11,5 | 11,8 | 13,0 |

| Modellbezeichnung | Carrera 2 | Carrera 4 | 911 Turbo |
|---|---|---|---|
| Mit Tiptronic | | | |
| A. bei konstant 90 km/h | 7,9 | ... | ... |
| B. bei konstant 120 km/h | 9,6 | ... | ... |
| C. EG-Stadtzyklus | 17,1 | ... | ... |
| C. Drittelmix | 11,4 | ... | ... |
| | | | |
| **3. Kraftübertragung** | | | |
| Zweimassenschwungrad | Syst.F* | Syst.F* | Syst.LUK |
| Kupplung, Druckplatte | G MFZ 240 | = | = |
| Mitnehmerscheibe | starr 240 | starr 240 | starr240 |
| Getriebetyp Schaltgetr. | G50/03 | G64/00 | G50/52 |
| Gangübersetzungen | | | |
| 1. Gang | 3,500 | 3,500 | 3,154 |
| 2. Gang | 2,059 | 2,118 | 1,789 |
| 3. Gang | 1,407 | 1,444 | 1,269 |
| 4. Gang | 1,086 | 1,086 | 0,967 |
| 5. Gang | 0,868 | 0,868 | 0,756 |
| Rückwärtsgang | 2,857 | = | = |
| Synchronsystem Gänge 1...5 | VK | = | = |
| Synchronsystem R.-Gang | VK | = | = |
| Achsantrieb | 3,444 | 3,444 | 3,444 |

Zeichenerklärung:

DME S = Digitale Motor Elektronik, Einspritzung sequentiell
KFZ = Kennfeldzündung, druckgesteuert
Syst.F* = Zweimassenschwungrad System Freudenberg (Gummidämpfung)
Syst.LUK = Zweimassenschwungrad System LUK (Stahlfederdämpfung)
VK = Vollkonus-Synchronsystem mit Molybdän-beschichteten Synchronringen

| | | | |
|---|---|---|---|
| Sperrdifferential | M | S | S |
| Sperrwert Zug/Schub (%) | 40/40 | variabel 0...100 | 20/100 |
| Getriebegewicht mit Ölfüllung (kg) | 66 | 79,65 | 71 |
| Vorderachsgetriebe (kg) | ... | 22,65 | ... |
| | | | |
| Tiptronic | A50/02 | ... | ... |
| Drehmomentwandler D. (mm) | 260 | ... | ... |
| Festbremsdrehzahl (U/min) | 2300 -400 | ... | ... |
| Anfahrwandlung | 1,98:1 | ... | ... |
| Gangübersetzungen | | | |
| 1. Gang | 2,479 | ... | ... |
| 2. Gang | 1,479 | ... | ... |
| 3. Gang | 1,000 | ... | ... |
| 4. Gang | 0,728 | ... | ... |
| Rückwärtsgang | 2,086 | ... | ... |
| Zwischenwelle | 1,100 | ... | ... |
| Achsantrieb | 3,667 | ... | ... |
| Sperrdifferential | nein | ... | ... |
| Getriebegewicht mit Öl- und ATF-Füllung (kg) | 105 | ... | ... |

| Modellbezeichnung | Carrera 2 | Carrera 4 | 911 Turbo |
|---|---|---|---|
| **4. Fahrwerk, Lenkung, Bremsen, Räder** | | | |
| Vorderachse | | | |
| Stabilisator D. (mm) | 20 | = | 21 |
| Lenkungsübersetzung | 18,48 | = | = |
| Wendekreis D. (m) | 11,95 | = | 11,45 |
| Hinterachse | | | |
| Stabilisator D.Schaltg. (mm) | 20 | = | 22 |
| Tiptron. (mm) | 19 | ... | ... |
| Bremsanlage | | | |
| Bremskraftverstärker Übers. | 3,0:1 | hydr. | 4,8:1 |
| Hauptbremszylinder D. (mm) | 20,64 | 23,81 | 23,81 |
| Druckminderer | | | |
| Einschaltdruck (bar) | 45 | 55 | 45 |
| Minderungsfaktor | 0,46 | 0,46 | 0,46 |
| Kolbendurchm. in den | | | |
| Bremszangen vorn (mm) | 40+36 | 40+36 | 36+44 |
| hinten (mm) | 44 | 30+28 | 30+34 |
| Bremsscheibendurchmesser | | | |
| vorn (mm) | 298 | 298 | 322 |
| hinten (mm) | 299 | 299 | 299 |
| Bremsscheibendicke | | | |
| vorn (mm) | 28 | 28 | 32 |
| hinten (mm) | 24 | 24 | 24 |
| Wirksame Gesamtbelag- | | | |
| fläche ($cm^2$) | 284 | 344 | 422 |
| Feststellbremse | Mechanisch auf beide Hinterräder wirkend | | |
| Bremstrommel- | | | |
| durchmesser (mm) | 180 | = | = |
| Gesamtbelagfläche ($cm^2$) | 170 | = | = |
| | | | |
| Räder und Reifen | | | |
| Serienbereifung vorn | 205/55ZR16 | = | 205/55ZR17 |
| auf Rad | 6J x 16 H2 | = | 7J x 17 |
| Einpreßtiefe ET (mm) | 52 | = | 55 |
| Serienbereifung hinten | 225/50ZR16 | = | 255/40ZR17 |
| auf Rad | 8J x 16 H2 | = | 9J x 17 |
| Einpreßtiefe ET (mm) | 52 | = | 55 |
| Faltersatzrad | 165/70-1692P | = | = |
| Reifendruck vorn (bar) | 2,5 | 2,5 | 2,5 |
| hinten (bar) | 3,0 | 3,0 | 2,5 |
| Faltersatzrad (bar) | 2,5 | 3,0 | 2,5 |
| | | | |
| **5. Karosserie, Innenausstattung** | | | |
| Abmessungen bei Leergewicht | | | |
| Länge (mm) | 4250 | = | = |
| Breite (mm) | 1652 | = | 1775 |
| Höhe (mm) | 1310 | = | = |
| Radstand (mm) | 2272 | = | = |
| Spurweite vorn (mm) | 1380 | = | 1442 |
| hinten (mm) | 1374 | = | 1499 |
| Bodenfreiheit bei | | | |
| zul.Ges.gewicht (mm) | 115 | 120 | 115 |
| Überhangwinkel vorn (Grad) | 11,5 | = | 11,5 |
| hinten (Grad) | 12,5 | = | 12,5 |

| Modellbezeichnung | | Carrera 2 | Carrera 4 | 911 Turbo |
|---|---|---|---|---|
| **9. Elektrik** | | | | |
| Generator-Leistung (W/A) | | 1610/115 | = | = |
| Batterie (V/Ah) | | 12/75 | = | = |
| **Gewichte nach DIN 70020** | | | | |
| Leergewicht mit | | | | |
| Schaltgetriebe (kg) | | 1350 | 1450 | 1470 |
| Tiptronic (kg) | | 1380 | ... | ... |
| Zulässiges Gesamt- | | | | |
| gewicht Schaltgetr. (kg) | | 1690 | 1790 | 1810 |
| Tiptronic (kg) | | 1720 | ... | ... |
| Zulässige Anhänge- | | | | |
| last ungebremst (kg) | | 500 | 500 | keine |
| gebremst (kg) | | 1200 | 1200 | keine |
| **Fahrleistungen** | | | | |
| Höchstgeschwindigkeit | | | | |
| Schaltgetriebe (km/h) | | 260 | 260 | 270 |
| Tiptronic (km/h) | | 256 | ... | ... |
| Beschleunigung 0...100 km/h | | | | |
| Schaltgetriebe (s) | | 5,7 | 5,7 | 5,0 |
| Tiptronic (s) | | 6,6 | ... | ... |
| Kilometer mit | | | | |
| stehendem Start | | | | |
| Schaltgetriebe (s) | | 25,2 | 25,5 | 24,3 |
| Tiptronic (s) | | 26,2 | ... | ... |
| **Füllmengen** | | | | |
| Motorölmenge 1* | (l) | 11,5 | = | 13 |
| Schaltgetriebe 2* | (l) | 3,6 | 3,8 | 3,9 |
| Vorderachse 2* | (l) | ... | 1,2 | ... |
| Automatikgetr. 3* | (l) | 9,0 | ... | ... |
| Autom. Achsantr. 2* | (l) | 0,9 | ... | ... |
| Kraftstoffbehälter | (l) | 77 | = | = |
| Bremsflüss.behält. 6* | (l) | 0,34 | 0,75 | 0,34 |
| Flüss.für Servolenk. 3 | (l) | 1,0 | 1,0 | 1,0 |
| Kältemittel 4* | (g) | 930 | = | 840 |
| Kälteöl 5* | (ml) | 100 | = | 140 |

* Ziffernerklärung:

1* Zugelassen API SE/SF mit Kombinationen API SE/CC - SF/CC - SF/CD - SE/CD Mehrbereichsöle nach Werksfreigabe.

2* Mehrbereichs-Getriebeöl 75 W 90 nach MIL-L 2105 B bzw API-Klassifikation GL 5

3* ATF DEXRON II D

4* Kältemittel R 12

5* Handelsübliche Kälteöle

6* Nur Bremsflüssigkeit entsprechend SAE J 1703 oder DOT 3 bzw. 4 verwenden

| | | | | | | | | | | | | |
|---|---|---|---|---|---|---|---|---|---|---|---|---|
| WPO | Z | Z | Z | 96 | Z | M | S | 4 | 0 | 0001 ... 7840 | Restwelt | Coupé |
| WP0 | Z | Z | Z | 96 | Z | M | S | 4 | 3 | 0001 ... 1196 | Restwelt | Carrera Targa |
| WP0 | Z | Z | Z | 96 | Z | M | S | 4 | 5 | 0001 ... 3886 | Restwelt | Carrera Cabriolet |
| WP0 | Z | Z | Z | 96 | Z | M | S | 4 | 7 | 0001 ... 2288 | Restwelt | Turbo |
| WP0 | A | B | 2 | 96 | C* | M | S | 4 | 1 | 0001 ... 1608 | USA/CDN | Coupé mit Airbag |
| WP0 | B | B | 2 | 96 | C* | M | S | 4 | 4 | 0001 ... 0746 | USA/CDN | Targa mit Airbag |
| WP0 | C | B | 2 | 96 | C* | M | S | 4 | 6 | 0001 ... 2207 | USA/CDN | Cabriolet mit Airbag |
| WPO | A | A | 2 | 96 | C* | M | S | 4 | 8 | 0001 ... 0674 | USA/CDN | Turbo mit Airbag |

```
!   !   !   !   !   !   !   !   !   !         !
!   !   !   !   !   !   !   !   !   !         +   Zählnummer
!   !   !   !   !   !   !   !   !   +.............Code für Karosserie+Motor
!   !   !   !   !   !   !   !   +   ..............Ergibt mit 7. und 8. Stelle den Fahrzeugtyp
!   !   !   !   !   !   !   +   ..................Fertigungsort (S = Stuttgart)
!   !   !   !   !   !   +   ......................Modelljahr (M = 1991, N = 1992 usw.)
!   !   !   !   !   +   ..........................Prüfziffer/Füllzeichen
!   !   !   !   +   ..............................Erste und zweite Stelle des Fahrzeugtyps
!   !   !   +.....................................Rückhaltesystem (0 = Gurt, 2 = Airbag) nur USA
!   !   +   ......................................Code für Motorvarianten (nur USA)
!   +   ..........................................Code Karosserie USA (A = Coupé, B = Targa,
                                                  C= Cabriolet)
+.................................................Weltherstellercode
```

C* = Prüfzeichen, kann 0 ... 9 oder X sein (nur USA)

Z = Füllzeichen für Restwelt-Fahrzeuge

# Modelljahr 1992 (N-Programm: Carrera RS)

## Porsche 911 Carrera 2 Coupé, Targa und Cabriolet
## Porsche 911 Carrera 4 Coupé, Targa und Cabriolet
## Porsche 911 Carrera 2 Cabriolet Turbo Look
## Porsche 911 Carrera RS
## Porsche 911 RS America Coupé
## Porsche 911 Turbo Coupé

Alle Porsche bekamen geschwungene Rückspiegel und Felgen im Cup-Design; Serie waren allerdings die kleinen 16 Zoll-Felgen.

Die Änderungen an 911 Carrera 2, 911 Carrera 4 und 911 Turbo beschränkten sich im Modelljahr 1992 auf kleinere Modifikationen, die dem technischen Fortschritt und der Qualitätsverbesserung dienten. Neu war der 911 Carrera RS, ein von der Konzeption her für den Wettbewerbseinsatz in der Gruppe N bzw. Grupppe GT vorgesehenes Coupé mit leistungsgesteigerter Technik. Nach der erfolgreichen 911 Cup-Rennserie im Jahre 1991 erschien die »Volksausgabe« 911 Carrera RS. Porsche ging mit diesem Fahrzeug neue Wege: weg vom Komfort, hin zur reinen Fahrmaschine. Alles was nicht notwendig war, wurde weggelassen, sogar am Scheibenwaschwasser wurde gespart, der 7,5 Liter fassende Behälter schrumpfte bei der Basisversion auf einen Liter. Dieses Fahrzeug wurde in drei Varianten gebaut:

1. Basisversion, Straßenzulassung möglich, wenig Komfort.
2. Touringversion, Straßenzulassung möglich, mehr Fahrkomfort.

3. Sportversion (NGT), keine Straßenzulassung mög lich, nur für den Einsatz beim Motorsport vorgesehen.

Für alle Fahrzeuge entfiel der Motoröl- und Filterwechsels, ebenso die Ventilspielprüfung und Prüfung des Getriebeölstands beim ersten Wartungsdienst. Neu war das 911 Carrera 2 Cabriolet im Turbo Look, ein Fahrzeug mit dem Fahrwerk, der Bremsanlage, den 17-Zoll-Rädern und den Kotflügelverbreiterungen des 911 Turbo. Motor, Kupplung und Getriebe sind identisch mit dem 911 Carrera 2. Da der 911 Carrera RS nicht für die USA typisiert werden konnte, wurde ein USA-Sondermodell, der 911 RS America gebaut. Dieses Fahrzeug besaß neben einigen Detailabweichungen die serienmäßige Antriebstechnik des 911 Carrera 2, hatte jedoch ein sportlich abgestimmtes Fahrwerk, 17-Zoll-Räder und einen festen Heckspoiler.

## Motor

911 Carrera 2, 4, Turbo: keine nennenswerten Änderungen für das laufende Modelljahr. 911 Carrera RS: leistungsgesteigerter Motor M64/03: Kolben und Zylinder Auswahlpaarung, Antrieb von Generator und Gebläse gemeinsam durch einen Keilriemen. Anstelle von Hydro-Motorlagern steifere Gummilager.

## Kraftstoffanlage, Zündsystem

911 Carrera 2 und 4: Keine Änderungen. 911 Turbo: Änderungen am Lambda-Steuergerät, am Warmlaufregler, neue Zündkerze Bosch WR 6 DPO. 911 Carrera RS: Geändertes DME-Steuergerät gegenüber 911 Carrera 2 + 4; frühere Zündwinkel, Kraftstoff ROZ 98 war erforderlich. Wurde unverbleiter Kraftstoff mit ROZ 95 verwendet, erfolgte über die Klopfregelung Anpassung der Zündwinkel (bei gleichzeitiger Leistungsminderung).

Obwohl der Motor für den RS eher einem Rennmotor glich, sollte nicht vergessen werden, daß er mit Lambda-Sonde und Dreiwege-Katalysator ausgerüstet war. Die Verbesserungen am Steuergerät der Tiptronic sollten sich auch auf das Motor Management auswirkten: in der verbesserten Reaktionen der Schaltelemente bei Schubrückschaltungen; Rückschaltungen in den ersten Gang wurden unter 55 km/h möglich (Motorbremswirkung) sowie einem speziellem Warmlaufprogramm: erstes Anfahren nach Kaltstart grundsätzlich im ersten Gang.

## Kraftübertragung

911 Carrera 2 und 4: Erhöhung der Anpreßkraft der Kupplungen. Fußhebelwerk des 911 Turbo mit Hilfsfeder zur Reduzierung der Kupplungspedalkraft jetzt auch bei den Saugmotoren. Getriebe G64/00 für 911 Carrera 4: Umstellung der Quersperre auf verbesserte Reiblamellen. Antriebssystem Tiptronic A50/02: Getriebelagerung im vorderen Getriebedeckel; reibwertstabilisierte Lamellen, verbesserter Schaltkomfort; für USA geänderte Achsübersetzung 9:32 (Tiptronic-Antriebssystem A50/03); Änderungen am Tiptronic-Steuergerät zur Verbesserung des sportlichen Fahrkomforts. Anzeige der jeweiligen Gangstufe im Tachometer; Keylock- und Shiftlock-Sicherheitssysteme für USA- und Kanada-Fahrzeuge: Keylock = Wählhebel- und Zündschloßsperre, Shiftlock = Wählhebelsperre.

911 Carrera RS: Dieses für den Wettbewerb entwickelte Fahrzeug in »Basisversion« erhält ein erleichtertes Schwungrad, die Mitnehmerscheibe ist mit Stahlfederdämpfer ausgerüstet. Kein Zweimassenschwungrad. Die »Touringversion« ist mit dem Zweimassenschwungrad des Carrera 2 ausgestattet, die »Sportversion« besitzt starre Sinter-Mitnehmerscheibe und erleichtertes Schwungrad. Alle Versionen erhalten das Fünfgang- Schaltgetriebe G50/10, das sich durch »längere« Übersetzungen der Gänge 1 und 2 vom Getriebe G50/03 (Carrera 2) unterschieden hat.

Weitere Unterschiede zum Getriebe des Carrera 2: Härteres Gummi Zentrallager (60 Shore) im vorderen Getriebedeckel, Sperrdifferential serienmäßig (Sperrwert wie beim 911 Turbo), Stahlsynchronringe, geänderte Schaltmuffen, Schalthebelübersetzung statt 4,0 jetzt 3,4 (sportlicher).

Alle RS für Deutschland waren »Basisversion«. Um Gewicht und drehende Massen so gering wie möglich zu halten, wurden Getriebegeräusche bei niedrigen Drehzahlen in Kauf genommen. Die guten Erfahrungen vom

Der 911 Turbo 3.3 blieb im Angebot.

911 Turbo wurden weitergenutzt: Auch der RS erhielt das ZF-Sperrdifferential mit unterschiedlichen Sperrwerten in Zug und Schub.

## Fahrwerk

Bei 911 Carrera 2 und 4: Geänderte ZF-Servolenkung Lenkeinschlagbegrenzung wegen Freigang der 17 Zoll Räder. Einheitliche Hinterachsfedern (C = 33N/mm) bei beiden Carrera Modellen. USA: Carrera 2 mit Leichtmetall-Vierkolben-Bremssättel des 911 Carrera 4 hinten zusammen mit einem Bremsdruckminderer 55/5 (Umschaltdruck 55 bar). 16-Zoll-Leichtmetall-Gußräder im Cup Design serienmäßig, Sonderwunsch 17 Zoll: vorn Räder 7 J x 17 AH* ET 55, Bereifung 205/50 ZR 17; hinten 8 J x 17 AH* ET 52, Bereifung 255/40 ZR 17

* AH = Asymmetrischer Hump am Rad zur Fahrzeugaußenseite verhindert bei Luftverlust das Abrutschen des Reifens in das Tiefbett des Rades. Lenkfähigkeit, Fahrstabilität und Bremsvermögen bleiben in gewissem Maße erhalten.

911 Carrera RS: Fahrwerk völlig überarbeitet, 40 mm tiefergelegt. Federn, Stoßdämpfer und Stabilisatoren sind straffer abgestimmt und vermitteln ein kompromißlos sportliches Fahrverhalten. Zahnstangenlenkung ohne Servounterstützung. Bremsanlage vom 911 Turbo (vorn) und dem Cup Fahrzeug (hinten) übernommen. Hydraulische Bremskraftverstärkung. Gegossene Magnesiumräder vorn 7,5 J x 17 AH, ET 55, Bereifung 205/50 ZR 17; hinten 9 J x 17 AH, ET 55, Bereifung 255/40 ZR 17.

Die aufwendige und teuere Fertigung der Räder für den RS aus Magnesium (spezifisches Gewicht 1,74 g/cm$^3$) führte zu einem Mindergewicht von 10,6 kg pro Fahrzeug. Vergleich der Leer- und Leistungsgewichte (DIN 70020): 911 Carrera 2 Coupé 1350 Kilogramm, Leistungsgewicht 5,40 kg/PS; 911 Carrera RS 1220 Kilogramm, Leistungsgewicht 4,69 kg/PS

## Karosserie

911 Carrera 2 und 4: Keine Änderungen; 911 Turbo: Keine Änderungen, 911 Carrera 2 Cabriolet im Turbo Look: Kotflügel, Bug- und Heckteil stammen vom 911 Turbo, der ausfahrbare Heckspoiler vom 911 Carrera 2 + 4.

## Ausstattung

Ganzlederausstattung beim 911 Carrera 2 Cabriolet im Turbo Look. Ovaler Außenspiegel wie 911 Turbo. 911

Elfer-Armaturen mit Gang-Anzeige für das Tiptronic-Getriebe.

Für noch mehr Sportlichkeit gab es die Sonderserie »RS«; im Blickfeld die Sportsitze für hohen Seitenhalt.

Carrera RS: Basisversion ohne Unterbodenschutz, nur dreijährige Garantie gegen Durchrostung. Touringversion wie 911 Carrera 2 mit Unterbodenschutz und Langzeitgarantie. Kein Airbag-System für 911 Carrera RS, Kofferraumdeckel aus Leichtmetall. Außenspiegel oval.

Der Verzicht auf das Airbag-System (Gewichtsgründe) wurde durch die Sechspunkt-Sicherheitsgurte und die Helmpflicht bei Veranstaltungen wettgemacht.

## Verkleidungen, Sitze

911 Carrera 2 + 4 + Turbo: keine Änderungen. 911 Carrera RS: Basisversion fahrer- und beifahrerseitig Schalensitze, für Sechspunkt-Sicherheitsgurte vorbereitet. Touringversion mit elektrisch höhenverstellbaren Sportsitzen.

## Heizung, Klimaanlage

Alle 911: neuer Heiz-Klimaregler. 911 Carrera 2 Cabriolet im Turbo-Look serienmäßig Klimaanlage.

## Elektrik

Neue Radiogeneration »Symphony RDS« (RDS = Radio Data System).

## Sonstiges

Auf dem Genfer Salon präsentierte Porsche im März 1992 eine Kleinserie des 3,3 Turbo für den Motorsport. 80 Kunden erhielten ein 180 Kilogramm leichteres Auto mit satten 381 PS bei 6000/min.

| **Typenbezeichnung** | **Listenpreise 8/91** | **Produktionszahlen** |
|---|---|---|
| 911 Carrera 2 Coupé | DM 116.800,– | 4844* + 1013* USA |
| Tiptronic | DM 123.300,– | |
| 911 Carrera 2 Targa | DM 122.450,– | 597* + 211* USA |
| Tiptronic | DM 128.950,– | |
| 911 Carrera 2 Cabriolet | DM 132.450,– | 2885* + 992* USA |
| Tiptronic | DM 138.950,– | |
| 911 Carrera 4 Coupé | DM 129.450,– | |
| 911 Carrera 4 Targa | DM 135.100,– | |
| 911 Carrera 4 Cabriolet | DM 145.100,– | |
| 911 Carrera RS Coupé | | 2051 + 313 USA |
| 911 Turbo Coupé | DM 190.250,– | 836 + 309 USA |

| Modellbezeichnung | Carrera 2 | Carrera 4 | Carrera RS | RS America | 911 Turbo | Turbo S | Turbo Look |
|---|---|---|---|---|---|---|---|
| **1. Motor** | | | | | | | |
| Motor-Typ Schaltgetr. | M64/01 | M64/01 | M64/03 | M64/01 | M30/69 | M30/69SL | M64/01 |
| Tiptronic | M64/02 | ... | ... | ... | ... | ... | M64/02 |
| Bohrung (mm) | 100 | 100 | 100 | 100 | 97 | 97 | 100 |
| Hub (mm) | 76,4 | 76,4 | 76,4 | 76,4 | 74,4 | 74,4 | 76,4 |
| Hubraum ($cm^3$) | 3600 | 3600 | 3600 | 3600 | 3299 | 3299 | 3600 |
| Verd.verhältnis | 11,3:1 | 11,3:1 | 11,3:1 | 11,3:1 | 7,0:1 | 7,0:1 | 11.3:1 |
| Motorleistung (kW/PS) | 184/250 | 184/250 | 191/260 | 184/250 | 235/320 | 280/381 | 184/250 |
| bei Drehzahl (U/min) | 6100 | 6100 | 6100 | 6100 | 5750 | 6000 | 6100 |
| Drehmoment (Nm) | 310 | 310 | 325 | 310 | 450 | 490 | 310 |
| bei Drehzahl (U/min) | 4800 | 4800 | 4800 | 4800 | 4500 | 4800 | 4800 |
| Literleistung (kW/l) | 51,1 | 51,1 | 53,0 | 51,1 | 71,2 | 84,9 | 51,1 |
| Höchstdrehzahl (U/min) | 6720 | 6720 | 6720 | 6720 | 6900 | 6900 | 6720 |
| Motorgewicht (kg) | 238 | 238 | 226 | 238 | 275 | 275 | 238 |
| **2. Gemischaufbereitung, Zündung, Einstellwerte** | | | | | | | |
| Kraftstoffanlage | DME S | DME S | DME S | DME S | K-Jetronic | K-Jet. | DME S |
| Kraftstoffart (ROZ) | 95 | 95 | 98 | 95 | 95 | 98 | 95 |
| Zündsystem | DME | = | = | = | KFZ | KFZ | DME |
| Zündung | Doppel | Doppel | Doppel | Doppel | Einfach | Einfach | Doppel |
| Zündkerzen Bosch | FR 5 DTC | = | = | = | WR 4 DPO | WR4 DPO | FR5 DTC |
| Beru | | | | | | | |
| Elektrodenabstand (mm) | 0,7 | = | = | = | 0,6 | 0,6 | 0,7 |
| Klopfregelung | ja | ja | ja | ja | nein | nein | ja |
| Leerlaufdrehz. (U/min) | 880+-40 | = | = | = | 1000 +-50 | = | 880+-40 |
| Abgasanlage/Entgiftung | Lambda-Sonde und Dreiwege-Metallkatalysator | | | | | | |
| CO-Gehalt ohne Kat. (%) | 0,5...1,0 | = | = | = | 1+- 0,2 | = | 0,5...1,0 |
| mit Kat. (%) | 0,4...1,2 | = | = | = | 1+- 0,2 | = | 0,4...1,2 |
| Kraftstoffverbrauch nach EG-Norm, Schaltgetriebe (l/100 km) | | | | | | | |
| A. bei konstant 90 km/h | 7,8 | 8,0 | 7,7 | 7,8 | 8,5 | | 7,8 |
| B. bei konstant 120 km/h | 9,7 | 9,5 | 9,5 | 9,7 | 10,4 | | 9,7 |
| C. EG-Stadtzyklus | 17,1 | 17,9 | 15,7 | 17,1 | 21,0 | | 17,1 |
| Drittelmix | 11,5 | 11,8 | 11,0 | 11,5 | 13,3 | | 11,5 |
| Mit Tiptronic | | | | | | | |
| A. bei konstant 90 km/h | 7,9 | ... | ... | ... | ... | ... | 7,9 |
| B. bei konstant 120 km/h | 9,6 | ... | ... | ... | ... | ... | 9,6 |
| C. EG-Stadtzyklus | 17,1 | ... | ... | ... | ... | ... | 17,1 |
| C. Drittelmix | 11,4 | ... | ... | ... | ... | ... | 11,4 |
| **3. Kraftübertragung** | | | | | | | |
| Zweimassenschwungrad | Syst.F* | Syst.F* | nein | Syst.F* | Syst.LUK | Syst.LUK | Syst.F* |
| Kupplung, Druckplatte | G MFZ 240 | = | = | = | = | = | = |
| Mitnehmerscheibe | starr 240 | starr 240 | federnd 240 | starr240 | starr240 | starr240 | starr 240 |
| Getriebetyp Schaltgetr. | G50/03 | G64/00 | G50/10 | G50/05 | G50/52 | G50/52 | G50/03 |
| Gangübersetzungen | | | | | | | |
| 1. Gang | 3,500 | 3,500 | 3,154 | 3,500 | 3,154 | 3,154 | 3,500 |
| 2. Gang | 2,059 | 2,118 | 1,895 | 2,059 | 1,789 | 1,789 | 2,059 |
| 3. Gang | 1,407 | 1,444 | 1,407 | 1,407 | 1,269 | 1,269 | 1,407 |
| 4. Gang | 1,086 | 1,086 | 1,086 | 1,086 | 0,967 | 0,967 | 1,086 |
| 5. Gang | 0,868 | 0,868 | 0,868 | 0,868 | 0,756 | 0,756 | 0,868 |
| Rückwärtsgang | 2,857 | = | = | = | = | = | = |

| Modellbezeichnung | Carrera 2 | Carrera 4 | Carrera RS | RS America | 911 Turbo | Turbo S | Turbo Look |
|---|---|---|---|---|---|---|---|
| Synchronsystem Gänge 1…5 | VK | = | = | = | = | = | = |
| Synchronsystem R.-Gang | VK | = | = | = | = | = | = |
| Achsantrieb | 3,444 | 3,444 | 3,444 | 3,333 | 3,444 | 3,444 | 3,444 |

Zeichenerklärung:

DME = Digitale Motor Elektronik, Einspritzung sequentiell
KFZ = Kennfeldzündung, druckgesteuert
Syst.F* = Zweimassenschwungrad System Freudenberg (Gummidämpfung)
Syst.LUK = Zweimassenschwungrad System LUK (Stahlfederdämpfung)
VK = Vollkonus-Synchronsystem mit Molybdän-beschichteten Synchronringen

| Modellbezeichnung | Carrera 2 | Carrera 4 | Carrera RS | RS America | 911 Turbo | Turbo S | Turbo Look |
|---|---|---|---|---|---|---|---|
| Sperrdifferential | M | S | S | M | S | S | M |
| Sperrwert Zug/Schub (%) | 40/40 | variabel 0…100 | 20/100 | 40/40 | 20/100 | 20/100 | 40/40 |
| Getriebegewicht mit Ölfüllung (kg) | 66 | 79,65 | 66 | 66 | 71 | 71 | 66 |
| Vorderachsgetriebe (kg) | … | 22,65 | … | … | … | … | … |
| Tiptronic | A50/02 | … | … | … | … | … | A50/02 |
| Drehmomentwandler D. (mm) | 260 | … | … | … | … | … | |
| Festbremsdrehzahl (U/min) | 2300 -400 | … | … | … | … | … | |
| Anfahrwandlung | 1,98:1 | … | … | … | … | … | |
| Gangübersetzungen | | | | | | | |
| 1. Gang | 2,479 | … | … | … | … | … | |
| 2. Gang | 1,479 | … | … | … | … | … | |
| 3. Gang | 1,000 | … | … | … | … | … | |
| 4. Gang | 0,728 | … | … | … | … | … | |
| Rückwärtsgang | 2,086 | … | … | … | … | … | |
| Zwischenwelle | 1,100 | … | … | … | … | … | |
| Achsantrieb | 3,667 | … | … | … | … | … | |
| Sperrdifferential | nein | … | … | … | … | | |
| Getriebegewicht mit Öl- und ATF-Füllung (kg) | 105 | … | … | … | … | … | |
| **4. Fahrwerk, Lenkung, Bremsen, Räder** | | | | | | | |
| Vorderachse | | | | | | | |
| Stabilisator D. (mm) | 20 | = | 24 | 20 | 21 | 21 | 21 |
| Lenkungsübersetzung | 18,48 | = | = | = | = | = | = |
| Wendekreis D. (m) | 11,95 | = | = | = | 11,45 | ? | |
| Hinterachse | | | | | | | |
| Stabilisator D.Schaltg. (mm) | 20 | = | 18 | 20 | 22 | 22 | 22 |
| Tiptron. (mm) | 19 | … | … | … | … | … | 21 |
| Bremsanlage | | | | | | | |
| Bremskraftverstärker Übers. | 3,0:1 | hydr. | 3,6:1 | 3,0:1 | 4,8:1 | = | 4,8:1 |
| Hauptbremszylinder D. (mm) | 20,64 | 23,81 | 25,4 | 20,64 | 23,18 | = | 23,81 |
| Druckminderer | | | | | | | |
| Einschaltdruck (bar) | 45 | 55 | 55 | 55 | 60 | 60 | 60 |
| Minderungsfaktor | 0,46 | 0,46 | 0,46 | 0,46 | 0,46 | 0,46 | 0,46 |
| Kolbendurchm. in den | | | | | | | |
| Bremszangen vorn (mm) | 40+36 | 40+36 | 36+44 | 40+36 | 36+44 | 36+44 | 44+36 |
| hinten (mm) | 44 | 30+28 | 30+34 | 44 | 30+34 | 30+34 | 30+34 |
| Bremsscheibendurchmesser | | | | | | | |
| vorn (mm) | 298 | 298 | 322 | 298 | 322 | 322 | 322 |
| hinten (mm) | 299 | 299 | 299 | 299 | 299 | 299 | 299 |

| Modellbezeichnung | Carrera 2 | Carrera 4 | Carrera RS | RS America | 911 Turbo | Turbo S | Turbo Look |
|---|---|---|---|---|---|---|---|
| Bremsscheibendicke | | | | | | | |
| vorn (mm) | 28 | 28 | 32 | 28 | 32 | 32 | 32 |
| hinten (mm) | 24 | 24 | 24 | 24 | 28 | 28 | 28 |
| Wirksame Gesamtbelag- | | | | | | | |
| fläche (cm²) | 284 | 344 | 284 | 284 | 422 | 422 | 422 |
| Feststellbremse | | Mechanisch auf beide Hinterräder wirkend = | | | | | |
| Bremstrommel- | | | | | | | |
| durchmesser (mm) | 180 | = | = | = | = | = | |
| Gesamtbelagfläche (cm²) | 170 | = | = | = | = | = | |
| | | | | | | | |
| Räder und Reifen | | | | | | | |
| Serienbereifung vorn | 205/ | | 205/ | 205/ | 235/ | 205/ | 205/ |
| 50ZR17 | 55ZR16 | = | 50ZR17 | 50ZR17 | = | 40ZR18 | 50ZR17 |
| auf Rad | 6Jx16 H2 | = | 7,5Jx17 H2 | 7Jx17 AH | = | 8Jx18 H2 | 7Jx17 AH |
| Einpreßtiefe ET (mm) | 52 | = | 55 | 55 | 55 | 52 | 55 |
| Serienbereifung hinten | 225/50ZR16 | = | 255/40ZR17 | 255/40ZR17 | = | 265/35ZR18 | |
| 255/40ZR17 | | | | | | | |
| auf Rad | 8Jx16 H2 | = | 9Jx17 H2 | 8Jx17 AH | 9Jx17 AH | 10Jx18 H2 | 9J x 17 AH |
| Einpreßtiefe ET (mm) | 52 | = | 55 | 52 | 55 | 55 | 55 |
| Faltersatzrad | 165/70-1692P | = | = | = | = | = | = |
| Reifendruck vorn (bar) | 2,5 | 2,5 | 2,5 | 2,5 | 2,5 | 2,5 | 2,5 |
| hinten (bar) | 3,0 | 3,0 | 2,5 | 2,5 | 2,5 | 2,5 | 2,5 |
| Faltersatzrad (bar) | 2,5 | 3,0 | 2,5 | 2,5 | 2,5 | 2,5 | 2,5 |
| | | | | | | | |
| **5. Karosserie, Innenausstattung** | | | | | | | |
| Abmessungen bei Leergewicht | | | | | | | |
| Länge (mm) | 4250 | = | 4275 | 4275 | 4250 | 4250 | 4250 |
| Breite (mm) | 1652 | = | = | = | 1775 | 1775 | 1775 |
| Höhe (mm) | 1310 | = | 1270 | 1310 | 1310 | 1270 | 1310 |
| Radstand (mm) | 2272 | = | = | = | = | = | = |
| Spurweite vorn (mm) | 1380 | = | 1379 | 1380 | 1493 | 1440 | 1434 |
| hinten (mm) | 1374 | = | 1380 | 1374 | 1499 | 1481 | 1493 |
| Bodenfreiheit bei | | | | | | | |
| zul.Ges.gewicht (mm) | 115 | 120 | 92 | 115 | 115 | 115 | |
| Überhangwinkel vorn (Grad) | 11,5 | = | = | 12,5 | 11,5 | 11,5 | |
| hinten (Grad) | 12,5 | = | = | 13,5 | 13,5 | 13 | |
| | | | | | | | |
| **9. Elektrik** | | | | | | | |
| Generator-Leistung (W/A) | 1610/115 | = | = | = | = | = | = |
| Batterie (V/Ah) | 12/75 | = | 12/36 | 12/75 | 12/75 | 12/75 | |
| | | | | | | | |
| **Gewichte nach DIN 70020** | | | | | | | |
| Leergewicht mit | | | | | | | |
| Schaltgetriebe (kg) | 1350 | 1450 | 1220 | 1340 | 1470 | 1290 | 1420 |
| Tiptronic (kg) | 1380 | ... | ... | ... | ... | ... | 1450 |
| Zulässiges Gesamt- | | | | | | | |
| gewicht Schaltgetr. (kg) | 1690 | 1790 | 1420 | 1520 | 1810 | 1510 | 1760 |
| Tiptronic (kg) | 1720 | ... | ... | ... | ... | ... | 1790 |
| Zulässige Anhänge- | | | | | | | |
| last ungebremst (kg) | 500 | 500 | keine | keine | keine | keine | keine |
| gebremst (kg) | 1200 | 1200 | keine | keine | keine | keine | keine |

| Modellbezeichnung | Carrera 2 | Carrera 4 | Carrera RS | RS America | 911 Turbo | Turbo S | Turbo Look |
|---|---|---|---|---|---|---|---|
| **Fahrleistungen** | | | | | | | |
| Höchstgeschwindigkeit | | | | | | | |
| Schaltgetriebe (km/h) | 260 | 260 | 260 | 260 | 270 | 290 | 255 |
| Tiptronic (km/h) | 256 | ... | ... | ... | ... | ... | 251 |
| Beschleunigung 0...100 km/h | | | | | | | |
| Schaltgetriebe (s) | 5,7 | 5,7 | 5,3 | 5,7 | 5,0 | 4,66 | 5,7 |
| Tiptronic (s) | 6,6 | ... | ... | ... | ... | ... | 6,6 |
| Kilometer mit stehendem Start | | | | | | | |
| Schaltgetriebe (s) | 25,2 | 25,5 | 25,2 | 24,3 | 22,42 | 25,2 | |
| Tiptronic (s) | 26,2 | ... | ... | ... | ... | ... | 26,2 |
| **Füllmengen** | | | | | | | |
| Motorölmenge 1* (l) 11,5 | = | = | = | 13 | 13 | 11,5 | |
| Schaltgetriebe 2* (l) | 3,6 | 3,8 | 3,6 | 3,6 | 3,7 | 3,7 | 3,6 |
| Vorderachse 2* (l) | ... | 1,2 | ... | ... | ... | ... | ... |
| Automatikgetr. 3* (l) | 9,0 | ... | ... | ... | ... | ... | 9,0 |
| Autom. Achsantr. 2* (l) | 0,9 | ... | ... | ... | ... | ... | 0,9 |
| Kraftstoffbehälter (l) | 77 | = | = | = | = | 92 | 77 |
| Bremsflüss.behält. 6* (l) | 0,34 | 0,75 | 0,34 | 0,34 | 0,75 | 0,75 | 0,75 |
| Flüss.für Servolenk. 3(l) | 1,0 | 1,0 | ... | ... | 1,0 | 1,0 | 1,0 |
| Kältemittel 4* (g) | 930 | = | ... | 930 | 100 | 930 | |
| Kälteöl 5* (ml) | 100 | = | ... | 100 | 100 | 100 | |

* Ziffernerklärung:

1* Zugelassen API SE/SF mit Kombinationen API SE/CC - SF/CC - SF/CD - SE/CD Mehrbereichsöle nach Werksfreigabe.

2* Mehrbereichs-Getriebeöl 75 W 90 nach MIL-L 2105 B bzw API-Klassifikation GL 5

3* ATF DEXRON II D

4* Kältemittel R 12

5* Handelsübliche Kälteöle

6* Nur Bremsflüssigkeit entsprechend SAE J 1703 oder DOT 3 bzw. 4 verwenden

| | | | | | | | | | | | | |
|---|---|---|---|---|---|---|---|---|---|---|---|---|
| WPO | Z | Z | Z | 96 | Z | N | S | 4 | 0 | 0001 … 4844 | Restwelt | Coupé |
| WP0 | Z | Z | Z | 96 | Z | N | S | 4 | 3 | 0001 … 0597 | Restwelt | Targa |
| WP0 | Z | Z | Z | 96 | Z | N | S | 4 | 5 | 0001 … 2885 | Restwelt | Cabriolet (Turbo Look) |
| WP0 | Z | Z | Z | 96 | Z | N | S | 4 | 7 | 0001 … 0336 | Restwelt | Turbo Coupé |
| WP0 | Z | Z | Z | 96 | Z | N | S | 4 | 9 | 0001 … 2051 | Restwelt | Carrera RS Coupé |
| WP0 | A | A | 2 | 96 | C* | N | S | 4 | 8 | 0001 … 0309 | USA/CDN | Turbo mit Airbag |
| WP0 | A | B | 2 | 96 | C* | N | S | 4 | 2 | 0001 … 2715 | USA/CDN | Coupé mit Airbag |
| WP0 | B | B | 2 | 96 | C* | N | S | 4 | 4 | 0001 … 0211 | USA/CDN | Targa mit Airbag |
| WP0 | C | B | 2 | 96 | C* | N | S | 4 | 6 | 0001 … 0992 | USA/CDN | Cabriolet mit Airbag |

- 0001 … 0992: Zählnummer
- 6: Code für Karosserie+Motor
- 4: Ergibt mit 7. und 8. Stelle den Fahrzeugtyp
- S: Fertigungsort (S = Stuttgart)
- N: Modelljahr (N = 1992, P = 1993 usw.)
- C*: Prüfziffer/Füllzeichen
- 96: Erste und zweite Stelle des Fahrzeugtyps
- 2: Rückhaltesystem (0 = Gurt, 2 = Airbag) nur USA
- B: Code für Motorvarianten (nur USA)
- C: Code Karosserie USA (A = Coupé, B = Targa, C = Cabriolet)
- WP0: Weltherstellercode

C* = Prüfzeichen, kann 0 … 9 oder X sein (nur USA)

Z = Füllzeichen für Restwelt-Fahrzeuge

# Modelljahr 1993
# (P-Programm)

## Porsche 911 Carrera 2 Coupé, Targa und Cabriolet
## Porsche 911 Carrera 2 Cabriolet
## Porsche 911 Carrera 4 Coupé, Targa und Cabriolet
## Porsche 911 Carrera 4 Turbo Look
## Porsche 911 Carrera RS
## Porsche 911 RS America Coupé
## Porsche 911 Turbo 3,6 Coupé

Wirkt besonders harmonisch: 911 Carrera Cabriolet im Turbo Look.

Die Änderungen 911 Carrera 2 und 4 wurden mit geringen Änderungen im Modelljahr 1993 weitergebaut. Nach einer Kleinserie des 911 Turbo als »S« mit 280 kW (381 PS) wurde ab Januar 1993 der 911 Turbo 3,6 gebaut, Leistung 265 kW (360 PS). Der Turbo 3,6 besaß erstmals Räder mit 18 Zoll Nenndurchmesser und wurde in Zuffenhausen in der Exclusiv-Abteilung aufgebaut. Als Basis diente jeweils ein fertiggestellter 911 Turbo, der durch höheren Ladedruck, ein geändertes Zündkennfeld und durch Änderungen an Karosserie und Rädern abhob.

Wieder ein Turbo, der die Erwartungen erfüllt: 3.6 mit geschraubten Felgen.

## Motor

Werksbefüllung aller Porsche-Motoren ab 1993 mit vollsynthetischem Motorenöl Shell TMO Synthetic, SAE 5 W-40. 911 Carrera 2 + 4: Keine nennenswerten Änderungen an den Motoren. 911 Turbo 3,6: Der 911 Turbo 3,6 verfügte jetzt über einen 3,6 Liter Sechszylindermotor, bei dem Kurbeltrieb, Zylinder und weitere Komponenten identisch mit dem parallel gefertigten Carrera Saugmotor waren. Kolben, Nockenwellen und die weiter optimierte K-Jetronic waren auf die besonderen Verhältnisse des aufgeladenen Motors ausgelegt. Weitere Einzelheiten: Ölfilter im Hauptstrom; Schwingungstilger auf der Kurbelwelle; Zylinderkopfabdichtung mit Edelstahlringen; Kettentrieb/Kettengehäuse wie Carrera Saugmotor; neu ausgelegte Nockenwellen und Steuerzeiten; Ladedruckventil geändert.

Das vollsynthetische Öl zeichnete sich besonders vorteilhaft durch seinen breiteren Viskositätsbereich aus: im Winterbetrieb war es dünnflüssiger, im Sommer dickflüssiger als die seitherigen empfohlenen Öle. Die Leistungssteigerung durch Hubraumvergrößerung, auch beim Turbolader-Motor, brachte gleichzeitig bulliges Drehmoment: 520 Nm, ein Wert, den nicht einmal der 928 GTS-Achtzylinder mit 5,4 Litern Hubraum erreichte.

## Kraftstoffanlage, Zündsystem

Alle Fahrzeuge: Als Sonderausstattung (M 545) war ein 92 Liter fassender Kraftstofftank lieferbar. 911 Turbo 3,6: Zur Anpassung an den größeren Hubraum und die höhere Motorleistung waren K-Jetronic und Zündanlage in verschiedenen Bereichen geändert. Der Motor besaß Zusatzlufteinblasung, je nach Betriebszustand zum Abblase-Umschaltventil und damit zu den Auslaßventilen oder zum Katalysator.

Der 92 Liter fassende Kraftstofftank war ein Kundenwunsch, besonders beim 911 Turbo bei Langstreckenfahrten mit hoher Durchschnittsgeschwindigkeit waren die Tankstopps eine lästige Zeitverschwendung.

## Kraftübertragung

Nur 911 Carrera 2: Umstellung auf das vom 911 Turbo bekannte Zweimassenschwungrad System LUK, das über Schraubenfedern aus Stahl die Drehzahlschwankungen des Motors bei niedrigen Drehzahlen ausgleicht. Bei allen Tiptronic-Fahrzeugen wurden weltweit

Turbo-Heck: eigenständig und markant wie immer.

Turbo-Schaltzentrale mit elektronischer Ladedruck-Anzeige.

die schon im Vorjahr in den USA eingeführten Sicherheitssysteme Keylock (Zündschloßsperre) und Shiftlock (Wählhebelsperre) eingebaut. Nur 911 Carrera 4: Umstellung der Belaglamellen an Längs- und Quersperre auf komfortablere Valeo Lamellen. 911 Turbo 3,6: Das Fünfgang Schaltgetriebe G50/52 wurde vom Turbo 3,3 unverändert übernommen.

Das mit Schraubenfedern ausgestattete Zweimassenschwungrad bot höhere Übertragungssicherheit, konnte jedoch beim gleichstarken 911 Carrera 4 noch nicht verwendet werden, da sich durch das Allrad-Antriebssystem andere Drehschwingungsverhältnisse ergaben, die in bestimmten Drehzahlbereichen zu Getriebegeräuschen geführt hätten.

Bremsen-Weltmeister: Der Turbo hat die besten Bremsen.

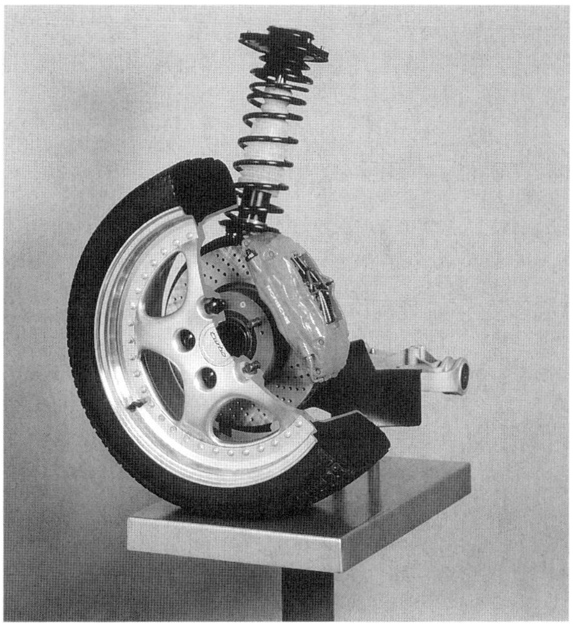

Der Schriftzug kündigt sofort den Neuen an.

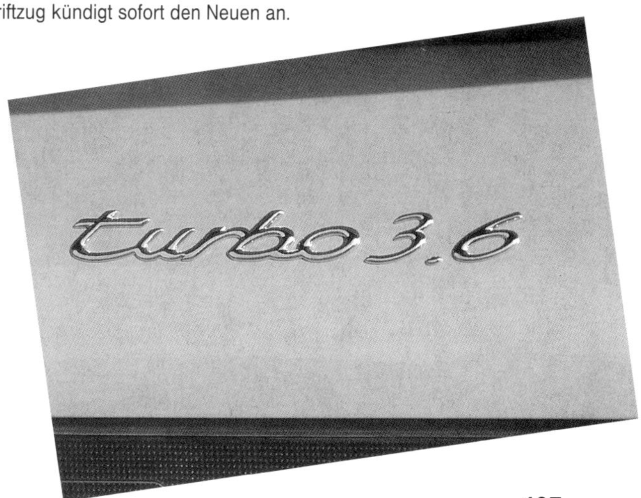

Der letzte Targa in dieser Form. Das Cabriolet hat diesen individuellen Wagen verdrängt.

## Fahrwerk

Werksbefüllung aller Fahrzeuge mit Bremsflüssigkeit DOT 4 Typ 200: Verlängerung der Wechselintervalle auf drei Jahre, Anhebung des Siedepunktes, sehr niedrige Feuchtigkeitsaufnahme.
Nur 911 Carrera 2: Einsatz der Vierkolben-Bremssättel an der Hinterradbremse jetzt weltweit. 911 Turbo 3,6: Das Fahrwerk war ähnlich dem des Turbo 3,3 ausgelegt, jedoch zusätzlich 20 mm tiefergelegt und sehr sportlich abgestimmt. Das Fahrzeug besaß eine Querstrebe zwischen den Federbeindomen im Kofferraum. Vorderachse: McPherson-Federbeine mit Zweirohr-Gasdruckstoßdämpfer neu abgestimmt. Hinterachse: Leichtmetall-Schräglenker, Federbeine und Federstreben an die Fahrleistungen angepaßt.

Räder und Reifen: Der 911 Turbo 3,6 erhielt dreiteilige 18-Zoll- Leichtmetallräder im Cup-Design.

Die in der Serie neue Bremsflüssigkeit hatte sich zuvor jahrelang bei den Werkseinsätzen mit dem Porsche 962 bewährt, darüber hinaus auch bei den Carrera-Cup-Fahrzeugen. Auch beim Fahrwerk des 911 Turbo 3,6 konnten die Erfahrungen aus dem Rennsport unmittelbar angewandt werden, Auslegung und Abstimmung wurden voll von den Cup-Elfern übernommen. So hatte auch das 18-Zoll-Rad den Weg vom Rennsport in die Serienproduktion geschafft. Die dreiteiligen Räder und das Höhen/Breitenverhältnis 35 waren an Straßenfahrzeugen noch Neuland.

Vollgestopft: Immer mehr Technik kam unter das Blechkleid.

Nur das Nötigste: Dieser Targa hatte nicht einmal einen Computer.

Für die schnellste Gangart: 911 RS 3.8, in kleiner Stückzahl gebaut.

## Karosserie

Alle Rechtslenker weltweit erhielten einen Fahrer-Airbag. Die vollständige Fahrzeug-Identifikationsnummer war erstmals zusätzlich an der A-Säule, von außen durch die Windschutzscheibe sichtbar, angebracht.

Die Identifikationsnummer, sichtbar für die Polizei, war für USA-Fahrzeuge schon viele Jahre Serie. Auch für die übrigen Länder wollte Porsche mit dieser Maßnahme mehr Sicherheit gegen Diebstahl bieten.

## Heizung, Klimaanlage

Alle Porsche Fahrzeuge mit Klimaanlagen waren erstmals mit dem FCKW-freien Kältemittel R 134 a (Tetrafluoräthan) befüllt. Auf das neue Kältemittel mußten alle Bauteile der Anlagen abgestimmt werden.

Porsche war der erste Automobilhersteller der Welt, der alle Serienfahrzeuge schon im Sommer 1992 auf FCKW-freie Kältemittel umgestellte.

## Elektrik

Neue Radiogeneration »London RDM 42« mit CD-Tuner und Key Card gegen Diebstahl.

| **Typenbezeichnung** | **Listenpreise 8/92 bzw. 3/93** | **Produktionszahlen** |
|---|---|---|
| 911 Carrera 2 Coupé (964) | DM 122.340,–/125.760,– | 3249* + 800* USA |
| 911 Carrera 2 Speedster (964) | DM 131.500,–/134.00,– | 5581 + 469 USA |
| 911 Carrera 2 Cabriolet(964) | DM 138.740,–/142.620,– | 315* + 283* USA |
| 911 Carrera 4 Coupé (964) | DM 135.550,–/139.340,– | * |
| 911 Carrera 4 Coupé JUBI | DM 145.900,–/145.900,– | 911 |
| 911 Carrera 4 Cabriolet | DM 151.950,–/156.200,– | * |
| 911 RS America | | 518 USA |
| 911 Turbo 3,6 | DM 204.000,–/207.880,– | 650 + 288 USA |

| Modellbezeichnung | Carrera 2 | Carrera 4 | Turbo 3,6 |
|---|---|---|---|
| **1. Motor** | | | |
| Motor-Typ Schaltgetr. | M64/01 | M64/01 | M 64/50 |
| Tiptronic | M64/02 | … | … |
| Bohrung (mm) | 100 | 100 | 100 |
| Hub (mm) | 76,4 | 76,4 | 76,4 |
| Hubraum (cm$^3$) | 3600 | 3600 | 3600 |
| Verd.verhältnis | 11,3:1 | 11,3:1 | 7,5:1 |
| Motorleistung (kW/PS) | 184/250 | 184/250 | 265/360 |
| bei Drehzahl (U/min) | 6100 | 6100 | 5500 |
| Drehmoment (Nm) | 310 | 310 | 520 |
| bei Drehzahl (U/min) | 4800 | 4800 | 4200 |
| Literleistung (kW/l) | 51,1 | 51,1 | 73,6 |
| Höchstdrehzahl (U/min) | 6720 | 6720 | 6600 |
| Motorgewicht (kg) | 238 | 238 | 276 |
| **2. Gemischaufbereitung, Zündung, Einstellwerte** | | | |
| Kraftstoffanlage | DME S | DME S | K-Jetronic |
| Kraftstoffart (ROZ) | 95 | 95 | 95 |
| Zündsystem | DME | = | KFZ |
| Zündung | Doppel | Doppel | Einfach |
| Zündkerzen Bosch | FR 5 DTC | = | FR 6 LDC |
| Beru | 14Fr-5DTU | = | … |
| Elektrodenabstand (mm) | 0,7 | = | 0,8 |
| Klopfregelung | ja | ja | nein |
| Leerlaufdrehz. (U/min) | 880+-40 | = | 950+50 |
| Abgasanlage/Entgiftung | Lambda-Sonde+Dreiwege-Metallkatalysator | | + SLE + ZLP |
| CO-Gehalt ohne Kat. (%) | 0,5…1,0 | = | 1,0…1,4 |
| mit Kat. (%) | 0,4…1,2 | = | 0,8…1,2 |
| Kraftstoffverbrauch nach EG-Norm, Schaltgetriebe (l/100 km) | | | |
| A. bei konstant 90 km/h | 7,8 | 8,0 | 8,3 |
| B. bei konstant 120 km/h | 9,7 | 9,5 | 10,5 |
| C. EG-Stadtzyklus | 17,1 | 17,9 | 21,3 |
| Drittelmix | 11,5 | 11,8 | 13,3 |
| Mit Tiptronic | | | |
| A. bei konstant 90 km/h | 7,9 | … | … |
| B. bei konstant 120 km/h | 9,6 | … | … |
| C. EG-Stadtzyklus | 17,1 | … | … |
| C. Drittelmix | 11,4 | … | … |
| **3. Kraftübertragung** | | | |
| Zweimassenschwungrad | Syst.LUK* | Syst.F* | Syst.LUK |
| Kupplung, Druckplatte | G MFZ 240 | = | = |
| Mitnehmerscheibe | starr 240 | starr 240 | starr 240 |
| Getriebetyp Schaltgetr. | G50/03 | G64/00 | G50/52 |
| Gangübersetzungen | | | |
| 1. Gang | 3,500 | 3,500 | 3,154 |
| 2. Gang | 2,059 | 2,118 | 1,789 |
| 3. Gang | 1,407 | 1,444 | 1,269 |
| 4. Gang | 1,086 | 1,086 | 0,967 |
| 5. Gang | 0,868 | 0,868 | 0,756 |

| Modellbezeichnung | Carrera 2 | Carrera 4 | Turbo 3,6 |
|---|---|---|---|
| Rückwärtsgang | 2,857 | = | = |
| Synchronsystem Gänge 1...5 | VK | = | = |
| Synchronsystem R.-Gang | VK | = | = |
| Achsantrieb | 3,444 | 3,444 | 3,444 |

Zeichenerklärung:
DME S = Digitale Motor Elektronik, Einspritzung sequentiell
KFZ = Kennfeldzündung, druckgesteuert, SLE = Sekundärlufteinblasung, ZLP = Zusatzluftpumpe
Syst.F* = Zweimassenschwungrad System Freudenberg (Gummidämpfung)
Syst.LUK = Zweimassenschwungrad System LUK (Stahlfederdämpfung)
VK = Vollkonus-Synchronsystem mit Molybdän-beschichteten Synchronringen

| | | | |
|---|---|---|---|
| Sperrdifferential | M | S | S |
| Sperrwert Zug/Schub (%) | 40/40 | variabel 0...100 | 20/100 |
| Getriebegewicht | | | |
| mit Ölfüllung (kg) | 66 | 79,65 | 71 |
| Vorderachsgetriebe (kg) | ... | 22,65 | ... |
| Tiptronic | A50/02 | ... | ... |
| Drehmomentwandler D. (mm) | 260 | ... | |
| Festbremsdrehzahl (U/min) | 2300 -400 | ... | |
| Gangübersetzungen | | | |
| 1. Gang | 2,479 | ... | |
| 2. Gang | 1,479 | ... | |
| 3. Gang | 1,000 | ... | |
| 4. Gang | 0,728 | ... | |
| Rückwärtsgang | 2,086 | ... | |
| Zwischenwelle | 1,100 | ... | |
| Achsantrieb | 3,667 | ... | |
| Sperrdifferential | nein | ... | |
| Getriebegewicht mit Öl- und ATF-Füllung (kg) | 105 | ... | |

**4. Fahrwerk, Lenkung, Bremsen, Räder**

| | | | |
|---|---|---|---|
| Vorderachse | | | |
| Stabilisator D. (mm) | 20 | = | 21 |
| Lenkungsübersetzung | 18,48 | = | 18,48 |
| Wendekreis D. (m) | 11,95 | = | 11,45 |
| Hinterachse | | | |
| Stabilisator D.Schaltg. (mm) | 20 | = | 22 |
| Tiptron. (mm) | 19 | ... | ... |
| Bremsanlage | | | |
| Bremskraftverstärker Übers. | 3,0:1 | hydr. | hydr. |
| Hauptbremszylinder D. (mm) | 20,64 | 23,81 | 23,81 |
| Druckminderer | | | |
| Einschaltdruck (bar) | 45 | 55 | 60 |
| Minderungsfaktor | 0,46 | 0,46 | 0,46 |
| Kolbendurchm. in den | | | |
| Bremszangen vorn (mm) | 40+36 | 40+36 | 36+44 |
| hinten (mm) | 44 | 30+28 | 30+34 |
| Bremsscheibendurchmesser | | | |
| vorn (mm) | 298 | 298 | 322 |
| hinten (mm) | 299 | 299 | 299 |

| Modellbezeichnung | Carrera 2 | Carrera 4 | Turbo 3,6 |
|---|---|---|---|
| Bremsscheibendicke | | | |
| vorn (mm) | 28 | 28 | 32 |
| hinten (mm) | 24 | 24 | 28 |
| Wirksame Gesamtbelag- | | | |
| fläche ($cm^2$) | 284 | 344 | 474 |
| Feststellbremse | Mechanisch auf beide Hinterräder wirkend | | |
| Bremstrommel- | | | |
| durchmesser (mm) | 180 | = | = |
| Gesamtbelagfläche ($cm^2$) | 170 | = | = |
| | | | |
| Räder und Reifen | | | |
| Serienbereifung vorn | 205/55ZR16 | = | 225/40ZR18 |
| auf Rad | 6J x 16 H2 | = | 8J x 18 H2 |
| Einpreßtiefe ET (mm) | 52 | = | 52 |
| Serienbereifung hinten | 225/50ZR16 | = | 265/35ZR18 |
| | 8J x 16 H2 | = | 10J x 18 H2 |
| Einpreßtiefe ET (mm) | 52 | = | 61 |
| Faltersatzrad | 165/70-1692P | = | = |
| Reifendruck vorn (bar) | 2,5 | 2,5 | 2,5 |
| hinten (bar) | 3,0 | 3,0 | 2,5 |
| Faltersatzrad (bar) | 2,5 | 3,0 | 2,5 |
| | | | |
| **5. Karosserie, Innenausstattung** | | | |
| Abmessungen bei Leergewicht | | | |
| Länge (mm) | 4250 | = | 4275 |
| Breite (mm) | 1652 | = | 1775 |
| Höhe (mm) | 1310 | = | 1290 |
| Radstand (mm) | 2272 | = | = |
| Spurweite vorn (mm) | 1380 | = | 1442 |
| hinten (mm) | 1374 | = | 1506 |
| Bodenfreiheit bei | | | |
| zul.Ges.gewicht (mm) | 115 | 120 | 112 |
| Überhangwinkel vorn (Grad) | 11,5 | = | = |
| hinten (Grad) | 12,5 | = | = |
| | | | |
| **9. Elektrik** | | | |
| Generator-Leistung (W/A) | 1610/115 | = | = |
| Batterie (V/Ah) | 12/75 | = | = |
| | | | |
| **Gewichte nach DIN 70020** | | | |
| Leergewicht mit | | | |
| Schaltgetriebe (kg) | 1350 | 1450 | 1470 |
| Tiptronic (kg) | 1380 | ... | ... |
| Zulässiges Gesamt- | | | |
| gewicht Schaltgetr. (kg) | 1690 | 1790 | 1810 |
| Tiptronic (kg) | 1720 | ... | ... |
| Zulässige Anhänge- | | | |
| last ungebremst (kg) | 500 | 500 | keine |
| gebremst (kg) | 1200 | 1200 | keine |
| | | | |
| **Fahrleistungen** | | | |
| Höchstgeschwindigkeit | | | |
| Schaltgetriebe (km/h) | 260 | 260 | 280 |

| Modellbezeichnung | | Carrera 2 | Carrera 4 | Turbo 3,6 |
|---|---|---|---|---|
| Tiptronic (km/h) | | 256 | ... | ... |
| Beschleunigung 0...100 km/h | | | | |
| Schaltgetriebe (s) | | 5,7 | 5,7 | 4,8 |
| Tiptronic (s) | | 6,6 | ... | ... |
| Kilometer mit stehendem Start | | | | |
| Schaltgetriebe (s) | | 25,2 | 25,5 | 23,3 |
| Tiptronic (s) | | 26,2 | ... | ... |
| **Füllmengen** | | | | |
| Motorölmenge 1* | (l) | 11,5 | = | 12,0 |
| Schaltgetriebe 2* | (l) | 3,6 | 3,8 | 3,9 |
| Vorderachse 2* | (l) | ... | 1,2 | ... |
| Automatikgetr. 3* | (l) | 9,0 | ... | ... |
| Autom. Achsantr. 2* | (l) | 0,9 | ... | ... |
| Kraftstoffbehälter | (l) | 77 | = | 92 |
| Bremsflüss.behält. 6* | (l) | 0,34 | 0,75 | 0,34 |
| Flüss.für Servolenk. 3 | (l) | 1,0 | = | = |
| Kältemittel 4* | (g) | 930 | = | 840 |
| Kälteöl 5* | (ml) | 100 | = | 140 |

* Ziffernerklärung:

1* Zugelassen API SE/SF mit Kombinationen API SE/CC - SF/CC - SF/CD - SE/CD Mehrbereichsöle nach Werksfreigabe.

2* Mehrbereichs-Getriebeöl 75 W 90 nach MIL-L 2105 B bzw API-Klassifikation GL 5

3* ATF DEXRON II D

4* Nur Kältemittel R 134 a (Porsche hat die Kälteanlagen auf FCKW-freies Kältemittel umgestellt)

5* Handelsübliche Kälteöle

6* Nur Bremsflüssigkeit entsprechend DOT 4 Typ 200 verwenden

Zeichenerklärung:

M = Mehrausstattung (Sonderwunsch)

S = Serienmäßig eingebaut

Hinweis: Die im Kalenderjahr 1993 gebauten 911 Turbo 3,6 für USA werden mit Fahrzeug-Ident-Nummern für 1994 versehen.

**Die Fahrzeug-Ident-Nummern**

| | | | | | | | | | | | | |
|---|---|---|---|---|---|---|---|---|---|---|---|---|
| WPO | Z | Z | Z | 96 | Z | P | S | 4 | 0 | 0001 … 3249 | Restwelt | Coupé |
| WP0 | Z | Z | Z | 96 | Z | P | S | 4 | 3 | 0001 … 0419 | Restwelt | Targa |
| WP0 | Z | Z | Z | 96 | Z | P | S | 4 | 5 | 0001 … 1414 | Restwelt | Cabriolet (Turbo Look) |
| WP0 | Z | Z | Z | 96 | Z | P | S | 4 | 7 | 0001 … 0650 | Restwelt | Turbo 3,6 Coupé |
| WP0 | A | B | 2 | 96 | C* | P | S | 4 | 2 | 0001 … 0520 | USA/CDN | Coupé mit Airbag |
| WP0 | B | B | 2 | 96 | C* | P | S | 4 | 4 | 0001 … 0137 | USA/CDN | Targa mit Airbag |
| WP0 | C | B | 2 | 96 | C* | P | S | 4 | 6 | 0001 … 0060 | USA/CDN | Cabriolet mit Airbag |
| WP0 | A | B | 2 | 96 | C* | P | S | 4 | 1 | 9001 … 9060 | USA/CDN | Coupé RS America |

```
 !   !   !   !   !   !   !   !   !   !       !
 !   !   !   !   !   !   !   !   !   !       +   Zählnummer
 !   !   !   !   !   !   !   !   !   +.........Code für Karosserie+Motor
 !   !   !   !   !   !   !   !   +  ...........Ergibt mit 7. und 8. Stelle den Fahrzeugtyp
 !   !   !   !   !   !   !   +  ...............Fertigungsort (S = Stuttgart)
 !   !   !   !   !   !   +  ...................Modelljahr (P = 1993, R = 1994 usw.)
 !   !   !   !   !   +  .......................Prüfziffer/Füllzeichen
 !   !   !   !   +  ...........................Erste und zweite Stelle des Fahrzeugtyps
 !   !   !   +.................................Rückhaltesystem (0 = Gurt, 2 = Airbag) nur USA
 !   !   +  ...................................Code für Motorvarianten (nur USA)
 !   +  .......................................Code Karosserie USA (A = Coupé, B = Targa,
                                               C= Cabriolet)
 +.............................................Weltherstellercode
```

C* = Prüfzeichen, kann 0 … 9 oder X sein (nur USA)

Z = Füllzeichen für Restwelt-Fahrzeuge

# Modelljahr 1994
# (R-Programm: die nächste Generation)

## Porsche 911 Carrera 2 Cabriolet
## Porsche 911 Carrera 2 Speedster
## Porsche 911 Carrera 4 Turbo Look
## Porsche 911 RS America Coupé
## Porsche 911 Turbo 3,6 Coupé
## Porsche 911 Carrera (993) Coupé, Cabriolet

Die zweite Generation nach dem Speedster-Revival: Den 911 Carrera 2 Speedster gab es nur in der schmalen Ausführung. Das Notverdeck war recht einfach zu bedienen.

Die ersten größeren Änderungen am 911 Carrera seit dem Serienanlauf im Jahre 1989: deutliche Karosserieänderungen im Bug- und Heckbereich sorgten für »Corporate Identity« mit den weiteren Porsche-Baureihen 968 und 928. Zur neuen Bug- und Heckpartie kam ein leistungsgesteigerter Motor, das Sechsgang Schaltgetriebe eine völlig neue Hinterachskonstruktion und ein teilweise neues Interieur. Der »neue Carrera« wurde zunächst nur mit Hinterachsantrieb gebaut. Bedingt durch den Arbeitsablauf im Karosseriewerk konnten ab Jahresende 1993 die seitherigen Karosserievarianten Coupé, Targa und Cabriolet sowie Speedster

Sportsitze mit lackiertem Rückenteil waren im Speedster Serie.

und die Turbo-Karosserie nicht mehr weitergebaut werden.

## Motor

Der Motor M64/05 für den »neuen Carrera« wurde auf 200 kW (272 PS) leistungsgesteigert. Die Maßnahmen umfaßten eine torsionssteifere Kurbelwelle, verbesserte und erleichterte Pleuelstangen, leichtere und weiter verbesserte Kolben, Aluminium-Druckguß Motorzylinder mit Nickel-Silizium-Laufflächen, vergrößerte Ventile und erweiterte Kanäle im Zylinderkopf, Kipphebel mit hydraulischem Ventilspielausgleich, angepaßte Nockenwellen mit geänderten Steuerzeiten sowie ein zusätzlicher Hauptstrom-Ölfilter, (Feinstfilter 20 mü).

Die Leistungssteigerung erfolgte ohne Veränderung von Hubraum und Verdichtung: Die im vorangegangenen Modelljahr 1993 gefertigten Motoren M64/01 hatten alle schon deutlich über 250 PS, teilweise über 260 PS beim Prüflauf im Neuzustand abgegeben.

## Kraftstoffanlage, Zündsystem

Die sequentielle Einspritzung und das Zündsystem wurden von den seitherigen Motoren übernommen. Die Digitale Motor Elektronik (DME) wurde weiter verbessert, Version M 2.10.1. Dies führte zu einer Verringerung des Kraftstoffverbrauchs, zu weniger Schadstoffen im Abgas und zu einer besseren Laufkultur. Die Ansaugluftmessung erfolgte mittels Heißfilm-Lufmassenmesser. Eine Steigerung der Motorleistung wurde auch durch die völlig neue Abgasanlage ermöglicht, die

Grund zum Feiern: Zum 30sten Geburtstag des 911 gab es dieses Sondermodell mit breiten Kotflügeln und 17-Zoll-Rädern; unter dem Blechkleid sitzen Turbo-Bremsen und der Allradantrieb.

mit wesentlich geringerem Abgasgegendruck arbeitete. Sie verfügte über verbesserte Abgaskrümmer (Teil der Wärmetauscher), eine Mischkammer mit Lambdasonde nach den Abgaskrümmern, führte die Abgase von links und rechts zusammen und entließ sie seitengetrennt in zwei Metallkatalysatoren. Von dort strömten die gereinigten Abgase in zwei Endschalldämpfer, die seitlich rechts und links des Motors angeordnet waren.

Mit der modifizierten Abgasanlage war Porsche ein echter »Schwabenstreich« gelungen: durch den geringeren Abgas-Gegendruck eine deutliche Leistungssteigerung des Motors und durch die großvolumigen Endschalldämpfer sank das Vorbeifahrgeräusch auf unter 75 dB(A), den von der EG ab 1996 geforderten Grenzwert.

## Kraftübertragung

Intensive Kupplungsraum-Belüftung durch Radialbeschaufelung des Druckrings und Durchlässe im Bereich des Halterings der Tellerfeder. Geführter Luftaustausch kalt/heiß durch Öffnungen im Getriebegehäuse. (Die Absenkung der Temperatur an den Bauteilen der Kupplung, insbesondere der Mitnehmerscheibe, brachte einen höheren Reibwert zwischen den Kupplungsbelägen und dem Schwungrad beziehungsweise Anpreßplatte zustande. Die Kupplung wurde betriebssicherer.)

Sechsgang-Schaltgetriebe G50/20, angepaßt an die Motorcharakteristik. Doppelkonussynchronisierung am 1. und 2. Gang sorgte für wesentlich geringere Schaltkräfte. Triebwelle und Tellerrad waren nach dem Härtevorgang geschliffen und gepaart und damit laufruhiger. Dünnwandige Druckguß-Leichtmetallgehäuse verhalfen dem neuen Sechsgang-Getriebe zum gleichen Gesamtgewicht wie das seitherige Fünfganggetriebe.

Getriebeautomatik Tiptronic A50/04: Verbessert war die Schaltstrategie in den einzelnen Programmen. Sowohl für mehr Komfort, als auch für noch sportlicheren Einsatz wurde die Software im Steuergerät geändert. In der Manuell-Ebene konnte in der Bremsphase jetzt eine Rückschaltung vorgewählt werden. Für beide Getriebesysteme war erstmals als Mehrausstattung lieferbar: die automatische Brems-Differentialsperre (ABD). Diese Traktionshilfe bremste bei einem Beschleunigungsvorgang unter 70 km/h das durchdrehende Antriebsrad ab. ABD war beim Beschleunigen und beim Anfahren auf glatter Fahrbahn recht hilfreich, da bei einem durchdrehenden Antriebsrad auch die Traktion des gegenüberliegenden Rades zusammenbricht. Da das Antriebssystem Tiptronic nicht mit einem Sperrdif-

Der beste Elfer, den es je gab: Durch die flacheren Kotflügel vorne hat der 911 nichts von seinem klassischen Profil eingebüßt; die Karosserie wirkt sehr formintegriert.

Der Heckspoiler fährt bei 80 km/h automatisch aus.

ferential lieferbar war, konnte ABD als sinnvolle Anfahrhilfe genutzt werden.

Bedingt durch die höhere Endgeschwindigkeit von nunmehr 270 km/h mußte der letzte Gang so »lang« ausgelegt werden, daß die Schaltsprünge bei einem Fünfgang-Getriebe sehr groß ausgefallen wären: nach einem Hochschaltvorgang müßte der Motor aus zu niedrigen Drehzahlen, also »aus dem Keller« heraus beschleunigen. Dies war der Grund, für den 993 ein Sechsgang-Getriebe vorzusehen, denn mehr Gänge bedeuten eine bessere Anpassung an alle Fahrsituationen.

## Fahrwerk

Überarbeitete Vorderachse vom Carrera 2 mit Leichtmetall Schwenklagern. Negativer Lenkrollradius – 11,5 mm (war 0).Besserer Geradeauslauf und feinfühligeres Ansprechen wurden durch eine geänderte Servolenkung erreicht. Mehrlenker Hinterachse mit Fahrschemel ließ höhere Querbeschleunigungswerte zu. Deutlich geringere Abrollgeräusche der Räder waren im Fahrzeug zu hören.
Breitere Räder, hinten 20 mm breitere Bereifung. Verstärkte und verbesserte Bremsanlage, perforierte Bremsscheiben. Neues Antiblockersystem ABS 5 mit verkürzten Bremswegen insbesondere auf unebener Fahrbahn und besserem Verzögerungsverlauf.

Das Antiblockiersystem ABS 5 war mit einem »Schlechtwegzähler« ausgestattet, der den Fahrbahnzustand bei Bremsvorgängen kontinuierlich registrierte. Durch Änderungen im ABS-Ablauf während eines Bremsvorgangs konnten besonders auf unebener Fahrbahn erhebliche Bremswegverkürzungen erreicht werden.

Im Interieur hat sich hauptsächlich das Lenkrad geändert.

## Karosserie

Neue Bug- und Heckpartie. Flacher stehende Spezialscheinwerfer in den vorderen Kotflügeln, breiter und flacher ausfallender Heckbereich. Hintere Seitenscheiben bündig mit Karosserie-Außenhaut. Das Cabrioletverdeck wurde völlig überarbeitet und flacher im Heckbereich ausgeführt, der Stoffbezug war einteilig, es wirkte jetzt noch sportlicher in geschlossenem Zustand. Ein Windschott (Mehrausstattung) verhinderte Luftverwirbelung bei Offenfahrt. Die Heckfensterscheibe konnte erstmals mit Werkstattmitteln problemlos ausgetauscht werden.
Einfachere Verdecksteuerung beim Cabriolet: Stehendes Fahrzeug und angezogene Handbremse erlaubten elektrische Verdeckbetätigung.

Seither mußte der Motor abgestellt werden, zusätzlich mußte das Fahrzeug stillstehen und das Zündschloß wieder in der Position »Zündung an« gebracht sein, ehe das Verdeck bewegt werden konnte.

## Ausstattung

Geändertes Airbag-Lenkrad. Geänderte Lenkstockschalter. Bedienungsfreundliche Heizung. Türen trotz Verriegelung mechanisch von innen zu öffnen.

Ein Beitrag zur Sicherheit: Häufig wurde mittels Verriegelungstaste das Fahrzeug durch die Insassen von innen verriegelt. Ein Öffnen der Türen von innen war dann in einer Notsituation erst nach nochmaligem Drücken der Verriegelungstaste auf der Mittelkonsole möglich. Eine »Wegfahrsperre« nach der Norm der Allianz-Versicherung war serienmäßig eingebaut.

## Verkleidungen, Sitze

Nur unwesentliche Änderungen an den Sitzen. Völlig neue Türtafeln mit geänderter Lautsprecher-Anordnung.

## Heizung, Klimaanlage

Bedienungsfreundliche Heizung/Kühlung. Taste für maximale Kältewirkung für das Fahrzeuginnere. Bei Rückwärtsfahrt schlossen die Heizklappen. Heckscheibenheizug schaltete nach 12 Minuten auf stromsparenden Verbrauch.

Mit der Taste »Max. Kühlen« wurde, unabhängig von den Stellungen irgendwelcher Hebel, Tasten oder Drehschalter, die volle Kälteleistung über Mitteldüsen und Seitendüsen in den Fahrzeug-Innenraum geleitet.

## Elektrik

Kombinierte Zentralverriegelung/Alarmanlage. Neue Radiogeneration Blaupunkt Bremen RCM 43. Völlig überarbeitete Scheibenwischanlage mit Anlenkpunkt der Wischerarme mittig zur Frontscheibe und wesentlich vergrößertem Wischfeld, was eine einwandfreies Wischen auch bei höheren Fahrgeschwindigkeiten gewährleistete.
Kabelstränge in Modulbauweise: ein Grundkabelstrang, zusätzlich weitere fahrzeugspezifische Kabel-

Der große Scheinwerfer bleibt trotz neuer Lichttechnik.

stränge. Hauptscheinwerfer mit völlig neuer Lichttechnik und verbesserter Lichtausbeute: in einem gemeinsamen Gehäuse ist für das Abblendlicht ein Elipsoid Scheinwerfer mit H1 Lampe und für das Fernlicht das Variable Focus-Reflektor-System eingebaut. Bug- und Heckleuchteneinheit sind der neuen Karosserieform angepaßt.

Die Aufgabe bei der Entwicklung der neuen Scheinwerfer war, die sehr gute Lichtausbeute des 928 mit seinen hoch angeordneten Hauptscheinwerfern zu erreichen oder zu überbieten.

## Sonstiges

Der Serienanlauf der neuen Cup-Fahrzeuge erfolgte im Januar 1994, das neue Cabriolet debütierte kurz darauf auf dem Salon in Genf. Die am Lenkrad zu betätigende Tiptronic S kam im Juni auf den Markt. Die Wartungsintervalle bis zu einer Laufleistung von 40 000 Kilometern wurden auf zwei reduziert, zehn Jahre zuvor waren es noch drei gewesen. Die Wartungsliste, schrumpfte auf sieben Positionen zusammen, zuvor waren es deren 16 gewesen.

| **Typenbezeichnung** | **Listenpreise 8/93** | **Produktionszahlen** |
|---|---|---|
| 911 Carrera 2 Coupé | DM 125.760,– | 505 + 456 USA |
| 911 Carrera 2 Cabriolet | DM 142.620,– | 315 + 283 USA |
| 911 Carrera 2 Speedster | DM 134.000,– | 5581 + 469 USA |
| 911 Carrera 4 Sondermodell | DM 145.900,– | 512 |
| 911 RS America Coupé | | 144 USA |
| 911 Carrera (993) Coupé | DM 125.760,– | 7994 + 1453 USA |
| 911 Carrera (993) Cabriolet | DM 142.620,– | 5911 + 1285 USA |
| 911 Turbo 3,6 | DM 207.880,– | 471 + 466 USA |

Anmerkung: Bedingt durch Produktionsumstellungen für den »neuen« Carrera (intern Typ 993), liefen während des Modelljahres 1994 mehrere seitherige 911 Typen aus: Schon ab Juli 1993 wurde der Carrera 2 und 4 als Coupé und Targa nicht mehr gebaut. Bis Januar 1994 wurden noch weiter produziert: Carrera 2 Cabriolet und Speedster. Weitergebaut wurde ebenfalls bis Januar 1994: Das Jubiläumsmodell »30 Jahre 911« als Carrera 4 im Turbo Look mit Sonderfarbe »Violametallic« und spezieller Innenausstattung. Auch der 911 Turbo 3,6 wurde ab Januar 1994 nicht mehr montiert, da ab diesem Zeitpunkt im Karosseriewerk nur noch die »neue« CarreraKarosserie gefertigt werden konnte. Ab diesem Zeitpunkt wurde die Fertigung der Carrera Cup Fahrzeuge, von Cabriolets und den entsprechenden USA/CDN-Fahrzeugen auf Basis 993 (neuer Carrera) mit Heckantrieb aufgenommen.

| **Modellbezeichnung** | **Carrera (993)** | **Carrera 2* Cabriolet** | **Carrera 2** SPEEDSTER** | **Carrera 4** Turbo Look*** | **Turbo 3,6**** |
|---|---|---|---|---|---|
| **1. Motor** | | | | | |
| Motor-Typ Schaltgetr. | M64/05 | M64/01 | M64/01 | M64/01 | M 64/50 |
| Tiptronic | M64/06 | M64/02 | M64/02 | ... | ... |
| Bohrung (mm) | 100 | 100 | 100 | 100 | 100 |
| Hub (mm) | 76,4 | 76,4 | 76,4 | 76,4 | 76,4 |
| Hubraum ($cm^3$) | 3600 | 3600 | 3600 | 3600 | 3600 |
| Verd.verhältnis | 11,3:1 | 11,3:1 | 11,3:1 | 11,3 | 7,5:1 |
| Motorleistung (kW/PS) | 200/272 | 184/250 | 184/250 | 184/250 | 265/360 |
| bei Drehzahl (U/min) | 6100 | 6100 | 6100 | 6100 | 5500 |
| Drehmoment (Nm) | 330 | 310 | 310 | 310 | 520 |
| bei Drehzahl (U/min) | 5000 | 4800 | 4800 | 4800 | 4200 |
| Literleistung (kW/l) | 55,6 | 51,1 | 51,1 | 51,1 | 73,6 |
| Höchstdrehzahl (U/min) | 6700 | 6720 | 6720 | 6720 | 6600 |
| Motorgewicht (kg) | 232 | 238 | 238 | 238 | 276 |

* bis 12/93, ab 3/94 neue Generation mit Daten wie 993 Coupé
** bis 12/93, danach entfallen

| Modellbezeichnung | Carrera (993) | Carrera 2* Cabriolet | Carrera 2** SPEEDSTER | Carrera 4** Turbo Look* | Turbo 3,6** |
|---|---|---|---|---|---|
| **2. Gemischaufbereitung, Zündung, Einstellwerte** | | | | | |
| Kraftstoffanlage | DME S | DME S | DME S | DME S | K-Jetronic |
| Kraftstoffart (ROZ) | 98 | 95 | 95 | 95 | 95 |
| Zündsystem | DME | DME | DME | DME | KFZ |
| Zündung | Doppel | Doppel | Doppel | Doppel | Einfach |
| Zündkerzen Bosch | FR 6 LDC | FR 5 DTC | = | = | FR 6 LDC |
| Beru | 14Fr-5DTU | 14FR-5DTU | = | = | ... |
| Elektrodenabstand (mm) | 0,7 | 0,7 | = | = | 0,8 |
| Klopfregelung | ja | ja | ja | ja | nein |
| Leerlaufdrehz.(U/min) | 800+-40 | 880+-40 | = | = | 950+50 |
| Abgasanlage/Entgiftung | Lambda-Sonde+Dreiwege-Metallkatalysator | | | | = + SLE+ZLP |
| CO-Gehalt ohne Kat. (%) | 0,5...1,0 | = | = | = | 1,0...1,4 |
| mit Kat. (%) | 0,4...1,2 | = | = | = | 0,8...1,2 |
| Kraftstoffverbrauch nach EG-Norm, Schaltgetriebe (l/100 km) | | | | | |
| A. bei konstant 90 km/h | 7,4 | 7,8 | = | 8,0 | 8,3 |
| B. bei konstant 120 km/h | 9,1 | 9,7 | = | 9,5 | 10,3 |
| C. EG-Stadtzyklus | 17,9 | 17,1 | = | 17,9 | 21,3 |
| Drittelmix | 11,4 | 11,5 | = | 11,8 | 13,3 |
| Mit Tiptronic | | | | | |
| A. bei konstant 90 km/h | 7,8 | 7,9 | = | ... | ... |
| B. bei konstant 120 km/h | 9,6 | 9,6 | = | ... | ... |
| C. EG-Stadtzyklus | 17,2 | 17,1 | = | ... | ... |
| C. Drittelmix | 11,5 | 11,4 | = | ... | ... |

Zeichenerklärung:
Turbo Look* = Technische Daten beziehen sich auf Carrera 4 Turbo Look
DME S = Digitale Motor Elektronik, Einspritzung sequentiell
KFZ = Kennfeldzündung, druckgesteuert
SLE = Sekundärlufteinblasung
ZLP = Zusatzluftpumpe

| **3. Kraftübertragung** | | | | | |
|---|---|---|---|---|---|
| Zweimassenschwungrad | Syst.LUK* | Syst.LUK* | Syst.LUK* | Syst.F* | Syst.LUK |
| Kupplung, Druckplatte | G MFZ 240 | = | = | = | = |
| Mitnehmerscheibe | starr 240 | = | = | = | = |
| Getriebetyp Schaltgetr. | G50/21 | G50/03 | = | G64/00 | G50/52 |
| Gangübersetzungen | | | | | |
| 1. Gang | 3,818 | 3,500 | = | 3,500 | 3,154 |
| 2. Gang | 2,15 | 2,059 | = | 2,118 | 1,789 |
| 3. Gang | 1,56 | 1,407 | = | 1,444 | 1,269 |
| 4. Gang | 1,242 | 1,086 | = | 1,086 | 0,967 |
| 5. Gang | 1,027 | 0,868 | = | 0,868 | 0,756 |
| 6. Gang | 0,820 | ... | ... | ... | ... |
| Rückwärtsgang | 2,857 | = | = | = | = |
| Synchronsystem | | | | | |
| Vorwärtsgänge | VK | = | = | = | = |
| Synchronsystem R.-Gang | VK | = | = | = | = |
| Achsantrieb | 3,444 | = | = | = | = |
| Sperrdifferential | M | M | M | S | S |
| Sperrwert Zug/Schub (%) | 25/65 | 40/40 | 40/40<br>0...100 | variabel | 20/100 |

| Modellbezeichnung | Carrera (993) | Carrera 2* Cabriolet | Carrera 2** SPEEDSTER | Carrera 4** Turbo Look* | Turbo 3,6** |
|---|---|---|---|---|---|
| Getriebegewicht mit Ölfüllung (kg) | 66 | = | = | 79,65 | 71 |
| Vorderachsgetriebe (kg) | ... | ... | ... | 22,65 | ... |
| Tiptronic | A50/04 | A50/02 | = | ... | |
| Drehmomentwandler D. (mm) | 260 | = | = | ... | |
| Festbremsdrehzahl (U/min) | 2300 -400 | = | = | ... | |
| Gangübersetzungen | | | | | |
| 1. Gang | 2,479 | = | = | ... | |
| 2. Gang | 1,479 | = | = | ... | |
| 3. Gang | 1,000 | = | = | ... | |
| 4. Gang | 0,728 | = | = | ... | |
| Rückwärtsgang | 2,086 | = | = | ... | |
| Zwischenwelle | 1,100 | = | = | ... | |
| Achsantrieb | 3,667 | = | = | ... | |
| Sperrdifferential | nein | nein | nein | ... | |
| Getriebegewicht mit Öl- und ATF-Füllung (kg) | 105 | = | = | ... | |

**4. Fahrwerk, Lenkung, Bremsen, Räder**

| | | | | | |
|---|---|---|---|---|---|
| Vorderachse | | | | | |
| Stabilisator D. (mm) | 21 | 20 | = | 21* | 21 |
| Lenkungsübersetzung | 16,48 | 18,48 | = | = | 18,48 |
| Wendekreis D. (m) | 11,74 | 11,95 | = | = | 11,45 |
| Hinterachse | | | | | |
| Stabilisator D.Schaltg. (mm) | 18 | 20 | = | 22* | 22 |
| Tiptron. (mm) | 18 | 19 | ... | ... | ... |
| Bremsanlage | | | | | |
| Bremskraftverstärker Übers. | 3,15:1 | 3,0:1 | = | 4,8 hydr. | = |
| Hauptbremszylinder D. (mm) | 23,81 | 20,64 | = | 23,81 | 23,81 |
| Druckminderer | | | | | |
| Einschaltdruck (bar) | 40 | 45 | = | 33* | 60 |
| Minderungsfaktor | 0,46 | 0,46 | 0,46 | 0,46 | 0,46 |
| Kolbendurchm. in den | | | | | |
| Bremszangen vorn (mm) | 44+36 | 40+36 | 40+36 | 40+36 | 36+44 |
| hinten (mm) | 30+34 | 44 | 30+28 | 30+34 | |
| Bremsscheibendurchmesser | | | | | |
| vorn (mm) | 304 | 298 | 298 | 298 | 322 |
| hinten (mm) | 299 | 299 | 299 | 299 | 299 |
| Bremsscheibendicke | | | | | |
| vorn (mm) | 32 | 28 | 28 | 28 | 32 |
| hinten (mm) | 24 | 24 | 24 | 28 | 28 |
| Wirksame Gesamtbelagfläche ($cm^2$) | 422 | 284 | 284 | 344 | 474 |
| Feststellbremse | Mechanisch auf beide Hinterräder wirkend | | | | |
| Bremstrommeldurchmesser (mm) | 180 | = | = | = | = |
| Gesamtbelagfläche ($cm^2$) | 170 | = | = | = | = |

Zeichenerklärung:

Syst.LUK* = Zweimassenschwungrad System LUK (Stahlfedergedämpft)
Syst.F* = Zweimassenschwungrad System Freudenberg (Gummidämpfung)
VK = Vollkonus Synchronsystem mit Molybdän-beschichteten Synchronringen.
Turbo Look* = Technische Daten beziehen sich auf Carrera 4 Turbo Look.

| Modellbezeichnung | Carrera (993) | Carrera 2* Cabriolet | Carrera 2** SPEEDSTER | Carrera 4** Turbo Look* | Turbo 3,6** |
|---|---|---|---|---|---|
| Räder und Reifen | | | | | |
| Serienbereifung vorn | 205/ 55ZR16 | 205/ 55ZR16 | 205/ 50ZR17 | 205/ 50R17 98T | 225/ 40ZR18 |
| auf Rad | 7J x 16 | 6J x 16 H2 | 7J x 17 AH | 7J x 17 AH | 8J x 18 H2 |
| Einpreßtiefe ET (mm) | 55 | 52 | 55 | 55 | 52 |
| Serienbereifung hinten | 245/ 45ZR16 | 225/ 50ZR16 | 255/ 40ZR17 | 255/ 40R17 90T | 265/ 35ZR18 |
| | 9J x 16 | 8J x 16 H2 | 8J x 17AH | 9J x 17 AH | 10J x 18 H2 |
| Einpreßtiefe ET (mm) | 70 | 52 | 52 | 52 | 61 |
| Faltersatzrad | 165/70-1692P | = | = | = | = |
| Reifendruck vorn (bar) | 2,5 | = | 2,5 | = | 2,5 |
| hinten (bar) | 3,0 | = | 3,0 | 2,5 | 2,5 |
| Faltersatzrad (bar) | 2,5 | = | 3,0 | 2,5 | 2,5 |
| Abmessungen bei Leergewicht | | | | | |
| Länge (mm) | 4245 | 4250 | = | = | 4275 |
| Breite (mm) | 1735 | 1652 | = | 1775 | 1775 |
| Höhe (mm) | 1300 | 1310 | 1280 | 1290 | 1290 |
| Radstand (mm) | 2272 | 2272 | = | = | = |
| Spurweite vorn (mm) | 1405 | 1380 | = | 1434 | 1442 |
| hinten (mm) | 1444 | 1374 | = | 1493 | 1506 |
| Bodenfreiheit bei zul.Ges.gewicht (mm) | 110 | 115 | = | 115 | 112 |
| Überhangwinkel vorn (Grad) | 11 | 11,5 | = | = | = |
| hinten (Grad) | 12,5 | = | = | 13,5 | = |
| **9. Elektrik** | | | | | |
| Generator-Leistung (W/A) | 1610/115 | = | = | = | = |
| Batterie (V/Ah) | 12/75 | = | = | = | = |
| **Gewichte nach DIN 70020** | | | | | |
| Leergewicht mit | | | | | |
| Schaltgetriebe (kg) | 1370 | 1350 | 1500 | 1470 | |
| Tiptronic (kg) | 1395 | 1380 | ... | ... | |
| Zulässiges Gesamtgewicht Schaltgetr. (kg) | 1710 | 1690 | 1840 | 1810 | |
| Tiptronic (kg) | 1735 | 1720 | ... | ... | |
| Zulässige Anhängelast ungebremst (kg) | keine | 500 | keine | 500 | keine |
| gebremst (kg) | keine | 1200 | keine | 1200 | keine |
| **Fahrleistungen** | | | | | |
| Höchstgeschwindigkeit | | | | | |
| Schaltgetriebe (km/h) | 270 | 260 | 260 | 255 | 280 |
| Tiptronic (km/h) | 265 | 256 | 256 | ... | ... |
| Beschleunigung 0...100 km/h | | | | | |
| Schaltgetriebe (s) | 5,6 | 5,7 | 5,7 | 5,7 | 4,8 |
| Tiptronic (s) | 6,6 | 6,6 | 6,6 | ... | ... |
| Kilometer mit stehendem Start | | | | | |
| Schaltgetriebe (s) | 25,1 | 25,2 | 25,2 | 25,5 | 23,3 |
| Tiptronic (s) | 25,9 | 26,2 | 26,2 | ... | ... |

| Modellbezeichnung | | Carrera (993) | Carrera 2 Cabriolet | Carrera 2 SPEEDSTER | Carrera 4 Turbo Look* | Turbo 3,6 . |
|---|---|---|---|---|---|---|
| **Füllmengen** | | | | | | |
| Motorölmenge 1* | (l) | 11,5 | = | = | = | 12,0 |
| Schaltgetriebe 2* | (l) | 3,6 | = | = | 3,8 | 3,9 |
| Vorderachse 2* | (l) | ... | ... | = | 1,2 | ... |
| Automatikgetr. 3* | (l) | 9,0 | = | = | ... | ... |
| Autom. Achsantr. 2* | (l) | 0,9 | 0,9 | = | ... | ... |
| Kraftstoffbehälter | (l) | 71,5 | 77 | = | = | 92 |
| Bremsflüss.behält. 6* | (l) | 0,34 | 0,75 | = | 0,34 | = |
| Flüss.für Servolenk. 3 | (l) | 1,0 | = | = | = | = |
| Kältemittel 4* | (g) | 930 | = | = | = | 840 |
| Kälteöl 5* | (ml) | 100 | = | = | = | 140 |

* Ziffernerklärung:
1* Zugelassen API SE/SF mit Kombinationen API SE/CC - SF/CC - SF/CD - SE/CD Mehrbereichsöle nach Werksfreigabe
2* Mehrbereichs-Getriebeöl 75 W 90 nach MIL-L 2105 B bzw API-Klassifikation GL 5
3* ATF DEXRON II D
4* Nur Kältemittel R 134 a (Porsche hat die Kälteanlagen auf FCKW-freies Kältemittel umgestellt)
5* Handelsübliche Kälteöle
6* Nur Bremsflüssigkeit entsprechend DOT 4 Typ 200 verwenden
Zeichenerklärung:
Turbo Look = Technische Daten beziehen sich auf Carrera 4 Turbo Look
M = Mehrausstattung (Sonderwunsch)
S = Serienmäßig eingebaut

| | | | | | | | | | | | | |
|---|---|---|---|---|---|---|---|---|---|---|---|---|
| WPO | Z | Z | Z | 96 | Z | R | S | 4 | 0 | 0001 …0505 | Restwelt | Coupé |
| WP0 | Z | Z | Z | 96 | Z | R | S | 4 | 5 | 0001 …0315 | Restwelt | Cabriolet (Turbo Look) |
| WP0 | Z | Z | Z | 96 | Z | R | S | 4 | 5 | 5001 …5581 | Restwelt | Speedster (964) |
| WP0 | Z | Z | Z | 96 | Z | R | S | 4 | 7 | 0001 …0471 | Restwelt | Turbo 3,6 Coupé |
| WP0 | Z | Z | Z | 96 | Z | R | S | 4 | 9 | 6001 … | Restwelt | Carrera GT (3,8 l Rennausführung) |
| WP0 | Z | Z | Z | 96 | Z | R | S | 4 | 9 | 7001 … | Restwelt | Carrera GT (3,8 l Straßenausführung) |
| WP0 | A | B | 2 | 96 | C* | R | S | 4 | 1 | 9001 …9144 | USA/CDN | Coupé RS America |
| WP0 | B | B | 2 | 96 | C* | R | S | 4 | 2 | 0001 …0456 | USA/CDN | Coupé |
| WP0 | C | B | 2 | 96 | C* | R | S | 4 | 6 | 0001 …0283 | USA/CDN | Cabriolet |
| WP0 | C | B | 2 | 96 | C* | R | S | 4 | 6 | 5001 …5469 | USA/CDN | Speedster (964) |
| WP0 | A | C | 2 | 96 | C* | R | S | 4 | 8 | 0001 …0466 | USA/CDN | Turbo 3,6 |
| WP0 | Z | Z | Z | 99 | Z | R | S | 3 | 1 | 0001 … 6412 | Restwelt | Coupé »Neuer Carrera« |
| WP0 | Z | Z | Z | 99 | Z | R | S | 3 | 3 | 0001 … 5850 | Restwelt | Cabriolet »Neuer Carrera« |
| WP0 | Z | Z | Z | 99 | Z | R | S | 3 | 9 | 8001 … 8060 | Restwelt | Cup-Fahrzeug »Neuer Carrera« |

```
 !   !   !   !   !   !   !   !   !   !        !
 !   !   !   !   !   !   !   !   !   !        +  Zählnummer
 !   !   !   !   !   !   !   !   !   +...........Code für Karosserie+Motor
 !   !   !   !   !   !   !   !   +   ............Ergibt mit 7. und 8. Stelle den Fahrzeugtyp
 !   !   !   !   !   !   !   +   ................Fertigungsort (S = Stuttgart)
 !   !   !   !   !   !   +   ....................Modelljahr (R = 1994, S = 1995 usw.)
 !   !   !   !   !   +   ........................Prüfziffer/Füllzeichen
 !   !   !   !   +   ............................Erste und zweite Stelle des Fahrzeugtyps
 !   !   !   +...................................Rückhaltesystem (0 = Gurt, 2 = Airbag) nur USA
 !   !   +   ....................................Code für Motorvarianten (nur USA)
 !   +   ........................................Code Karosserie USA (A = Coupé, B = Targa,
                                                 C = Cabriolet)
 +...............................................Weltherstellercode
```

C* = Prüfzeichen, kann 0 … 9 oder X sein (nur USA)

Z = Füllzeichen für Restwelt-Fahrzeuge.

Hinweis: Alle für USA und Kanada gebauten Fahrzeuge »Neuer Carrera« (993) werden mit Fahrzeug-Ident-Nummern für 1995 versehen (WP0 AB2 99 C* S S 3 1 0001 …).

# Modelljahr 1995 (S-Programm: Tiptronic S und ein neuer Turbo)

## Porsche 911 Carrera Coupé und Cabriolet
## Porsche 911 Carrera 4 Coupé und Cabriolet
## Porsche 911 RS Coupé
## Porsche 911 Turbo 3,6 Coupé

Mit der Tiptronic S schafft Porsche Assoziationen zur Formel 1.

Beim 911 Carrera wurden nur geringe Änderungen durchgeführt. Wieder aufgelegt wurde eine allradgetriebene Version, der 911 Carrera 4 mit wesentlichen Änderungen am Antriebssystem gegenüber den früheren Allrad-Varianten. Motoren, Schaltgetriebe, Fahrwerk Ausstattung usw. der beiden Carrera Typen sind identisch, die genannten Änderungen setzten daher auch beim Carrera 4 ein. Der 911 Turbo 3,6 wurde ohne große Änderungen weitergebaut. Bei Porsche waren bisher zwei Allrad-Antriebssysteme verwendet worden: Beim 959 eine stufenlos elektronisch geregelte Längssperre und beim früheren 911 Carrera 4 eine Standardverteilung der Antriebskraft durch ein Planeten Verteilergetriebe mit 31 Prozent zur Vorderachse und 69 Prozent zur Hinterachse. Dieses mechanisch sich ergebende Verhältnis konnte beim früher gebauten

Starker Auftritt: 911 Carrera, 911 Turbo und neuer 911 Carrera RS; drei unterschiedliche Charakter mit gleichem Ursprung.

Carrera 4 durch eine hydraulisch betätigte Längskupplung nahezu stufenlos geändert werden. Der 911 Carrera 4 im Modelljahr 1995 erhielt als Längskupplung eine optimal angepaßte und sehr leichte Visco-Lamellenkupplung.
Neu im Modelljahr 1995 kam für den sportlichen Einsatz der 911 Carrera RS hinzu. Dieses äußerst sportlich konzipierte Fahrzeug wurde als konsequenter Leichtbau mit weitgehendem Verzicht auf Komfortelemente angeboten. Das Fahrzeug wurde als Basisversion (M002) und als Club Sport Version (M003) gefertigt. Die Motorleistung betrug 221 kW (300 PS).

## Motor

Carrera und Carrera 4: Änderungen und Erleichterungen an den Kolben. Carrera RS: Beim Motor für den Carrera RS (M64/20) wurde auf bewährte Komponenten des Serienmotors M64/05 zurückgegriffen. Die wichtigsten Unterschiede: Hubraum 3744 $cm^3$, Einpaß der Zylinder in das Kurbelgehäuse, Zylinderköpfe mit vergrößerten Kanälen, Durchmesser Einlaßventil auf 51,5 mm, vom Auslaßventil auf 49 mm vergrößert, grafalbeschichtete Kolben, ein Keilriemen für Gebläse und Generator, geänderter Hub an den Nockenwellen, Varioram-Ansauganlage.

Die höhere Motorleistung gegenüber dem Carrera wurde durch die mechanischen Änderungen am Motor, aber auch durch die bessere Füllung der Zylinder durch die Varioram-Ansauganlage erreicht. Die Grafalbeschichtung der Kolben dient zur Geräuschreduzierung.

## Kraftstoffanlage, Zündsystem

Carrera und Carrera 4: Keine Änderungen
Carrera RS: Digitale Motor Elektronik 2.10.1 für geänderte Zündwinkel und Einspritzung. Variable Saugrohrlängen durch das Varioram-System erlaubten Resonanzaufladung und damit hohe Motorleistung im oberen Drehzahlbereich und zusätzlich ein wesentlich gesteigertes Drehmoment im mittleren Bereich.

Die einzelnen Saugrohre bestanden jeweils aus zwei Teilen. Ein Teil war fest mit dem Zylinderkopf verbunden, das andere Teil konnte durch Verschieben die Saugrohrlänge nahezu verdoppeln. Im unteren und mittleren Drehzahlbereich wurde mit langen Saugrohren gefahren, bei Drehzahlen über 5160/min und weit offener Drosselklappe wurde dann die Saugrohrlänge halbiert.

Mehr wäre zuviel:
Der 911 GT setzt auf den Turbo noch eins drauf.

## Kraftübertragung

Carrera und Carrera 4: die Doppelkonussynchronisierung an den Gängen 1 und 2 wurde weiter verbessert. Für die Gänge 3 und 4 setzte eine LeichtmetallSchaltgabel mit Verschleißschutz ein.
Das Antriebssystem Tiptronic für den 911 Carrera wurde durch eine zusätzliche Bedienfunktion erweitert: das Lenkrad erhielt Schaltwippen, über die Hoch- und Rückschaltungen erreicht werden konnten. Durch Daumendruck wurden, bei Wählhebelstellung »manuell« die Schaltungen ausgelöst. Auch bei dieser neuen Variante verhinderte das Steuergerät unsinnige und gefährliche Schaltungen in falschen Drehzahlbereichen. Die Tastschalter am Lenkrad für Befehle an die Tiptronic waren bei Porsche kein Neuland. Mitte bis Ende der achtziger Jahre waren mehrere Rennsportwagen 962 mit dem automatischen Porsche Doppelkupplungsgetriebe (PDK) ausgerüstet. Diese Fahrzeuge, meist von Hans Joachim Stuck gefahren, hatten schon damals, lange vor der Formel 1 Tastschalter am Lenkrad, die es dem Fahrer erlaubten, ohne die Hände vom Lenkrad zu nehmen, hoch- oder rückzuschalten.
Carrera 4: Das Kraftübertragungssystem bestand aus einem vollsynchronisierten Sechsganggetriebe (G64/21) und einer Visco Lamellenkupplung im vorderen Getriebegehäuse. Die Verbindung zur Vorderachse erfolgte mittels Zentralwelle im starren Zentralrohr (Transaxle-Bauweise). Die Kegelrad-Triebsätze zum Antrieb der Hinterräder waren hypoid-versetzt und nach dem Gleason Fertigungsverfahren hergestellt. Zur optimalen Laufruhe wurden die Zähne von Triebwelle und Tellerrad nach dem Härtevorgang noch zusätzlich geschliffen. Alle Fahrzeuge besaßen ein mechanisches

Die aufgenieteten Kotflügelverbreiterungen sind stilistisch gewollt.

Sperrdifferential System ZF. Serienmäßig bei allen Carrera 4 war auch das Automatische Brems-Differential (ABD), das zusätzlich bei extremen Straßenverhältnissen Anfahrhilfe für die Hinterräder bot. Das Vorderachsdifferential wurde komplett überarbeitet und und erleichtert.

Die Entwicklungsziele beim Allradantrieb des neuen 911 Carrera 4 waren: eindeutigeres Fahrverhalten als beim Vorgänger, optimales Handling, hohe Fahrstabilität, geringes Zusatzgewicht und hoher Wirkungsgrad/geringe Leistungsverluste. Eher zweitrangig war das Ziel die Traktion auf Schnee und in schwierigem Gelände zu verbessern. War der frühere Carrera 4 in Kurven eher träge und unwillig, so konnte er doch bei hochgehobener Hinterachse noch über die Vorderräder beträchtliche Zugkraft entwickeln. Der neue Carrera 4 ist bei normalen, auch nassen Straßen in Kurven, im Handling und im Geradeauslauf wesentlich besser, ist jedoch bei extremem Zugkraftbedarf trotz ABD beim Anfahren weniger kraftvoll, jedoch dem nur hinterachsgetriebenen 911 Carrera weit überlegen.

Carrera RS: Die Basisversion des Carrera RS erhielt ein Zweimassenschwungrad. Für die Club Sport Version wurde nur ein leichtes Sportschwungrad verwendet. Spezielle Gangübersetzungen gab es für die Getriebe G50/31 (Basisversion), G50/32 (Club Sport Version) und G50/33 (Basisversion Schweiz). Die Festräder für den zweiten Gang waren gesteckt und nicht Bestandteil der Antriebswelle, die Synchronringe aller Vorwärtsgänge waren aus Stahl und alle Getriebe hatten ein mechanisches ZF Sperrdifferential (Zug 40 %, Schub 65 %). Serienmäßig bei allen RS war auch das automatische Bremsdifferential ABD.

## Fahrwerk

Carrera: Nur geringfügige Änderungen gegenüber dem Vorjahr. Zwei Sonderfahrwerke wurden vom Werk angeboten: Sonderfahrwerk M030 (nur für das Coupé) Vorderachse 10 mm, Hinterachse 20 mm tiefergelegt, Federn der Vorder- und Hinterachse »steifer« ausgelegt, Stoßdämpfer waren dem Fahrwerk angepaßt.
Sonderfahrwerk M033 (auch für Cabriolet) Vorderachse 10 mm, Hinterachse 20 mm tiefergelegt, Serienabstimmung.

Carrera und Carrera 4: neben der Serienbereifung (vorne 205/55 ZR 16, hinten 245/45 ZR16) war über Mehrausstattung M 398 folgende Rad/Reifenkombination vorne Rad 7J x 17 H2 ET55 mit Bereifung 205/50 ZR 17, hinten Rad 9J x 17 H2 ET55 mit Bereifung 255/40 ZR 17.

911 Carrera 4: Zweikreis-Bremsanlage mit Aufteilung schwarz/weiß mit hydraulischem Bremskraftverstärker. ABS und das dynamische Sperrensystem ABD gehörten zur Serienausstattung. Die Bremsscheiben (innenbelüftet und perforiert) waren vom 911 Carrera, die Vierkolben-Leichtmetall-Bremssättel waren titanfarben lackiert.

Carrera RS: das Fahrzeug war gegenüber dem 911 Carrera vorne um 30 mm und hinten um 40 mm tiefergelegt. Für Sporteinsätze konnte das RS-Fahrzeug individuell auf Strecke, Bereifung und Fahrer eingestellt werden. Radträger, Spurstange, Federbein und Servolenkung wichen bei den RS-Vorderachsen von der Serie ab und waren jeweils mit einem grünen Farbpunkt gekennzeichnet. Auch an der Hinterachse gab es Änderungen: Durch Langlöcher, härtere Gummilager und einen Stabilisator mit 20 mm Durchmesser konnte das Fahrverhalten für den Sporteinsatz verbessert werden. Die hinteren Federbeine bestehen aus Einrohr GasdruckSchwingungsdämpfern und sind einstellbar. Die dreiteiligen Räder wurden aus Magnesium hergestellt.

Die Bremsanlage des Carrera RS erfüllte die hohen Anforderungen. Eingebaut war eine Zweikreis-Bremsanlage (schwarz/weiß) mit hydraulischer Bremskraftunterstützung. Bremsscheibe vorne innenbelüftet und perforiert, 322 mm Durchmesser, 32 mm Dicke. Hinten ebenfalls innenbelüftet und perforiert, 322 mm Durchmesser, 28 mm Dicke. Rotlackierte Vierkolben-Bremssättel vorne und hinten.

Zwei wie aus einem Guß:
933 Cabriolet
und 993 Coupé.

## Karosserie

Carrera und Carrera 4: Keine Änderungen an der Karosserie. Unterscheidungsmerkmal war ein auf dem hinteren Deckel angebrachter titanfarbener Schriftzug »Carrera 4«, ferner waren die vorderen Blinkleuten weiß ausgeführt, das vorgeschriebene gelb orange Licht beim Blinken wurde durch farbige Glühlampen erzeugt.

Carrera RS: Der vordere Deckel war aus Leichtmetall gefertigt und besaß aus Gewichtsgründen nur eine seitliche Abstützstange. Die Einstiegblenden waren aus aerodynamischen Gründen verändert.Die Bugverkleidung unterschied sich vom 911 Carrera durch seitliche hochgezogene Spoilerlippen. Als Heckspoiler wurden zwei Varianten angeboten: ein feststehender Heckspoiler mit Lufteinlaßgitter vom Serienfahrzeug für die Basisversion und für den RS Club Sport ein feststehender Heckspoiler mit zusätzlich einstellbarem Heckflügel und seitlichen Lufteinlässen für die Motoransaugluft und die Motorraumdurchlüftung. Die Club Sport Version besaß serienmäßig einen fest eingeschweißten Überrollkäfig. Die RS-Fahrzeuge bekamen keine Airbags und hatten ein Dreispeichen-Lederlenkrad.

Für den 911 Carrera RS wurden beide Heckspoiler typisiert. Die überwiegende Mehrzahl der Kunden entschied sich natürlich für den großen »Doppeldecker«.

## Ausstattung

Im Schalthebelknopf war die Einlage mit dem Schaltschema beim 911 Carrera 4 titanfarben ausgeführt.

## Verkleidungen, Sitze

Neue Sportsitze mit Ganzlederbezug (M383/387). Serienmäßig elektrische Höhenverstellung, klappbare stufenlos verstellbare Sitzlehne, manuell verstellbarer Lordosenkeil, Sitzheizung ist möglich, Gurtschloß am Sitzgestell.
Carrera RS: Die Sitzschalen im Club Sport Fahrzeug sind zusammen 30 kg leichter als die Basis-Sitze. An der Türverkleidung sind Zuziehgriff und Öffnerschlaufe angebracht.

Besonders aus dieser Perspektive kommen die breiten Kotflügel der neuen Generation zur Geltung.

## Heizung, Klimaanlage

Zur Verbesserung der Heiz- und Klimawirkung wurde ein geänderter HeizKlimaregler mit zusätzlichem Außenfühler verwendet, die Heizluft wurde im Motorraum bei normalen Betriebsbedingungen separat als Frischluft angesaugt, lediglich bei extremer Kälte wurde noch vorgewärmte Motorluft zugemischt. Die Umluftklappen wurden mittels Unterdruck betätigt.

Bedienerfreundlicher: Mehrere Funktionen wurden in der Mittelkonsole zusammengefaßt.

## Elektrik

Einsatz der zweiten Generation der elektronischen Wegfahrsperren. Es bestand erstmals zusätzlich zu den Handsendern die Möglichkeit, eine fahrzeugspezifische Codenummer über das Zündschloß einzugeben und die Wegfahrsperre zu deaktivieren.
Neue Radiogeneration Porsche CR 10, entstanden aus der Zusammenarbeit Porsche und Radio Becker. Das Gerät konnte mit einem CD-Wechsler kombiniert werden. Das zweite, preiswertere Radiogerät war das Blaupunkt CD-Gerät München CR 104.
Als Basisradio setzte das Blaupunkt-Gerät Düsseldorf RCR 84 ein.
Angeboten wurde zusätzlich das Porsche Klangpaket DSP (Digital Sound Processing), das Steuergerät dazu befand sich unter dem rechten Sitz, das DSP-Bedienteil war im Ablagefach der Fahrertüre untergebracht. Eine erweiterte Telefonvorbereitung für das Nokia-System war serienmäßig eingebaut.

War der Radioeinbau noch vor wenigen Jahren meist Sache des Kunden oder der Heimatwerkstatt, so bemühte sich Porsche mehr und mehr, das Klangverhalten im Wageninnern durch eigene Versuche zu verbessern und daraus entstandene »Klangpakete« schon ab Werk anzubieten. Interessant auch, daß drei verschiedene Rundfunkgeräte im Modelljahr 1995 angeboten wurden.

## Sonstiges

Für den Rennsport, aber auch als Straßenversion, gab es als Kleinserie den 911 GT 2. Die Basiskarosserie entsprach dem 911 Turbo und wurde durch zusätzliche Kotflügelverbeiterungen für 18 Zoll Rennräder gerüstet. Hubraum 3600 ccm, zwei Turbolader, Leistung 330 kW/450 PS nur mit Heckantrieb.
Schon im Frühjahr 1995 wurde der leistungsgesteigerte 911 Turbo, der Bi-Turbo, vorgestellt und ausgeliefert. Da die Fahrzeugidentifikation für den Serienanlauf »Modelljahr 1996«, also T-Programm ausweist, wird dieses Fahrzeug ausführlich dort beschrieben.

| Typenbezeichnung | Listenpreise 8/94 bzw. 3/95 | Produktionszahlen |
|---|---|---|
| 911 Carrera Coupé | DM 125.760,–/128.270,– | |
| 911 Carrera Cabriolet | DM 142.620,–/145.470,– | |
| 911 Carrera 4 Coupé | DM 134.340,–/137.030,– | |
| 911 Carrera 4 Cabriolet | DM 151.190,–/154.210,– | |
| 911 Carrera RS Coupé | DM 145.00,–/147.900,– | |
| 911 GT 2 | DM 268.000,– | |
| 911 Turbo Coupé | DM 207.880,–/212.040,– | |

Die genauen Produktionszahlen lagen bei Redaktionsschluß noch nicht vor.

| Modellbezeichnung | Carrera (993) | Carrera 4 (993) | Carrera RS | Turbo 3,6 |
|---|---|---|---|---|
| **1. Motor** | | | | |
| Motor-Typ Schaltgetr. | M64/05 | M64/05 | M64/20 | M 64/50 |
| Tiptronic | M64/06 | ..... | ..... | ... |
| Bohrung (mm) | 100 | 100 | 102 | 100 |
| Hub (mm) | 76,4 | 76,4 | 76,4 | 76,4 |
| Hubraum (cm$^3$) | 3600 | 3600 | 3746 | 3600 |
| Verd.verhältnis | 11,3:1 | 11,3:1 | 11,3:1 | 7,5:1 |
| Motorleistung (kW/PS) | 200/272 | 200/272 | 221/300 | 265/360 |
| bei Drehzahl (U/min) | 6100 | 6100 | 6500 | 5500 |
| Drehmoment (Nm) | 330 | 330 | 355 | 520 |
| bei Drehzahl (U/min) | 5000 | 5000 | 5400 | 4200 |
| Literleistung (kW/l) | 55,6 | 55,6 | 59 | 73,6 |
| Höchstdrehzahl (U/min) | 6700 | 6700 | 6840 | 6600 |
| Motorgewicht (kg) | 232 | 232 | 230 | 276 |
| **2. Gemischaufbereitung, Zündung, Einstellwerte** | | | | |
| Kraftstoffanlage | DME S | DME S | DME S | K-Jetronic |
| Kraftstoffart (ROZ) | 98 | 98 | 98 | 95 |
| Zündsystem | DME | DME | DME | KFZ |
| Zündung | Doppel | Doppel | Doppel | Einfach |
| Zündkerzen Bosch | FR 6 LDC und FR 5 DTC | | = | Fr 6 LDC |
| Beru | 14 FR-5 DTU | = | = | .... |
| Elektrodenabstand (mm) | 0,7 | = | = | 0,8 |
| Klopfregelung | ja | ja | ja | nein |
| Leerlaufdrehz.(U/min) | 800+-40 | 880+-40 | 960+-40 | 950+50 |
| Abgasanlage/Entgiftung | BLS+DWMK | = | = | BLS+DWMK+SLE+ZLP |
| CO-Gehalt ohne Kat. (%) | 0,5...1,0 | = | = | 1,0...1,4 |
| mit Kat. (%) | 0,4...1,2 | = | = | 0,8...1,2 |
| Kraftstoffverbrauch nach EG-Norm, Schaltgetriebe (l/100 km) | | | | |
| A. bei konstant 90 km/h | 7,5 | 7,5 | 7,6 | 8,3 |
| B. bei konstant 120 km/h | 9,2 | 9,2 | 9,5 | 10,3 |

| Modellbezeichnung | Carrera (993) | Carrera 4 (993) | Carrera RS | Turbo 3,6 |
|---|---|---|---|---|
| C. EG-Stadtzyklus | 17,4 | 17,6 | 20,1 | 21,3 |
| Drittelmix | 11,4 | 11,5 | 12,4 | 13,3 |
| Mit Tiptronic | | | | |
| A. bei konstant 90 km/h | 7,5 | .... | .... | .... |
| B. bei konstant 120 km/h | 9,2 | .... | .... | .... |
| C. EG-Stadtzyklus | 16,8 | .... | .... | .... |
| C. Drittelmix | 11,3 | .... | .... | .... |

Zeichenerklärung:

BLS = Beheizte Lambda Sonde
DME S = Digitale Motor Elektronik, Einspritzung sequentiell
DWMK = Dreiwege-Metallkatalysator
KFZ = Kennfeldzündung, druckgesteuert
SLE = Sekundärlufteinblasung
ZLP = Zusatzluftpumpe

**3. Kraftübertragung**

| | | | | |
|---|---|---|---|---|
| Zweimassenschwungrad | Syst.LUK* | Syst.LUK* | Syst.LUK* | Syst.LUK |
| Kupplung, Druckplatte | G MFZ 240 | = | = | = |
| Mitnehmerscheibe | starr 240 | = | = | = |
| Getriebetyp Schaltgetr. | G50/21 | G64/21 | G50/31 | G50/52 |
| Gangübersetzungen | | | | |
| 1. Gang | 3,818 | 3,818 | 3,154 | 3,154 |
| 2. Gang | 2,150 | 2,150 | 2,000 | 1,789 |
| 3. Gang | 1,56 | 1,560 | 1,522 | 1,269 |
| 4. Gang | 1,242 | 1,242 | 1,242 | 0,967 |
| 5. Gang | 1,024 | 1,024 | 1,024 | 0,756 |
| 6. Gang | 0,820 | 0,820 | 0,821 | ... |
| Rückwärtsgang | 2,857 | 2,857 | 2,857 | 2,857 |
| Synchronsystem Vorwärtsgänge | VK | = | = | = |
| Synchronsystem R.-Gang | VK | = | = | = |
| Achsantrieb | 3,444 | 3,44 | 3,44 | = |
| Sperrdifferential | M | S | S | S |
| Sperrwert Zug/Schub (%) | 25/65 | 25/40 | 40/65 | 20/100 |
| Getriebegewicht mit Ölfüllung (kg) | 66 | 72,5 | 69 | 79,65 |
| | | | | |
| Tiptronic | A50/04 | .... | ... | ... |
| Drehmomentwandler D. (mm) | 260 | ... | ... | ... |
| Festbremsdrehzahl (U/min) | 2300 -400 | ... | ... | ... |
| Gangübersetzungen | | | | |
| 1. Gang | 2,479 | ... | ... | ... |
| 2. Gang | 1,479 | ... | ... | ... |
| 3. Gang | 1,000 | ... | ... | ... |
| 4. Gang | 0,728 | ... | ... | ... |
| Rückwärtsgang | 2,086 | ... | ... | ... |
| Zwischenwelle | 1,100 | ... | ... | ... |
| Achsantrieb | 3,667 | ... | ... | ... |
| Sperrdifferential | nein | ... | ... | ... |
| Getriebegewicht mit Öl- und ATF-Füllung (kg) | 105 | ... | ... | ... |

| Modellbezeichnung | Carrera (993) | Carrera 4 (993) | Carrera RS | Turbo 3,6 |
|---|---|---|---|---|
| **4. Fahrwerk, Lenkung, Bremsen, Räder** | | | | |
| Vorderachse | | | | |
| Stabilisator D. (mm) | 21 | 21 | 23 | 21 |
| Lenkungsübersetzung | 16,48 | 16,48 | 18,25 | 18,48 |
| Wendekreis D. (m) | 11,74 | 11,74 | 11,76 | 11,45 |
| Hinterachse | | | | |
| Stabilisator D.Schaltg. (mm) | 18 | 18 | 20 | 22 |
| Tiptron. (mm) | 18 | ... | ... | ... |
| Bremsanlage | | | | |
| Bremskraftverstärker Übers. | 3,15:1 | 4,8:1 | 3,6:1 | 4,8:1 |
| Hauptbremszylinder D. (mm) | 23,81 | 23,81 | 25,4 | 23,81 |
| Druckminderer | | | | |
| Einschaltdruck (bar) | 40 | 45 | 40 | 60 |
| Minderungsfaktor | 0,46 | 0,46 | 0,46 | 0,46 |
| Kolbendurchm. in den | | | | |
| Bremszangen vorn (mm) | 44+36 | 44+36 | 44+36 | 36+44 |
| Bremszangen hinten (mm) | 30+34 | 28+30 | 30+36 | 30+34 |
| Bremsscheibendurchmesser | | | | |
| vorn (mm) | 304 | 304 | 322 | 322 |
| hinten (mm) | 299 | 299 | 322 | 299 |
| Bremsscheibendicke | | | | |
| vorn (mm) | 32 | 32 | 32 | 32 |
| hinten (mm) | 24 | 24 | 28 | 28 |
| Wirksame Gesamtbelagfläche ($cm^2$) | 422 | 422 | 522 | 474 |
| Feststellbremse | Mechanisch auf beide Hinterräder wirkend | | | |
| Bremstrommeldurchmesser (mm) | 180 | = | = | = |
| Gesamtbelagfläche ($cm^2$) | 170 | = | = | = |

Zeichenerklärung:
Syst.LUK* = Zweimassenschwungrad System LUK (Stahlfedergedämpft)
VK = Vollkonus Synchronsystem mit Molybdän-beschichteten Synchronringen.

| | | | | |
|---|---|---|---|---|
| Räder und Reifen | | | | |
| Serienbereifung vorn | 205/55ZR16 | 205/55ZR16 | 225/40ZR18 | 225/40ZR18 |
| auf Rad | 7J x 16 H2 | 7J x 16 H2 | 8J x 18 AH | 8J x 18 H2 |
| Einpreßtiefe ET (mm) | 55 | 55 | 52 | 52 |
| wahlweise auch | 205/50ZR17 | 205/50ZR17 | .... | ... |
| auf Rad | 7J x 17 H2 | 7J x 17 H2 | .... | ... |
| Einpreßtiefe (mm) | 55 | 55 | .... | ... |
| Serienbereifung hinten | 245/45ZR16 | 245/45ZR16 | 265/35ZR18 | 265/35ZR18 |
| | 9J x 16 H2 | 9J x 16 H2 | 10J x 18AH | 10J x 18 H2 |
| Einpreßtiefe ET (mm) | 70 | 70 | 65 | 61 |
| wahlweise auch | 255/40ZR17 | 255/40ZR 17 | .... | .... |
| auf Rad | 7J x 17 H2 | 7J x 17 H2 | .... | .... |
| Einpreßtiefe (mm) | 55 | 55 | .... | .... |
| Faltersatzrad | 165/ 70-1692P | = | = | = |
| Reifendruck vorn (bar) | 2,5 | = | 2,5 | 2,5 |
| hinten (bar) | 3,0 (2,5)* | 3,0 (2,5)* | 3,0 | 3,0 |
| Faltersatzrad (bar) | 2,5 | = | = | 2,5 |



* In Klammern: Luftdruck mit Sonderbereifung 17 Zoll

| Modellbezeichnung | | Carrera (993) | Carrera 4 (993) | Carrera RS | Turbo 3,6 |
|---|---|---|---|---|---|
| Abmessungen bei Leergewicht | | | | | |
| Länge (mm) | | 4245 | 4245 | 4245 | 4275 |
| Breite (mm) | | 1735 | 1735 | 1735 | 1775 |
| Höhe (mm) | | 1300 | 1300 | 1270 | 1290 |
| Radstand (mm) | | 2272 | 2272 | 2284 | 2272 |
| Spurweite vorn (mm) | | 1405 | 1405 | 1413 | 1442 |
| hinten (mm) | | 1444 | 1444 | 1452 | 1506 |
| Bodenfreiheit bei zul.Ges.gewicht (mm) | | 110 | 110 | 90 | 112 |
| Überhangwinkel vorn (Grad) | | 11,0 | 11,0 | 9,7 | 12,5 |
| hinten (Grad) | | 12,5 | 12,5 | 11,0 | 14,0 |
| **9. Elektrik** | | | | | |
| Generator-Leistung (W/A) | | 1610/115 | = | = | = |
| Batterie (V/Ah) | | 12/75 | = | 12/36 | 12/75 |
| **Gewichte nach DIN 70020** | | | | | |
| Leergewicht mit Schaltgetriebe (kg) | | 1370 | 1420 | 1270 | 1470 |
| Tiptronic (kg) | | 1395 | .... | .... | ... |
| Zulässiges Gesamtgewicht Schaltgetr. (kg) | | 1710 | 1760 | 1710 | 1810 |
| Tiptronic (kg) | | 1735 | .... | .... | ... |
| Zulässige Anhängelast ungebremst (kg) | | keine | keine | keine | keine |
| gebremst (kg) | | keine | keine | keine | keine |
| Zulässige Dachlast (kg) | | 35 | 35 | 35 | 35 |
| mit Porsche System (kg | | 75 | 75 | 75 | 75 |
| **Fahrleistungen** | | | | | |
| Höchstgeschwindigkeit Schaltgetriebe (km/h) | | 270 | 270 | 277 | 280 |
| Tiptronic (km/h) | | 265 | ... | ... | ... |
| Beschleunigung 0...100 km/h Schaltgetriebe (s) | | 5,6 | 5,5 | 5,0 | 4,8 |
| Tiptronic (s) | | 6,6 | ... | ... | ... |
| Kilometer mit stehendem Start Schaltgetriebe (s) | | 25,1 | 25,3 | 24,0 | 23,3 |
| Tiptronic (s) | | 25,9 | ... | ... | ... |
| **Füllmengen** | | | | | |
| Motorölmenge 1* | (l) | 11,5 | = | = | 12,0 |
| Schaltgetriebe 2* | (l) | 3,6 | = | = | 3,9 |
| Vorderachse 2* | (l) | ... | 0,6 | ... | ... |
| Automatikgetr.3* | (l) | 9,0 | ... | ... | ... |
| Autom. Achsantr.2* | (l) | 0,9 | 0,9 | ... | ... |
| Kraftstoffbehälter | (l) | 73 (92)** | 73 (92)** | 92 | 92 |
| Bremsflüss.behält.6* | (l) | 0,34 | 0,75 | 0,34 | = |
| Flüss.für Servolenk.3 | (l) | 1,0 | = | = | = |
| Kältemittel 4* | (g) | 840 | 840 | 840 | 840 |
| Kälteöl 5* | (ml) | 140 | = | = | 140 |
| Scheibenwaschbehält. | (l) | 7,3 | 7,3 | 1,2 | 7,3 |

* Ziffernerklärung:

** Tankinhalt Sonderwunsch 92 l

1* Zugelassen API SE/SF mit Kombinationen API SE/CC - SF/CC - SF/CD - SE/CD
Mehrbereichsöle nach Werksfreigabe

2* Mehrbereichs-Getriebeöl 75 W 90 nach MIL-L 2105 B bzw API-Klassifikation GL 5

3* ATF DEXRON II D

4* Nur Kältemittel R 134 a (Porsche hat die Kälteanlagen auf FCKW-freies Kältemittel umgestellt)

5* Handelsübliche Kälteöle

6* Nur Bremsflüssigkeit entsprechend DOT 4 Typ 200 verwenden

Zeichenerklärung:

Turbo Look = Technische Daten beziehen sich auf Carrera 4 Turbo Look

M = Mehrausstattung (Sonderwunsch)

S = Serienmäßig eingebaut

**Die Fahrzeug-Ident-Nummern**

| | | | | | | | | | | | | |
|---|---|---|---|---|---|---|---|---|---|---|---|---|
| WP0 | Z | Z | Z | 99 | Z | S | S | 3 | 1 | 0001 ... 9000 | Restwelt | 911 Carrera oder Carrera 4 Coupé |
| WP0 | Z | Z | Z | 99 | Z | S | S | 3 | 3 | 0001 ... 9000 | Restwelt | 911 Carrera oder Carrera 4 Cabriolet |
| WP0 | Z | Z | Z | 99 | Z | S | S | 3 | 9 | 0001 ... 0400 | Restwelt | 911 Carrera RS |
| WP0 | A | B | 2 | 99 | C* | S | S | 3 | 1 | 0001 ... 5000 | USA/CDN | 911 Carrera oder Carrera 4 Coupé |
| WP0 | C | B | 2 | 99 | C* | S | S | 3 | 6 | 0001 ... 5000 | USA/CDN | 911 Carrera oder Carrera 4 Cabriolet |

```
!   !   !   !   !   !   !   !   !   !      !
!   !   !   !   !   !   !   !   !   !      +   Zählnummer
!   !   !   !   !   !   !   !   !   +..........Code für Karosserie+Motor
!   !   !   !   !   !   !   !   +..............Ergibt mit 7. und 8. Stelle den Fahrzeugtyp
!   !   !   !   !   !   !   +..................Fertigungsort (S = Stuttgart)
!   !   !   !   !   !   +......................Modelljahr (S = 1995, T = 1996 usw.)
!   !   !   !   !   +..........................Prüfziffer/Füllzeichen
!   !   !   !   +..............................Erste und zweite Stelle des Fahrzeugtyps
!   !   !   +..................................Rückhaltesystem (0 = Gurt, 2 = Airbag) nur USA
!   !   +......................................Code für Motorvarianten (nur USA)
!   +..........................................Code Karosserie USA (A = Coupé, B = Targa,
                                               C = Cabriolet)
+..............................................Weltherstellercode
```

C* = Prüfzeichen, kann 0 ... 9 oder X sein (nur USA)

Z = Füllzeichen für Restwelt-Fahrzeuge.

# Modelljahr 1996 (T-Programm: Neuer Targa, breiter Carrera)

## 911 Carrera Coupé, Cabriolet und Targa. Porsche 911 Carrera 4 Coupé, Cabriolet und Targa Porsche 911 Carrera 4S Porsche 911 Carrera RS Coupé Porsche 911 Turbo Coupé

Sechs auf einen Blick: Die Kunden haben wieder eine große Auswahl.

Es gab wieder einen 911 Targa. Die neue Karosserievariante mit versenkbarem Glasdach wurde erstmals auf der IAA 1995 in Frankfurt vorgestellt. Dort standen auch die modellgepflegten Elfer-Typen. Die Carrera mit Saugmotoren wurden in der Leistung auf 210 kW (285 PS) durch Einsatz des Varioram Ansaugsystems und Erhöhung der Verdichtung gesteigert. Der 911 Carrera RS wurde als Basis- und Club Sport Modell unverändert weitergebaut.

911 Turbo: Als Fahrzeug mit zwei Turboladern wurde der 911 Turbo schon im Frühjahr 1995 vorgestellt und erstmals ausgeliefert, erhielt jedoch von Serienanlauf an die Fahrzeug-Identifikation für Modelljahr 1996. Der mit zwei Turboladern ausgerüstete Sportwagen mit Allradantrieb zeichnete sich durch ein wesentlich verbessertes Fahrverhalten, hohe Fahrstabilität bessere Traktion (dank Allradantrieb) und weiter verbesserte Fahrleistungen aus. Als erstes Fahrzeug auf dem Welt-

markt besaß der 911 Turbo serienmäßig das Abgas-Überwachungssystem OBDII (Onboard Diagnosis II). Die Motorleistung wurde auf 300 kW (408 PS) gesteigert. Das Turbo-Fahrzeug war erstmals mit Hohlspeichenrädern ausgestattet.

Für 1996 verlangte die Abgasbehörde der USA eine weitere Reduzierung der Abgasemmissionen auf folgende Grenzwerte: HC 0,25, CO 3,4, NOx 0,4, Gramm pro gefahrene Meile sowie eine fahrzeugseitige Speicherung möglicher abgasbeeinflussender Fehler. (Gesetz CAA'90, Clean Air Act '90). Während andere Hersteller noch zauderten und lediglich Fahrzeuge für den USA Export mit OBDII ausrüsten, lieferte Porsche ab März 1995 weltweit alle neuen Turbo-Fahrzeuge mit diesem Diagnose-System aus.

## Motor

911 Turbo: Der Motor M64/60 basierte auf dem Saugmotor der Carrera-Modelle M64/05. Kurbeltrieb und Kurbelgehäuse konnten mit geringen Änderungen vom Saugmotor übernommen werden. Die Pleuelstangen wurden im Übergangsbereich vom großen Auge zum Schaft verstärkt. Die gepreßten Kolben sind grafalbeschichtet und am Feuersteg gestrählt (es wurden Rillen eingepreßt). Die gepreßten Leichtmetall-Zylinder hatten eine Bohrung von 100 mm und eine Laufbahnbeschichtung. An den Leichtmetall-Zylinderköpfen wurde der Einlaßkanal von 38 mm an 43 mm erweitert, der Auslaßkanal wurde von einem eingegossenen Keramik-Portliner gebildet, der zur Temperaturabsenkung in den Zylinderköpfen diente. Auch die Nockenwellen wurden überarbeitet und besaßen nunmehr einen Einlaßhub von 11,6 mm und Auslaßhub von 10,5 mm.

Die Schmierung für die beiden Turbolader wurde vom Kettenspannergehäuse abgezweigt. Unterhalb den Turboladern befand sich ein Öl-Auffangbehälter, der durch eine separate Doppel Zahnradpumpe abgesaugt wurde. Den Antrieb der Pumpe, bestehend aus drei Stirnzahnrädern, besorgte eine Torxverzahnung an der Zwischenwelle für den Nockenwellenantrieb.

## Kraftstoffanlage, Zündsystem

911 Carrera und Carrera 4S: Leistungssteigerung auf 210 kW durch das Varioarm-ansaugsystem. Sequentielle Einspritzung und Zündsystem unverändert. Abstimmungnder Digitalen Motor Elektronik auf die höhere Leistung.

911 Turbo: Eine Bosch-Motronic M 5.2 errechnete die Zündwinkel und die Einspritzmenge und bestimmte die luftmassenabhängige Ladedruckregelung. Die Ansaugluft wurde nach dem Luftfilter und dem Heißfilm-Luftmassenmesser in zwei Teilströme aufgeteilt und den beiden Turboladern zugeführt. Auch die von den Ladern verdichtete Luft blieb getrennt zwei großvolumige Ladeluftkühler sorgten für die Tepperaturabsenkung der verdicheten Luft. Erst vor der gemeinsamen Drosselklappe für alle sechs Zylinder wurde die Luft zusammengeführt. Zwei kleine Turbolader wurden von den Abgasströmen von jeweils drei Zylindern angetrieben, die Abgassysteme beider Seiten des Boxermotors blieben bis zu den Endrohren völlig getrennt voneinander. Nach den Turboladern sind im hinteren Querbereich zwei Katalysatoren angeordnet. Vor und nach jedem Katalysator waren jeweils Lambdasonden angeordnet (Stereo-Lambdaregelung), die ihre Meßwerte an das DME-Steuergerät weiterzumelden hatten. Neu war beim Turbo die Onboard Diagnose II, das DME-Steuergerät konnte 83 verschiedene Fehlerpfade verfolgen, gleichzeitig bis zu 20 abgasrelevante Fehler speichern und mit einem geeigneten Diagnosegerät reporten. Schon beim ersten aufgespürten Fehler leuchtete eine Warnlampe auf (Check Engine Lampe) und machte den Fahrer aufmerksam, daß eine Werkstatt aufgesucht werden sollte.

## Kraftübertragung

911 Turbo: Um das enorme Drehmoment von 540 Nm sicher übertragen zu können, wurde eine Anpreßkraft der Druckplatte von ca. 15 000 N (1,5 Tonnen) erforderlich. Die Pedalkraft, um die Kupplung zu trennen, konnte nur noch mit hydraulischer Unterstützung aufgebracht werden. Als Servounterstützung dient die erweiterte Lenkhydraulikpumpe, deren Druck (bis 70 bar) für die Kupplungsunterstützung genutzt wird. Der Kupplungs-Ausrückweg konnte um 15, die Pedalkraft um 25 Prozent reduziert werden.

Das Kraftübertragungssystem, bestehend aus Sechsgang Schaltgetriebe, Viscokupplung, Transaxlesystem und vorderem Differential wurde bis auf einige Ände-

Eigenständiger Charakter:
911 Carrera 4S.

Revolutionär wie vor
30 Jahren: Neuer 911 Targa
mit drei Glaselementen.

Alles ist zu steigern:
911 Turbo und
911 GT2 (oben).

rungen vom 911 Carrera 4 übernommen. Sebstverständlich mußten die Übersetzungen einiger Vorwärtsgänge den Fahrleistungen angepaßt werden. Das Getriebe G64/51 besaß »länger« ausgelegte Gänge 4, 5, und 6. Für eine bessere Schmierölversorgung dienten Ölfangschalen im Bereich Triebwellenkopf und Ende der Antriebswelle. Das aufgefangene Öl wurde den hohlgebohrten Wellen zugeleitet und durch die Rotation der Wellen den Losrädern 3 und 4 und 5 und 6 weitergegeben. Es gab weltweit nur ein Getriebe für den Turbo, es ist mit einem ZF Lamellensperrdifferential ausgestattet (Sperrwert in Zugrichtung 25 %, in Schubrichtung 40 %). Unterstützt wurde dieses System noch durch das serienmäßige Automatische Brems-Differential (ABD).

## Fahrwerk

911 Turbo: Das Fahrwerk des 911 Turbo wurde aus dem Sportfahrwerk (M030) des 911 Carrera weiterentwickelt und durch Tieferlegen (Fahrzeughöhe 1285 mm) noch sportlicher ausgelegt. Verschiedene Fahrwerksteile wurden den erhöhten Anforderungen angepaßt und verstärkt. Diese verstärkten Teile wurden auch für den 911 Carrera und Carrera 4S übernommen. Bedingt durch das höhere Gewicht des 911 Turbo mußte jedoch die Abstimmung Federn/Stoßdämpfer abweichend von den Saugmotor-Fahrzeugen ausgelegt werden. Der 911 Turbo erhielt Hohlspeichenräder, eine neue Porsche-Technologie des Niederdruck-Gießverfahrens mit anschließender Reibschweißung, so daß die getrennt hergestellten »Felge und Schüssel« untrennbar miteinander verbunden sind.

Dieses von Porsche entwickelte Verfahren, Leichtmetallräder mit bis zu 30 Prozent Gewichteinsparung herzustellen, und dabei noch eine höhere Bauteilsteifigkeit zu erzielen, dürfte der Anfang einer neuen Rädergeneration sein. Durch die Trennung von Felge und Schüssel beim Gießen können die fünf Speichen hohl und damit wesentlich steifer ausgeführt werden. Das Verfahren der Reibschweißung erfolgt durch das Zusammenpressen der Gegenflächen von Felge und Schüssel, bei gleichzeitiger Rotation eines Teiles. Es entsteht Reibungshitze, die zum gasdichen Verschmelzen der beiden Teile führt. Pro Rad (8 x 18 Zoll) werden etwa 3,2 Kilogramm eingespart.

Hydraulische Bremskraftverstärkung bei der Zweikreisbremsanlage. Die innenbelüfteten Bremsscheiben besaßen vorn und hinten evolventenförmige Kühlkanäle und waren perforiert.

## Karosserie

911 Turbo: Front- und Heckpartie waren neu gestaltet, auch der Schwellerbereich ist den ausgestellten Kotflügeln angepaßt. Das einteilige Bugteil besaß vergrößerte Lufteinlässe. Neu entwickelt wurde auch der feststehende Heckspoiler. Durch die Abrißkante am Bugunterteil und durch strömungsgünstige Gestaltung des übrigen Bugbereichs konnten die Luftwiderstandswerte noch weiter verbessert werden: Luftwiderstandsbeiwert $c_W$ 0,34, Stirnfläche $A_F$ 1,93 $m^2$. Die Auftriebswerte von Vorder- und Hinterachse sind nahezu null.

911 Carrera und Carrera 4: Schiebdach weltweit serienmäßig.

911 Carrera 4 S (Turbo Look): Karosserie vom 911 Turbo übernommen, jedoch ausfahrbarer Heckflügel wie Carrera 2 und 4.

911 Carrera und 4 Targa: Es wurde ein Dachmodul aufgesetzt und befestigt. Die Oberseite des Dachmoduls bestand aus getöntem Sicherheitsglas und konnte elktrisch nach hinten, hinter die Rücksitze abgesenkt werden.

## Verkleidungen, Sitze

Die Rücksitzanlage beim 911 Turbo wurde optisch den Vordersitzen angeglichen, ein »turbo«-Schriftzug war im Teppichbezug der linken Rücksitzlehne eingestickt.

## Heizung, Klimaanlage

Der 911 Turbo besaß ein zusätzliches Heckheizgebläse im Motorraum, zwei zusätzliche Vorwärmetauscher sorgten für zusätzliche Heizleistung.

## Elektrik

Beim 911 Turbo setzte weltweit die Warnleuchte »Check Engine« ein, der Anzeigebereich des Tachometers wurde auf 320 km/h erweitert. Serienmäßig für den 911 Turbo und als Sonderausstattung für die übrigen Fahrzeuge wurde eine neue Lampentechnik »Litronic« entwickelt, die mittels einer Gasentladungslampe das Abblendlicht noch weiter verbesserte.

Die Gasentladungslampe D2S bietet ein Vielfaches an Lichtstrom und Leuchtdichte gegenüber den herkömmlichen Halogenlampen. Die Ausleuchtung der Fahrbahn und des angrenzenden Verkehrsraums bei Abblendlicht konnte so wesentlich verbessert werden. Durch geringe Leitungsaufnahme ist auch die Wärmebelastung im Inneren des Scheinwerfers wesentlich geringer.

Alle Wagen erhielten serienmäßig ein Funktelefon.

## Sonstiges

Weitergebaut wurden der Carrera RS mit 3,8 Liter Hubraum und der Bi-Turbo 911 GT II mit 330 kW (450 PS)

| **Modellbezeichnung** | **Carrera (993)** | **Carrera 4 (993)** | **Carrera 4 S** | **Carrera RS** | **911 Turbo** |
|---|---|---|---|---|---|
| **1. Motor** | | | | | |
| Motor-Typ Schaltgetr. | M64/21 | M64/21 | M64/21 | M64/20 | M 64/60 |
| Tiptronic | M64/22 | ..... | ..... | .... | .... |
| Bohrung (mm) | 100 | 100 | 100 | 102 | 100 |
| Hub (mm) | 76,4 | 76,4 | 76,4 | 76,4 | 76,4 |
| Hubraum ($cm^3$) | 3600 | 3600 | 3600 | 3746 | 3600 |
| Verd.verhältnis | 11,3:1 | 11,3:1 | 11,3:1 | 11,3:1 | 8,0:1 |
| Motorleistung (kW/PS) | 210/285 | 210/285 | 210/285 | 221/300 | 300/408 |
| bei Drehzahl (U/min) | 6100 | 6100 | 6100 | 6500 | 5750 |
| Drehmoment (Nm) | 340 | 340 | 340 | 355 | 540 |
| bei Drehzahl (U/min) | 5250 | 5250 | 5250 | 5400 | 4500 |
| Literleistung (kW/l) | 58,3 | 58,3 | 58,3 | 59 | 83,3 |
| Höchstdrehzahl (U/min) | 6700 | 6700 | 6700 | 6840 | 6720 |
| Motorgewicht (kg) | 239* | 239* | 239* | 230 | 268 |
| * mit Unterbodenverkleidung, Kupplung und Klimakompressor | | | | | |
| **2. Gemischaufbereitung, Zündung, Einstellwerte** | | | | | |
| Kraftstoffanlage | DME S + Varioram | | = | = | DME S |
| Kraftstoffart (ROZ) | 98 | 98 | 98 | 98 | 98 |
| Zündsystem | DME | DME | DME | DME | DME |
| Zündung | Doppel | Doppel | Doppel | Doppel | Doppel |
| Zündkerzen Bosch | FR 6 LDC und FR 5 DTC | | = | = | FR 6 LDC |
| Beru | 14 FR5DTU und 14 FR6LDU | | = | = | 14 FR5 LDU |
| Elektrodenabstand (mm) | 0,7 | = | = | = | = |
| Klopfregelung | ja | ja | ja | ja | ja |
| Leerlaufdrehz. (U/min) | 800+-40 | = | = | 960+-40 | 800+-40 |
| Abgasanlage/Entgiftung | BLS+DWMK | = | = | = | 4xBLS+DWMK+ZLP |
| CO-Gehalt ohne Kat. (%) | 0,5...1,0 | = | = | = | 1,0...1,4 |
| mit Kat. (%) | 0,4...1,2 | = | = | = | 0,8...1,2 |
| Kraftstoffverbrauch nach EG-Norm, Schaltgetriebe (l/100 km) | | | | | |

| Modellbezeichnung | Carrera (993) | Carrera 4 (993) | Carrera 4 S | Carrera RS | Turbo 3,6 |
|---|---|---|---|---|---|
| A. bei konstant 90 km/h | 7,6 | 7,8 | 8,0 | 7,6 | 8,2 |
| B. bei konstant 120 km/h | 9,3 | 9,3 | 9,6 | 9,5 | 10,3 |
| C. EWG-City | 16,3 | 16,9 | 16,9 | 20,1 | 21,0 |
| Drittelmix | 11,2 | 11,3 | 11,5 | 12,4 | 13,2 |
| Mit Tiptronic | | | | | |
| A. bei konstant 90 km/h | 8,2 | .... | .... | .... | .... |
| B. bei konstant 120 km/h | 9,8 | .... | .... | .... | .... |
| C. EG-Stadtzyklus | 15,8 | .... | .... | .... | .... |
| C. Drittelmix | 11,3 | .... | .... | .... | .... |

Zeichenerklärung:

BLS = Beheizte Lambda Sonde
DWMK = Dreiwege-Metallkatalysator
DME S = Digitale Motor Elektronik, Einspritzung sequentiell
KFZ = Kennfeldzündung, druckgesteuert
SLE = Sekundärlufteinblasung
ZLP = Zusatzluftpumpe

**3. Kraftübertragung**

| | | | | | |
|---|---|---|---|---|---|
| Zweimassenschwungrad | Syst.LUK* | Syst.LUK* | Syst.LUK* | Syst.LUK* | Syst.LUK |
| Kupplung, Druckplatte | G MFZ 240 | = | = | = | = |
| Mitnehmerscheibe | starr 240 | = | = | = | = |
| Getriebetyp Schaltgetr. | G50/21 | G64/21 | G64/21 | G50/31 | G64/51 |
| Gangübersetzungen | | | | | |
| 1. Gang | 3,818 | 3,818 | 3,818 | 3,154 | 3,818 |
| 2. Gang | 2,150 | 2,150 | 2,150 | 2,000 | 2,150 |
| 3. Gang | 1,56 | 1,560 | 1,560 | 1,522 | 1,560 |
| 4. Gang | 1,242 | 1,242 | 1,242 | 1,242 | 1,212 |
| 5. Gang | 1,024 | 1,024 | 1,024 | 1,024 | 0,937 |
| 6. Gang | 0,820 | 0,820 | 0,821 | 0,750 | |
| Rückwärtsgang | 2,857 | 2,857 | 2,857 | 2,857 | 2,857 |
| Synchronsystem Vorwärtsgänge | VK | = | = | = | = |
| Synchronsystem R.-Gang | VK | = | = | = | = |
| Achsantrieb | 3,444 | = | = | = | = |
| Sperrdifferential | M | S | S | S | S |
| Sperrwert Zug/Schub (%) | 25/65 | 25/40 | 25/40 | 40/65 | 25/40 |
| Getriebegewicht mit Ölfüllung (kg) | 66 | 72,5 | 72,5 | 69 | 72,5 |
| Tiptronic S | A50/04 | .... | .... | ... | ... |
| Drehmomentwandler D. (mm) | 260 | .... | .... | .... | ... |
| Festbremsdrehzahl (U/min) | 2300 -400 | .... | .... | .... | ... |
| Gangübersetzungen | | | | | |
| 1. Gang | 2,479 | .... | .... | .... | ... |
| 2. Gang | 1,479 | .... | .... | .... | ... |
| 3. Gang | 1,000 | .... | .... | .... | ... |
| 4. Gang | 0,728 | .... | .... | .... | ... |
| Rückwärtsgang | 2,086 | .... | .... | .... | ... |
| Zwischenwelle | 1,100 | .... | .... | .... | ... |
| Achsantrieb | 3,556 (3,667)*... | | .... | .... | ... |
| Sperrdifferential | nein | ... | .... | .... | ... |
| Getriebegewicht mit Öl- und ATF-Füllung (kg) | 105 | ... | .... | .... | ... |

* Klammerwerte USA/CDN-Fahrzeuge

| Modellbezeichnung | Carrera (993) | Carrera 4 (993) | Carrera 4 S | Carrera RS . | Turbo 3,6 |
|---|---|---|---|---|---|
| **4. Fahrwerk, Lenkung, Bremsen, Räder** | | | | | |
| Vorderachse | | | | | |
| Stabilisator D. (mm) | 21 | 21 | 20 | 23 | 22 |
| Lenkungsübersetzung | 16,48 | 16,48 | 16,51 | 18,25 | 16,5 |
| Wendekreis D. (m) | 11,74 | 11,74 | 11,74 | 11,76 | 11,74 |
| Hinterachse | | | | | |
| Stabilisator D.Schaltg. (mm) | 18 | 18 | 18 | 20 | 21 |
| Tiptron. (mm) | 18 | ... | ... | ... | ... |
| Bremsanlage | | | | | |
| Bremskraftverstärker Übers. | 3,15:1 | 4,8:1 | 4,8:1 | 3,6:1 | 4,8:1 |
| Hauptbremszylinder D. (mm) | 23,81 | 25,4 | 25,4 | 23,81 | 25,4 |
| Druckminderer | | | | | |
| Einschaltdruck (bar) | 40 | 45 | 40 | 40 | 55 |
| Minderungsfaktor | 0,46 | 0,46 | 0,46 | 0,46 | 0,46 |
| Kolbendurchm. in den | | | | | |
| Bremszangen vorn (mm) | 44+36 | 44+36 | 44+36 | 44+36 | 44+36 |
| hinten (mm) | 30+34 | 28+30 | 28+28 | 30+36 | 28+28 |
| Bremsscheibendurchmesser | | | | | |
| vorn (mm) | 304 | 304 | 322 | 322 | 322 |
| hinten (mm) | 299 | 299 | 322 | 322 | 322 |
| Bremsscheibendicke | | | | | |
| vorn (mm) | 32 | 32 | 32 | 32 | 32 |
| hinten (mm) | 24 | 24 | 28 | 28 | 24 |
| Wirksame Gesamtbelagfläche ($cm^2$) | 422 | 422 | 552 | 552 | 422 |
| Feststellbremse | Mechanisch auf beide Hinterräder wirkend | | | | |
| Bremstrommeldurchmesser (mm) | 180 | = | = | = | = |
| Gesamtbelagfläche ($cm^2$) | 170 | = | = | = | = |

Zeichenerklärung:
Syst.LUK* = Zweimassenschwungrad System LUK (Stahlfedergedämpft)
Syst.F* = Zweimassenschwungrad System Freudenberg (Gummidämpfung)
VK = Vollkonus Synchronsystem mit Molybdän-beschichteten Synchronringen.
Turbo Look*

| | | | | | |
|---|---|---|---|---|---|
| Räder und Reifen | | | | | |
| Serienbereifung vorn | 205/50ZR17 | 205/50ZR17 | 225/40ZR18 | 225/40ZR18 | 225/40ZR18 |
| auf Rad | 7J x 17 H2 | 7J x 17 H2 | 8J x 18 | 8J x 18 AH | 8J x 18 H2 |
| Einpreßtiefe ET (mm) | 55 | 55 | 52 | 52 | 52 |
| Serienbereifung hinten | 255/40ZR17 | 255/40ZR17 | 285/30ZR18 | 265/35ZR18 | 285/30ZR18 |
| | 9J x 17 H2 | 9J x 17 H2 | 10J x 18 | 10J x 18AH | 10J x 18 H2 |
| Einpreßtiefe ET (mm) | 70 | 70 | 40 | 65 | 40 |
| Faltersatzrad | 165/70-1692P | = | = | = | = |
| Reifendruck vorn (bar) | 2,5 | = | = | = | = |
| hinten (bar) | 3,0 (2,5)* | 3,0 (2,5)* | 2,5 | 3,0 | 3,0 |
| Faltersatzrad (bar) | 2,5 | = | = | = | = |

* In Klammern: Luftdruck mit Sonderbereifung 17 Zoll

| Modellbezeichnung | Carrera (993) | Carrera 4 (993) | Carrera 4 S | Carrera RS | Turbo 3,6 |
|---|---|---|---|---|---|
| Abmessungen bei Leergewicht | | | | | |
| Länge (mm) | 4245 | 4245 | 4245 | 4245 | 4245 |
| Breite (mm) | 1735 | 1735 | 1795 | 1735 | 1795 |
| Höhe (mm) | 1300 | 1300 | 1300 | 1270 | 1285 |
| Radstand (mm) | 2272 | 2272 | 2272 | 2284 | 2272 |
| Spurweite vorn (mm) | 1405 | 1405 | 1411 | 1413 | 1411 |
| hinten (mm) | 1444 | 1444 | 1504 | 1452 | 1504 |
| Bodenfreiheit bei zul.Ges.gewicht (mm) | 110 | 110 | 95 | 90 | 90 |
| Überhangwinkel vorn (Grad) | 11,0 | 10,5 | 10,0 | 9,7 | 9,5 |
| hinten (Grad) | 12,5 | 12,5 | 10,0 | 12,5 | 11,0 |
| **9. Elektrik** | | | | | |
| Generator-Leistung (W/A) | 1610/115 | = | = | = | = |
| Batterie (V/Ah) | 12/75 | = | 12/75 | 12/36 | 12/75 |
| **Gewichte nach DIN 70020** | | | | | |
| Leergewicht mit Schaltgetriebe (kg) | 1400 | 1420 | 1450 | 1270 | 1500 |
| Tiptronic (kg) | 11425 | .... | .... | .... | ... |
| Zulässiges Gesamtgewicht Schaltgetr. (kg) | 1740 | 1760 | 1790 | 1710 | 1840 |
| Tiptronic (kg) | | 1765 | .... | .... | ... |
| Zulässige Anhängelast ungebremst (kg) | keine | keine | keine | keine | keine |
| gebremst (kg) | keine | keine | keine | keine | keine |
| Zulässige Dachlast (kg) | 35 | 35 | 35 | 35 | 35 |
| mit Porsche-System (kg) | 75 | 75 | 75 | 75 | 75 |
| **Fahrleistungen** | | | | | |
| Höchstgeschwindigkeit Schaltgetriebe (km/h) | 275 | 275 | 270 | 277 | 290 |
| Tiptronic (km/h) | 270 | ... | ... | ... | ... |
| Beschleunigung 0...100 km/h Schaltgetriebe (s) | 5,4 | 5,3 | 5,3 | 5,0 | 4,5 |
| Tiptronic (s) | 6,4 | ... | ... | ... | .... |
| Kilometer mit stehendem Start Schaltgetriebe (s) | 24,6 | 25,3 | 24,8 | 24,0 | 23,0 |
| Tiptronic (s) | 25,4 | ... | ... | ... | ... |
| **Füllmengen** | | | | | |
| Motorölmenge 1* (l) | 11,5 | = | = | = | = |
| Schaltgetriebe 2* (l) | 3,6 | 3,8 | 3,8 | 3,6 | 4,3 |
| Vorderachse 2* (l) | ... | 0,6 | 0,6 | ... | 0,6 |
| Automatikgetr. 3* (l) | 9,0 | ... | ... | ... | ... |
| Autom. Achsantr. 2* (l) | 0,9 | ... | ... | ... | |
| Kraftstoffbehälter (l) | 73,5 (92)** | 73,5 (92)** | 73,5 (92)** | 92 | 92 |
| Bremsflüss.behält. 6* (l) | 0,34 | 0,75 | 0,75 | 0,34 | 0,75 |
| Flüss.für Servolenk. 3 (l) | 1,0 | = | = | = | = |
| Kältemittel 4* (g) | 840 | 840 | 840 | 840 | 840 |

| Modellbezeichnung | | Carrera (993) | Carrera 4 (993) | Carrera 4 S | Carrera RS | Turbo 3,6 |
|---|---|---|---|---|---|---|
| Kälteöl 5* | (ml) | 140 | = | = | = | = |
| Scheibenwaschbehält. | (l) | 7,3 | 7,3 | 7,3 | 1,2 | 7,3 |

* Ziffernerklärung:
** Tankinhalt Sonderwunsch 92 l
1* Zugelassen API SE/SF mit Kombinationen API SE/CC - SF/CC - SF/CD - SE/CD Mehrbereichsöle nach Werksfreigabe
2* Mehrbereichs-Getriebeöl 75 W 90 nach MIL-L 2105 B bzw API-Klassifikation GL 5
3* ATF DEXRON II D
4* Nur Kältemittel R 134 a (FCKW-frei)
5* Handelsübliche Kälteöle
6* Nur Bremsflüssigkeit entsprechend DOT 4 Typ 200 verwenden
Zeichenerklärung:
M = Mehrausstattung (Sonderwunsch)
S = Serienmäßig eingebaut

## Die Fahrzeug-Ident-Nummern

| | | | | | | | | | | | | |
|---|---|---|---|---|---|---|---|---|---|---|---|---|
| WP0 | Z | Z | Z | 99 | Z | T | S | 3 | 1 | 0001 ... 9000 | Restwelt | 911 Carrera oder Carrera 4 Coupé |
| WP0 | Z | Z | Z | 99 | Z | T | S | 3 | 8 | 0001 ... 5000 | Restwelt | 911 Carrera oder Carrera 4 Targa (Glasdach) |
| WP0 | Z | Z | Z | 99 | Z | T | S | 3 | 3 | 0001 ... 9000 | Restwelt | 911 Carrera oder Carrera 4 Cabriolet |
| WP0 | Z | Z | Z | 99 | Z | T | S | 3 | 7 | 0001 ... 3000 | Restwelt | Turbo Coupé |
| WP0 | Z | Z | Z | 99 | Z | T | S | 3 | 9 | 0001 ... 0400 | Restwelt | 911 Carrera RS |
| WP0 | A | B | 2 | 99 | C* | T | S | 3 | 2 | 0001 ... 9000 | USA/CDN | 911 Carrera oder Carrera 4 Coupé |
| WP0 | D | A | 2 | 99 | C* | T | S | 3 | 8 | 5001 ... 9000 | USA/CDN | 911 Carrera oder Carrera 4 Targa (Glasdach) |
| WP0 | C | B | 2 | 99 | C* | T | S | 3 | 4 | 0001 ... 9000 | USA/CDN | 911 Carrera oder Carrera 4 Cabriolet |
| <u>WP0</u> | <u>A</u> | <u>C</u> | <u>2</u> | <u>99</u> | <u>C*</u> | <u>T</u> | <u>S</u> | <u>3</u> | <u>7</u> | <u>5001 ... 6000</u> | USA/CDN | Turbo 3,6 |

```
!   !   !   !   !   !   !   !   !   !      !
!   !   !   !   !   !   !   !   !   !      +  Zählnummer
!   !   !   !   !   !   !   !   !   +.........Code für Karosserie+Motor
!   !   !   !   !   !   !   !   +  ...........Ergibt mit 7. und 8. Stelle den Fahrzeugtyp
!   !   !   !   !   !   !   +  ...............Fertigungsort (S = Stuttgart)
!   !   !   !   !   !   +  ...................Modelljahr (T = 1996, U = 1997 usw.)
!   !   !   !   !   +  .......................Prüfziffer/Füllzeichen
!   !   !   !   +  ...........................Erste und zweite Stelle des Fahrzeugtyps
!   !   !   +.................................Rückhaltesystem (0 = Gurt, 2 = Airbag) nur USA
!   !   +  ...................................Code für Motorvarianten (nur USA)
!   +  .......................................Code Karosserie USA (A = Coupé, B = Targa,
                                              C = Cabriolet)
+.............................................Weltherstellercode
```

C* = Prüfzeichen, kann 0 ... 9 oder X sein (nur USA)
Z = Füllzeichen für Restwelt-Fahrzeuge.

# Die Leistungsgewichte aller Porsche 911

| Fahrzeugtyp | Modelljahr | Hubraum (Liter) | Leistung kW | PS | Leergewicht (Kilogramm) | Leistungsgewicht kg/kW | kg/PS |
|---|---|---|---|---|---|---|---|
| 911 GT2 Rennversion | 1995 | 3,6 | 330 | 450 | 1150 | 3,48 | 2,55 |
| 959 Sportversion A* | 1987 | 2,85 | 331 | 450 | 1350 | 4,07 | 3,00 |
| 911 GT2 Straßenvers. | 1995 | 3,6 | 318 | 430 | 1290 | 4,06 | 3,00 |
| 959 KV A* | 1987 | 2,85 | 331 | 450 | 1450 | 4,38 | 3,22 |
| 911 Turbo S L* | 1993 | 3,3 | 280 | 381 | 1290 | 4,61 | 3,39 |
| 911 Turbo A* | 1996 | 3,6 | 300 | 408 | 1500 | 5,00 | 3,68 |
| 911 Carrera SC RS | 1984 | 3,0 | 188 | 255 | 960 | 5,10 | 3,76 |
| 911 Turbo 3,3 K* | 1982/89 | 3,3 | 243 | 330 | 1300 | 5,35 | 3,94 |
| 911 Turbo 3,6 | 1993 | 3,6 | 265 | 360 | 1470 | 5,55 | 4,08 |
| 911 Turbo S K* | 1991/92 | 3,3 | 261 | 355 | 1470 | 5,63 | 4,14 |
| 911 Carrera RS L* | 1974 | 3,0 | 169 | 230 | 960 | 5,68 | 4,17 |
| 911 Carrera 2 Cup | 1990/1991 | 3,6 | 195 | 265 | 1120 | 5,74 | 4,23 |
| 911 Carrera RS | 1995 | 3,8 | 221 | 300 | 1270 | 5,74 | 4,23 |
| 911 Turbo 3,3 | 1985/89 | 3,3 | 221 | 300 | 1335 | 6,04 | 4,45 |
| 911 Carrera RS 2,7 | 1979 | 2,7 | 154 | 210 | 960 | 6,23 | 4,57 |
| 911 Carrera GTS | 1981 | 2,0 | 180 | 245 | 1121 | 6,23 | 4,58 |
| 911 Turbo 3,3 Kat* | 1991/92 | 3,3 | 236 | 320 | 1470 | 6,23 | 4,59 |
| 911 Turbo 3,0 | 1975/77 | 3,0 | 191 | 260 | 1195 | 6,25 | 4,60 |
| 911 Carrera 2 RS | 1992 | 3,6 | 191 | 260 | 1220 | 6,39 | 4,69 |
| 911 Carrera | 1996 | 3,6 | 210 | 285 | 1370 | 6,52 | 4,80 |
| 911 Carrera Cab | 1996 | 3,6 | 210 | 285 | 1400 | 6,66 | 4,91 |
| 911 Carrera 3,2 oK* | 1984/86 | 3,2 | 170 | 231 | 1160 | 6,82 | 5,02 |
| 911 Carrera 4 | 1996 | 3,6 | 210 | 285 | 1440 | 6,86 | 5,05 |
| 911 Carrera 4 S | 1996 | 3,6 | 210 | 285 | 1450 | 6,90 | 5,08 |
| 911 Carrera | 1974/75 | 2,7 | 154 | 210 | 1075 | 6,98 | 5,12 |
| 911 Carrera 3,2 oK* | 1987/89 | 3,2 | 170 | 231 | 1210 | 7,12 | 5,24 |
| 911 Speedster oK* | 1989 | 3,2 | 170 | 231 | 1220 | 7,18 | 5,28 |
| 911 Carrera 3,2 K* | 1987/89 | 3,2 | 160 | 217 | 1160 | 7,25 | 5,35 |
| 911 C2 Speedster | 1993 | 3,6 | 184 | 250 | 1350 | 7,34 | 5,40 |
| 911 Carrera 2 5G* | 1990 | 3,6 | 184 | 250 | 1350 | 7,34 | 5,40 |
| 911 Carrera 3,2 TL* | 1985/89 | 3,2 | 170 | 231 | 1260 | 7,41 | 5,45 |
| 911 Carrera 2 Tip* | 1990 | 3,6 | 184 | 250 | 1380 | 7,50 | 5,52 |
| 911 S | 1972/73 | 2,4 | 140 | 190 | 1050 | 7,50 | 5,53 |
| 911 SC K* | 1981/82 | 3,2 | 154 | 210 | 1160 | 7,53 | 5,52 |
| 911 Carrera 3,2 Kat | 1987/89 | 3,2 | 160 | 217 | 1210 | 7,56 | 5,58 |
| 911 Carrera 3,0 | 1976/77 | 3,0 | 147 | 200 | 1120 | 7,60 | 5,60 |
| 911 Speedster TLKat | 1989 | 3,2 | 160 | 217 | 1220 | 7,63 | 5,62 |
| 911 S | 1970 | 2,2 | 132 | 180 | 1020 | 7,72 | 5,67 |
| 911 C2 Cab TL 5G | 1992 | 3,6 | 184 | 250 | 1420 | 7,72 | 5,68 |
| 911 SC 3,0 | 1981/83 | 3,0 | 150 | 204 | 1160 | 7,73 | 5,69 |
| 911 Carrera 4 A* | 1989/93 | 3,6 | 184 | 250 | 1450 | 7,88 | 5,80 |
| 911 C2 Cab TL Tip* | 1992 | 3,6 | 184 | 250 | 1450 | 7,88 | 5,80 |
| 911 Carrera TL Kat* | 1987/88 | 3,2 | 160 | 217 | 1260 | 7,88 | 5,81 |
| 911 Carrera Kat* | 1985/86 | 3,2 | 152 | 207 | 1210 | 7,96 | 5,85 |
| 911 S | 1969 | 3,0 | 125 | 170 | 995 | 7,96 | 5,85 |
| 911 S | 1974/75 | 2,7 | 129 | 175 | 1075 | 8,33 | 6,14 |
| 911 SC | 1980 | 3,0 | 138 | 188 | 1160 | 8,40 | 6,17 |
| 911 E | 1972/73 | 2,4 | 121 | 165 | 1050 | 8,67 | 6,36 |
| 911 S | 1967/68 | 2,0 | 118 | 160 | 1030 | 8,73 | 6,43 |
| 911 SC | 1978 | 3,0 | 132 | 180 | 1160 | 8,79 | 6,44 |

| **Fahrzeugtyp** | **Modell-jahr** | **Hubraum (Liter)** | **Leistung kW** | **PS** | **Leergewicht (Kilogramm)** | **Leistungsgewicht kg/kW** | **kg/PS** |
|---|---|---|---|---|---|---|---|
| 911 E | 1970/71 | 2,2 | 114 | 155 | 1020 | 8,94 | 6,58 |
| 911 | 1976 | 2,7 | 121 | 165 | 1120 | 9,20 | 6,79 |
| 911 | 1974/75 | 2,7 | 110 | 150 | 1075 | 9,77 | 7,17 |
| 911 E | 1969 | 2,0 | 103 | 140 | 1020 | 9,90 | 7,29 |
| 911 T | 1967/69 | 2,0 | 81 | 110 | 1020 | 10,20 | 9,27 |

Zeichenerklärung*

| | |
|---|---|
| A | Allradantrieb |
| Cab | Cabriolet |
| C2 | Carrera 2 |
| C4 | Carrera 4 mit Allradantrieb |
| K | Kraftpaket |
| Kat | mit Katalysator |
| KV | Komfortversion |
| L | Leichtbau |
| oK | ohne Katalysator |
| Tip | mit Tiptronic-Antriebssystem |
| TL | Turbo Look |
| 5G | mit Fünfgang-Schaltgetriebe |